大师人才论

Dashi rencailun

陈盛荣 ◎ 编著

版权所有　翻印必究

图书在版编目（CIP）数据

大师人才论/陈盛荣编著．—广州：中山大学出版社，2017.11
ISBN 978-7-306-06013-6

Ⅰ．①大… Ⅱ．①陈… Ⅲ．①人才学 Ⅳ．①C96

中国版本图书馆 CIP 数据核字（2017）第 037954 号

出 版 人：徐　劲
策划编辑：杨文泉
责任编辑：杨文泉
封面设计：林绵华
责任校对：王　璞
责任技编：何雅涛
出版发行：中山大学出版社
电　　话：编辑部 020 - 84110283，84113349，84111997，84110779
　　　　　发行部 020 - 84111998，84111981，84111160
地　　址：广州市新港西路 135 号
邮　　编：510275　　　　　传　真：020 - 84036565
网　　址：http://www.zsup.com.cn　　E-mail：zdcbs@mail.sysu.edu.cn
印 刷 者：广东省农垦总局印刷厂
规　　格：787mm×1092mm　1/16　16.5 印张　380 千字
版次印次：2017 年 11 月第 1 版　2017 年 11 月第 1 次印刷
定　　价：45.00 元

如发现本书因印装质量影响阅读，请与出版社发行部联系调换

序

陈盛荣同志所著的《大师人才论》即将问世了，这是他继出版《创新人才学概论》《酒店人才学》等多部人才学著作后，又一部新著问世，值得可喜可贺。《大师人才论》的出版，不仅丰富了人才学学科的内容，而且直接为我国"高端引领"人才战略指导方针的进一步贯彻落实起着积极的推进作用。

人类社会文明史表明，大师人才在各自的领域以不同的途径和形式，引领着社会历史发展。他们是人类社会发展的领军人才，是影响人类历史进程的伟大人物。中华人民共和国成立以来，特别是改革开放以来，仅就科技领域取得的一系列诸如"两弹一星""载人航天"、杂交水稻、陆相成油理论和应用、高性能计算机、人工合成牛胰岛素、基因组研究等令人瞩目的重大成就而言，哪一项无不是紧紧与钱学森、袁隆平、李四光、王选等一批科技大师联系在一起的，正是他们在其中起着引领和关键支撑作用。正所谓有一流大师，才有一流成果。特别是今天，我国要实现"两个一百年"奋斗目标，要实现中华民族伟大复兴的"中国梦"，更是离不开和依托各行各业大师级人才。

在这样的背景下，作者推出《大师人才论》，无疑是个好选题，体现了作者想国家所想，急国家所急，反映了我国人才学界研究的方向和重点。综观全书，条理清楚，表达明确，材料丰富，有大量案例。作者较为系统地阐述了关于大师级人才的定义、特点、类型、作用、成长轨迹、成长条件、成长规律等基本问题，并在回顾中外大师涌现主要历史的基础上，就优化大师成长的微观环境和营造良好大师涌现的宏观环境作了研究和提出了主见。特别可贵的是，作者对大师的特点和精神作了概括和提炼，提出了大师人才研究的新课题——大师文化。这是一部研究高端人才的力作，值得一读。

当今世界，知识化、信息化、全球化加速发展，正在深刻变革着人类社会，正在日益改变着人们的生产方式、工作方式、学习方式、思维方式、交往方式、生活方式等。在这样的时空条件下，有必要对未来社会人才，特别是大师人才的特征和价值、成长和发展过程和规律、人才开发和大师造就等一系列问题作深入而全面的研究。建议作者在现有初步研究的基础上，对大师人才特别对大师文化、大师成长和发展规律等问题作持续而深入研究，以此厚实、提炼、完善和提升《大师人才论》。

习近平同志指出，我们的时代，是一个需要理论而且一定能够产生理论的时代，是一个需要思想而且一定能够产生思想的时代。显然，我们的时代，也是一个急需大师而且一定能够涌现一大批大师的时代。中国人才学人不能辜负这个时代，坚持文化自信和创新的思想定力，持之以恒地推进既有民族特色和学科品质，又有国际视野和世界胸怀的中国人才学派的建设，担负起时代赋予的光荣使命。

叶忠海

2017 年 3 月 27 日

（作者系中国人才研究会学术委员会副主任，华东师范大学人才发展研究中心名誉主任）

前　言

清华大学原校长梅贻琦曾说过，"所谓大学者，非谓有大楼之谓也，有大师之谓也"。其实，何止大学发展的关键是大师，国家的发展也是这样。我国要早日实现中华民族伟大复兴的"中国梦"，关键是人才，而大师是顶尖人才，不仅是各行各业、各学科发展的领军人物，是民族的脊梁，甚至是影响人类历史进程的伟大人物。没有孙中山、毛泽东、邓小平、钱学森等伟大人物，中国从百年屈辱走向民族复兴的历史将被改写。没有牛顿、瓦特、亚当·斯密和博尔顿等，英国的历史也将被改写。

郁达夫在《怀鲁迅》一文中指出，没有伟大人物出现的民族，是世界上最可怜的生物之群。有了伟大的人物，而不知拥护、爱戴、崇仰的国家，是没有希望的奴隶之邦。敬仰大师、学习大师、超越大师，应该是中华民族走向复兴应有的文化传统和雄心壮志。

与其他事物一样，大师的成长并不神秘，也有自己的规律。他们中的相当部分人不仅有苦难的童年，且生活道路相当曲折。但是，他们一旦确定了自己人生的奋斗目标，就会义无反顾地不懈奋斗。例如，爱迪生在婚礼进行过程中突然想到一个解决问题的思路，马上跑去实验室甚至因此忘记了婚礼正在进行当中；鲁迅一直笔耕不辍直到逝世那一天。

由于落后腐朽的封建社会制度和轻视科学技术、不珍惜人才，以致我国曾错失了多次工业革命的历史机遇并遭遇了百年耻辱；也由于"左"的错误，曾使我们误解、伤害了不少大师，这个历史教训永远都不能忘记。

中华人民共和国成立不久，党和政府就发出了"向科学进军"的伟大号召，要求我们"急起直追"去赶超世界先进水平。今天，历史已经翻开了新的一页。尽管我们已经取得了举世瞩目的伟大成就，但杰出的创新型人才仍很缺乏，以致著名的"钱学森之问"和"李约瑟难题"经常给我们以警醒。向大师进军，向领跑世界进军，应该是当代中国青年应有的宏大志向，也是实现"中国梦"的必然要求。要实现这个目标，了解一下大师的基本知识和有关规律是大有裨益的。

目 录

第一章 人才学的基本内容 .... (1)
　第一节　人才的含义和本质属性 .... (1)
　第二节　人才学的基本理论 .... (7)
　第三节　人才管理与人力资源管理 .... (8)
　第四节　马克思主义人才思想综述 .... (9)
　第五节　部分中外人才的思想精华 .... (16)
　第六节　人才成长基本条件和综合素质 .... (23)
　第七节　高端引领是人才强国的重点 .... (25)
　案例一　世界级大师——鲁迅 .... (27)
　案例二　麦克斯韦的故事 .... (27)
　案例三　美国"脸谱"创始人——马克·扎克伯格 .... (28)

第二章 大师的基本知识 .... (30)
　第一节　大师的定义、特点和类型 .... (30)
　第二节　大师的意义和作用 .... (32)
　第三节　大师的特点 .... (33)
　第四节　大师主要成长条件 .... (38)
　第五节　大师与政治 .... (50)
　第六节　大师与性别、民族及家族 .... (52)
　第七节　大师与国家及地理 .... (54)
　第八节　大师与伯乐和逆境 .... (54)
　案例一　光纤之父的成长道路 .... (56)
　案例二　农民出身的诺贝尔奖获得者 .... (56)
　案例三　许振超的"大师梦" .... (57)

第三章 大师文化 .... (58)
　第一节　马克思主义论大师 .... (58)

第二节　中外对大师人物的部分研究成果 ………………………………… (60)
　　第三节　中外部分积极的大师文化 ………………………………………… (62)
　　第四节　中外部分消极的大师文化 ………………………………………… (66)
　　第五节　中国部分大师的名言 ……………………………………………… (67)
　　第六节　国外部分大师的名言 ……………………………………………… (69)
　　第七节　部分影响世界历史进程的大师著作 ……………………………… (72)
　　第八节　大师精神 …………………………………………………………… (72)
　　案例一　亚当·斯密的学生时代 …………………………………………… (74)
　　案例二　大师成长的沃土 …………………………………………………… (74)
　　案例三　母亲使他步入大学之门 …………………………………………… (76)

第四章　部分大师成长的不同轨迹 ……………………………………………… (79)
　　第一节　大学培养的大师 …………………………………………………… (79)
　　第二节　自学成才的大师 …………………………………………………… (80)
　　第三节　成才之路曲折的大师 ……………………………………………… (82)
　　第四节　"不务正业"和"大器晚成"的大师 …………………………… (83)
　　第五节　英年早逝和功亏一篑的大师 ……………………………………… (84)
　　案例一　罗斯贝走上大师道路的故事 ……………………………………… (86)
　　案例二　牛顿的故事 ………………………………………………………… (87)
　　案例三　当不能从事自己心爱的专业时的选择 …………………………… (87)

第五章　人才成长规律 …………………………………………………………… (89)
　　第一节　人才成长规律简述 ………………………………………………… (89)
　　第二节　部分微观人才成长规律（一）…………………………………… (90)
　　第三节　部分微观人才成长规律（二）…………………………………… (97)
　　第四节　部分成长公式 ……………………………………………………… (100)
　　第五节　部分群体人才成长规律 …………………………………………… (101)
　　第六节　部分宏观人才成长规律 …………………………………………… (102)
　　第七节　部分大师人才成长规律和特点 …………………………………… (104)
　　案例一　"袖珍超级大国"是如何炼成 …………………………………… (111)
　　案例二　大师之家 …………………………………………………………… (112)
　　案例三　新时代中国知识分子的楷模 ……………………………………… (113)

第六章　大师级人才的培养 …………………………………………………… (114)
　　第一节　大师级人才的培养意义和特点 ………………………………… (114)
　　第二节　教育是培养大师级人才的主渠道 ……………………………… (114)
　　第三节　遵循大师成长规律 ……………………………………………… (116)
　　第四节　抓紧培育更多的大师级人才 …………………………………… (118)
　　案例一　伟大的犹太人 …………………………………………………… (120)
　　案例二　喜好读书促使他获得成功 ……………………………………… (121)
　　案例三　数学大师的"安专迷" …………………………………………… (121)

第七章　中国大师涌现的主要历史时期 ………………………………… (123)
　　第一节　春秋战国至南北朝时期 ………………………………………… (123)
　　第二节　隋唐时期 ………………………………………………………… (125)
　　第三节　宋朝时期 ………………………………………………………… (126)
　　第四节　元、明朝时期 …………………………………………………… (127)
　　第五节　清朝时期 ………………………………………………………… (128)
　　第六节　民国时期 ………………………………………………………… (131)
　　第七节　中华人民共和国成立以来 ……………………………………… (134)
　　案例一　胡耀邦"五子登科"为科技人员解忧 …………………………… (137)
　　案例二　自学成才的爱迪生 ……………………………………………… (137)
　　案例三　高起点、高水平、高目标 ……………………………………… (138)

第八章　西方大师涌现的主要历史时期 ………………………………… (140)
　　第一节　古代希腊和古代罗马时期 ……………………………………… (140)
　　第二节　中世纪时期 ……………………………………………………… (141)
　　第三节　文艺复兴时期 …………………………………………………… (141)
　　第四节　宗教改革和启蒙运动时期 ……………………………………… (142)
　　第五节　第一次工业革命时期 …………………………………………… (143)
　　第六节　第二次工业革命时期 …………………………………………… (145)
　　第七节　第三、四次工业革命时期 ……………………………………… (147)
　　案例一　文学巨匠高尔基 ………………………………………………… (151)
　　案例二　造就金字塔形的知识结构 ……………………………………… (151)

案例三　俄罗斯航天之父——谢尔盖·巴甫洛维奇·科罗廖夫 …………… (152)

第九章　历史各个时期中外大师涌现的比较 ………………………………… (154)
　　第一节　古代中外大师比较 ………………………………………………… (154)
　　第二节　欧洲文艺复兴后中外大师的比较 ………………………………… (155)
　　第三节　中外大学发展的比较 ……………………………………………… (156)
　　第四节　近代中外大师的比较 ……………………………………………… (159)
　　第五节　现代中外大师的比较 ……………………………………………… (160)
　　案例一　诺贝尔的部分成长历程 …………………………………………… (162)
　　案例二　发明火车的史蒂芬森 ……………………………………………… (162)
　　案例三　从知青到大师 ……………………………………………………… (163)

第十章　不断优化大师成长的微观环境 ………………………………………… (165)
　　第一节　发现人才和引进人才 ……………………………………………… (165)
　　第二节　培养人才和评价人才 ……………………………………………… (166)
　　第三节　留住人才和管理人才 ……………………………………………… (168)
　　案例一　中国互联网之父——钱天白 ……………………………………… (169)
　　案例二　发展经济学之父——张培刚 ……………………………………… (170)
　　案例三　百度创始人的成长道路 …………………………………………… (171)

第十一章　积极营造良好的大师涌现的宏观环境 ……………………………… (173)
　　第一节　确定正确的政治路线 ……………………………………………… (173)
　　第二节　营造良好的创新环境 ……………………………………………… (175)
　　第三节　始终不渝地落实好科教兴国等发展战略 ………………………… (177)
　　第四节　以科研创新为本 …………………………………………………… (179)
　　第五节　高度重视留学工作，打赢全球人才战争 ………………………… (179)
　　案例一　计算机先驱——冯·诺依曼 ……………………………………… (182)
　　案例二　杰出数学家高斯与莱布尼茨的故事 ……………………………… (183)
　　案例三　新一代气象大师的优秀代表 ……………………………………… (184)

第十二章　近现代部分中国大师 ………………………………………………… (186)
　　第一节　诺贝尔奖等世界大奖获得者 ……………………………………… (186)

第二节　自然科学类 ·· (186)
第三节　社会科学类和人文科学类 ·· (196)
第四节　医学类和农学类 ·· (200)
第五节　工程技术类 ·· (203)
第六节　建筑学类 ··· (204)
第七节　文学艺术类 ·· (205)
第八节　大学校长类 ·· (208)
第九节　经营大师类和技能大师类 ·· (209)
案例一　高铁焊接大师 ·· (211)
案例二　享受离休待遇的文学大师 ·· (211)

第十三章　时代呼唤有更多的大师 ··· (213)

第一节　我国与发达国家在顶尖人才方面的主要差距 ··················· (213)
第二节　"中国梦"的实现与大师的关系 ···································· (215)
第三节　追求世界一流，努力做时代的先锋 ······························· (217)
第四节　解放和发展人才生产力是永恒的课题 ···························· (217)
案例一　对知识的重视和追求成就了任正非 ······························· (220)
案例二　北京：建设世界一流的人才之都 ·································· (221)

结束语 ·· (222)

参考文献 ·· (223)

后记 ·· (226)

附录一　部分"世界之父" ··· (228)
附录二　部分"中国之父" ··· (232)
附录三　部分世界著名自然科学大师 ··· (234)
附录四　部分世界信息科学大师 ·· (246)
附录五　部分世界文学艺术大师 ·· (247)
附录六　部分世界著名的经营大师 ·· (251)

第一章 人才学的基本内容

第一节 人才的含义和本质属性

一、人才的地位和作用

人才问题是关系党和国家事业发展的关键问题,也是各行各业核心竞争力的主要内容,并被视为各行各业取得成功的"第一法则"。人才强国战略是我国实现科学发展、早日实现中华民族伟大复兴的基本战略之一,而高层次人才是人才队伍的核心,是国家经济社会发展的决定因素,是人才资源开发的重中之重,也是我国当前最稀缺的资源和发展的最大瓶颈。

二、人才的含义和类别

(一) 人才的含义

人才是指具有一定的专业知识或专业技能,进行创造性劳动并对社会做出贡献的人,是人力资源中能力和素质较高的劳动者。这个定义告诉我们:

第一,人才必须具有良好的素质,它包括人才必须在德智体诸方面具有较高的综合素质或有某种特长、其他素质一般。前者是人才中的多数,后者是人才中的少数。良好的素质是判断人才的内在标准。

第二,人才必须不断地取得创造性劳动成果,这是判断人才劳动性质的客观依据。人类的劳动按其性质或层次来划分,可分为模仿性劳动、重复性劳动和创造性劳动三种类型。前两种劳动都是以继承性劳动为重要特征,其结果只能是将前人创造出来的劳动形式和经验进行重复,劳动者本身没有发明创造,因而无论在劳动经验还是在劳动成果的价值上都没有多大提高。这两类劳动对推动人类社会的进步和增强劳动者自身的素质所起的作用不大。创造性劳动的性质则是开创性和创新性的劳动,它在前人知识、经验的基础上,有所创新,有所突破,有所发展。从事创造性劳动的人,既能够取得比前人更大的成就,同时还能够在创造性劳动的过程中,更好地提高自身的素质。人才不同于一般的劳动者,最本质的一点就在于他能够以自己创造性的劳动超越前人和常人。人才只有向社会提供了创造性的劳动成果，才能证明他的贡献高于一般的劳动者。如果离开了内在标准和外在依据，就不能科学地鉴定人才。

第三，外部条件是人才进行创造性劳动的必要因素，没有必要的物质条件和精神条件，人才就无法施展才华。

第四，人才是通过其创造性劳动或特殊才能为社会做出贡献的人，其创造性劳动成果必须能够推动社会的前进。如果做出的成果被闲置起来没有对社会产生积极贡献或对社会产生的是消极影响，甚至是破坏作用，就谈不上推动社会的进步。

简单地说，人才就是高素质的能推动进步事业向前发展的有业绩的人。综合素质是基础，创造成果是关键，积极贡献是目的。

因此，我们对待人才要坚持德才兼备原则，把品德、知识、能力和业绩作为衡量人才的主要标准，不唯学历，不唯职称，不唯资历，不唯身份。学历和资历是人的素质的重要反映，是成才的重要条件，但不是决定条件。

（二）人才的类别

（1）根据人才成长和发展过程可分为准人才、潜人才、显人才、衰人才

1）准人才：指基本上具备了人才的许多条件，如具有较好的综合素质但仍缺乏业绩等。

2）潜人才：主要指已经具有了创造性成果但仍没有被社会承认的那部分人才。

3）显人才：也叫实人才，是指已经成名并且正在发展的人才。

4）衰人才：指智能处在衰退中的人才。

（2）按照人才的层次，可将人才划分为初级人才、中级人才、高级人才、特高级人才。国家级人才和世界级人才称为特高级人才。

（3）根据人才的特长进行划分，可将人才划分为经验型人才、知识型人才、技能型人才和智能型人才。

1）经验型人才。这类人才具有丰富的经验，处理日常工作得心应手，但不能做出大的贡献，因为经验缺乏普遍的指导意义。

2）知识型人才。这类人才具有丰富的知识，他们做知识传播和按部就班的脑力劳动比较合适。

3）技能型人才。这类人才操作能力强。各行各业都需要大量的这类人才。

4）智能型人才。这类人才适合于做创造性的工作。

（4）以年龄为标准进行划分，可将人才分为老年人才、中年人才和青年人才。

（5）按行业或职业来划分。如党政管理人才、企业经营管理人才、专业技术人才、高技能人才、农村实用人才和社会工作人才等。

三、人才的本质属性

本质属性是事物的根本性质。人才之所以和非人才有区别,就在于他有其特有的本质属性。

(一) 创新性

人才的创新性,是指人才能够在继承前人优秀成果的基础上,经过艰苦的探索,创造出新的成果。这种成果可能是物质成果,也可能是精神成果。人才的创新性主要表现在以下几点:

一是创新精神是人才最本质的特征。因为创新能够提高工作效率,提高劳动成果的质量和功能。在科学技术飞速发展的今天,创新精神是衡量人才的重要标志,二是人才应该具有一定的专门知识(不仅指书本知识,也指社会实践知识)和较强的能力,特别是创造能力,三是人才能进行创造性劳动。在人类的模仿性劳动、重复性劳动和创造性劳动这三个层次上,一般素质的人只能从事模仿性劳动和重复性劳动,难以进行创造性劳动。人才不仅能进行模仿性劳动和重复性劳动,更重要的是他能够从事创造性劳动。一个人如果只能进行模仿性、重复性劳动,那么,他对社会的贡献就不大。因为这两种劳动最多只是继承前人的成果,将人们认识世界和改造世界的能力限制在现有水平上,不能有所发明、有所创造。因此,他对社会发展的贡献就不大。唯独创造性劳动,既能继承前人成果中的优秀成分,又能有所创新、有所发现、有所发展。只有能够从事创造性劳动的人,才能将人类的认识水平和实践活动的水平推向新的高度,四是人才创造的物质财富或精神财富比一般人多。由于在创新性上人才与一般人有较大的差异,这就决定了一般人是以继承性劳动为主,他们只是循规蹈矩地追逐生活。人才则是以创造性劳动为主,因而他们能用自己创新性的劳动打破常规,能用新的理论取代旧的理论,能用新的思维方式、行为方式去取代旧的思维方式和行为方式,为人类社会的进步做出较大贡献。

(二) 先进性

人才的先进性或进步性,是指人才应该走在时代的前列,代表先进的社会生产力和社会发展方向。人才的先进性主要表现在:一是他们走在时代的前列,是人群中的精英;二是他们的素质较高,掌握着现代科学技术知识;三是他们对社会发展的推动力最大。

人们对社会发展所起的作用,归结起来不外乎两种:要么是推动着社会前进,要么是阻碍社会的进步。因此,人的价值可分为正价值和负价值。正价值,是指一个人能够以贡献来满足社会发展的需要。负价值,是指一个人以自己的作用阻碍了社会的进步。正负价值是一对矛盾,在任何人身上都存在这对矛盾。原因在于人存在产生正负价值的主客观因素。从社会条件来看,大量的消极因素存在。从人的主观因素来看,也存在着大量的产生消极作用的因素。由于正价值和负价值可以转化,人才可以转化为非人才,非人才也可以转化为人才。判断一个人是正价值还是负价值，主要看他对社会是贡献大于破坏还是破坏大于贡献。

在正价值中，又分为两种情况，一种是对社会的贡献较大，另一种是贡献较小。作为人才，他应该是第一种人。即他们必须具有较高的价值，能够以自己较大的贡献来推动社会历史的前进。一个有才能的人，如果缺乏道德，没有社会责任感，他的创造性劳动及其成果就会对社会造成破坏，本事越大，造成的破坏性就越大。相反，如果一个人虽然有道德，但本领差，那么，他对社会、对他人的作用小，同样不能成为人才。简言之，人才的作用是推动社会进步。至于那些有知识，也有创造才能的人，如果他们对社会的作用没有进步性，也不是我们所说的人才。

（三）时代性

人才的时代性指人才具有一定历史时期的属性。其要点是：

一是人才是社会的人才，要受他所在的时代的限制。任何人才都不可避免地被打上他生活的那个时代的烙印。只能在时代提供的条件下发挥自己的作用。我们要充分利用时代提供的条件，发挥自己的作用。

二是人才必须得到社会的承认才能更好地发挥作用。无论是人才的成长，还是其作用的发挥，都要受到他所生活的那个历史时代的制约。他只能在当时社会所能够提供的条件的范围内活动，创造出那一个时代一般人做不出来的成果。

（四）层次性

人才的层次性，是指人才的素质和创造的成果存在着高低差别。由于人才成长的经历、环境、教育、自身努力的程度和工作条件的不同，因此，人才之间在本领和贡献方面都存在着差别。这些差别，必然使得人才之间存在着等级上的层次。如果不认识到这一点，就无法科学地识别人才。在现实生活中，一些人之所以看不到自己身边的人才，就因为在他们心目中，只有那些知名人物，如科学家、工程师、企业家、领导才是人才，而没有认识到那些既没有职称，也没有职务，但有真才实学，对社会有较大贡献的人也同样是人才。事实上，专家是人才，农村的种植能手也是人才，只不过是两者的层次不同而已。区别一个人是否是人才，根本标准是看他的素质和对社会的贡献，而不是看他的身份和头衔。

在阶级社会中，人才还具有鲜明的阶级性。

（五）时效性

人才的时效性，是指人才素质的形成和作用的发挥在不同的时间，具有不同的效果。学习知识、培养能力有最佳时间，创造成果也有最佳时间。

（六）杰出性

高素质、大贡献的人力资源就是人才，故人才特别是高层次人才必须具有杰出性的特点。

以上人才本质属性的特点是：创新性反映了人才的素质和劳动的特点；先进性反映了人才的作用代表着社会发展的方向；时代性反映了人才所起的社会历史作用；层次性表明人才存在着差异；杰出性表明人才贡献的特点；时效性表明人才能量的形成和释放有特定的时间，人才也是动态变化的。这些属性是有机结合在一起而不可分割，它们相辅相成，共同构成一个统一的整体。

它们之间的关系是：创新性是先进性、时代性的基础；先进性是创新性的方向；时代性则制约着创新性、先进性和层次性的发挥程度；而层次性则反映了人才之间的差异；杰出性反映人才所作贡献的"质"和"量"；时效性反映人才的变化，它影响到其他属性。所以，人才的本质属性就是创新性、先进性、时代性、层次性、杰出性和时效性的统一。

四、人才的价值

人才之所以不同于一般人，就在于他的价值比后者高。开发人才、使用人才，都是围绕价值进行的。开发人才，是形成价值和提高价值；使用人才是发挥价值作用。

（一）人才价值的含义

价值泛指客体对于主体表现出来的积极意义和有用性，价值在多个学科领域都是一个重要的概念，如在马克思主义政治经济学里，商品是使用价值和价值的统一。而人才价值是指人才在社会实践活动中以自身的属性和功能满足社会和他人发展的需要。人才价值有些是可测的，有些是难以测算的，如孔子的一些精辟思想跨越了2000多年的时空后仍闪耀着光辉，毛泽东多次在危机中挽救了党和红军等，这些杰出人物的价值是很难测算的。

由于人才价值是在满足社会和他人需要的关系中体现出来的，从价值的角度讲，人才与社会和他人的关系是满足和被满足的关系。因此，人才素质越高，功能越强，发挥出来的作用满足社会和其他人需要的程度越高，他的价值就越大。

（二）人才价值的类型

人才价值的类型，从人才价值主体的社会层次来划分，可将人才的价值分为社会价值、集体价值和个体价值。人才的社会价值，是指人才以其属性和功能满足社会主体发展的需要。人才的集体价值，是指人才以其属性和功能对集体或群体主体需要的满足。人才的个体价值，是指人才以其属性和功能对其他个体主体需要的满足。这种划分揭示了人才价值的层次结构，展示了人才价值的立体特点。

以物质和精神为标准，人才价值类型可分为物质价值和精神价值。人才的物质价值是指人才以自己创造的物质成果来满足社会和他人发展的物质需要。人才的精神价值是指人才能够以自己创造的精神成果来满足社会和他人发展的精神需要。

根据人才成长和发展的过程来划分，可将人才价值分为潜在价值、现实价值和未来价值。根据人才作用发挥的程度，可将人才价值分为高价值和低价值。

（三）人才价值的表现形式

人才价值的表现形式主要有：

1. 人才的持有价值

人才的持有价值，是指人才在自身素质处于相对稳定状态下所具有的价值。

人才持有价值的高低，取决于人才内在素质的优劣及其结构形式。人才自身价值要高，取决于两个因素：一是人才内在素质要好；二是各素质之间必须有一个良好的结构形式。

人才持有价值是人才内在要素及其结构方式的反映。人才内在要素是客观和较稳定的，多数时间处在量变阶段。因此，人才的自身价值也具有明显的客观性和稳定性。它不以评估者认知水平的高低和客观环境的优劣为转移。

2. 人才的发挥价值

人才的发挥价值，是指人才的素质在外化过程中表现出来的价值。

人才发挥价值的大小，通常取决于以下几个方面：一是人才是否有输出价值的积极性；二是社会是否为人才提供价值输出必要条件，也就是社会或单位能否为人尽其才提供必要的活动舞台、工作条件和良好的人际关系；三是人才素质外化的难易程度。难的价值高，易的价值低。

人才的发挥价值可以等于持有价值，也可以小于持有价值，多数情况下是发挥价值小于持有价值。这是因为持有价值在发挥过程中会遇上各种干扰而损失一部分价值。

3. 人才的转化价值

人才的转化价值，是指人才在价值输出后，实际转化为具体成果的那部分有效价值。人才的这种价值形式由于凝结在具体成果中，所以，它是以某种具体成果表现出来。

人才在付出转化价值时，如同任何能量在做功时都会白白耗掉一部分能量一样，也会损失一部分价值。

人才的转化价值受以下因素影响：一是思想素质（理想、事业心、责任感、积极性）；二是专业知识和专业能力，尤其是创造能力；三是工作方法；四是环境、他人的合作与支持。

4. 人才的社会价值

人才的社会价值，是指人才被其所处的客观环境和社会所承认的那一部分价值。

以上四方面的价值的关系是：持有价值是基础，发挥价值是中介，转化有效价值是根本，社会价值是关键。

我们讲的人才价值，从广义上来理解，包括上述四种价值；从狭义上理解，专指人才的社会价值。

另外，人才价值除了上述特点之外，还具有可替代性和可测度问题。人才价值往往与可替代度成反比，可替代度可以理解为人才在这个单位的影响度和贡献度，如果一个人离开了这个单位，对这个单位没有什么影响，单位可以很容易找到一个人替代他，甚至会比他做得更好，那么，我们可以说这个人的替代度高。可测度是贡献可以用数字来度量的程度。工人搬运一件货物，加工一个零件，数字都是清清楚楚的，但你能度量出邓小平提出的改革开放思想的实际价值吗？你可以度量爱因斯坦提出的广义相对论的价值吗？所以，越是人才，越是层次高的人才，其贡献的可测度就越低。

第二节　人才学的基本理论

人才学是以人才现象作为研究对象的一门学科，具体说来，是一门研究人才运动现象、揭示人才运动规律，促进人才工作科学化，促进人才全面发展的学科。其基本构架由下列几部分构成：

（1）关于人才的基础研究，其中包括对人才的概念、本质、标准、基本要素、类型、结构、作用和价值的研究。

（2）关于人才成长和发展规律的研究，其中包括对人才成长和发展过程及其阶段、人才成长和发展的基本原理、内外因素及其相互作用、个体人才成长和发展规律、群体人才成长和发展规律以及社会人才辈出规律等研究。

（3）关于人才主体的自主开发的研究，其中包括自主开发的战略思想和战术问题研究。

（4）关于人才的组织开发和人才的社会开发的研究，即关于人尽其才的研究，其中包括对人才的预测规划、教育培训、考核评价、选用配置、使用激励、保护，以及人才流动和人才市场等研究。

上述四个方面的研究，又可划分为人才学的基础理论研究和应用理论研究两大部分。前者为后者提供科学依据，后者是前者的应用发展，两者相辅相成，相互促进，共同构成了人才学的框架体系。

人才学还认为，人才学所研究的基本问题或基本矛盾有两个，一个是理想同现实（即自由同必然）的矛盾；另一个是个人同环境（即内因同外因）的矛盾。前者反映了人才成长的过程性和方向性，后者反映了人才成长过程的基本要素及其关系。这是两个缺一不可、不可分割的方面。认识世界和改造世界是人类生存和发展所面临的两个主要任务。如果一个人在一定的程度上揭示或认识了客观规律，或运用客观规律有效地改造了世界，取得了创造性成果，他就成为了人才。即人才也是从事认识和改造世界的创造性活动并取得了成效的人。不断认识世界改造世界的过程就是人才成长的过程，成才活动就是认识和改造世界包括认识和改造自己。

人才学的学科特性主要有综合性、人本性、复杂性和实践性等。

人才学博大精深、内容十分丰富，主要有人才历史学、理论人才学、交叉人才学和专门人才学，但最重要、最基本的是人才学原理、微观人才学和宏观人才学。

人才学的发展已形成鲜明的学科特色和人才学科群，已涌现出一批人才学专家群体，已建立了众多的人才研究机构、教学单位和学术团体并有效开展活动等。人才学的发展得到了党和政府的高度重视。2012年3月，人才学被提升为二级学科，学科代码为R840.72。其中，国家人事部中国人事科学研究院原院长王通讯研究员等为人才学的创始人，叶忠海、郑其绪、钟祖荣、罗洪铁、马抗美、沈荣华和王辉耀等均为全国著名人才学家。首都经济贸易大学等高校还创立了人才开发系，设立了人才学硕士点和博士点，并出版了全国高校人才学课程系列教材，全国范围内的人才学专著已达1000多种，这不仅有力促进了国家人才强国战略的有效实施和各行各业人才队伍的建设，而且也是中国对创建世界人才学思想体系的重大贡献，标志着世界人才学说从此逐渐走向系统化、科学化和得到进一步完善。

第三节　人才管理与人力资源管理

凡是具有劳动能力的人口都称为人力资源，而人才是高素质的贡献较大的人力资源。人才管理主要是如何促进高素质的员工队伍的形成，如何引进人才、培养人才、使用人才和留住人才，人力资源管理主要指在企业和其他组织中如何实施招聘管理、薪酬管理、培训管理等。

人力资本理论告诉我们，每个人的价值以及对社会贡献的大小很大程度上取决于他接受教育所积累的人力资本。投资智力的开发对社会的贡献最大，如开发体能、技能和智能，其投入成本的比例大概是1∶3∶9，可一旦能力和综合素质开发出来，其产出的比例就是1∶10∶100，而人才就是综合素质较高的这部分人力资源。

我国著名人才学家钟祖荣教授认为，人才首先是人，人才同一般人有共性，这个共性有两点：

第一，有共同的使命。即认识和改造世界，同时也认识和改造自己，使人类进入更理想的境地。

第二，有共同的潜能。

人才同一般人又有区别，这个区别也有两点：

（1）人才的潜能比一般人发展和发挥得更为充分，集中表现在人才有较高的现实创造力和创造性，而一般人的潜能发展和发挥得不够充分，没有表现出较高的现实创造力和创造性，更多的是处于潜在状态。

（2）正因为有上述区别，所以在完成人的使命方面有不同的结果，即他们发挥的作用的大小不同。人才作用大，为认识和改造世界，推动社会进步做出了较大贡献。而一般人（非人才）则作用小。

简言之，人才具有创造性和进步性，一般人表现不明显，处于较低的功能状态。①

我们也可以用"二八定律"来比喻这种关系。"二八定律"是19世纪末20世纪初意大利经济学家巴莱多发现的。他认为，在任何一组东西中，最重要的只占其中一小部分，约20%，其余80%尽管是多数，却是相对次要的。我们可以说，人才是人力资源中的20%左右，但其贡献是80%那部分，尽管我们鼓励"人人皆可成才，人人尽展其才"，但真正能成为人才是比较少的，同时，人才也是相对的和动态的。比如，对于许多行业来说，原来本科毕业生是很珍贵的，随着高等教育的普及，现在就不一样了。我们承认人民创造历史，但人才是人民中的先进分子，英雄（人才）引领群众前进。人力资源是第一资源，作为一个领导者或管理者，既要重视人力资源管理，更要重视人才资源管理。

第四节 马克思主义人才思想综述

一、马克思、恩格斯的主要人才思想

马克思、恩格斯均没有对人才进行过系统而专门的论述，他们对人才的论述，更多的是对人的需要和人的本质等方面的论述，均散见于他们的许多著作中。我国人才学著名学者徐颂陶、罗洪铁等对马克思主义人才思想进行了全面而深入的研究，其研究成果集中反映在他们所著的《马克思主义人才思想史》一书上。

归纳起来，马克思、恩格斯的主要人才思想有：

（一）关于人的需要的理论

关于人的需要理论是马克思、恩格斯人才思想的逻辑起点，其主要内容有：

（1）人的需要分为自然需要和社会需要，人的社会需要才是人的本质的真正体现。

（2）任何社会成员的劳动应该是能满足他人需要、满足社会需要的活动，才有意义。

（3）人的需要具有丰富性、层次性、历史性和动态性等特点。

---

① 钟祖荣：《走向人才社会》，党建读物出版社2014年版，第23页。

（二）关于人的本质的理论

人的本质理论是马克思、恩格斯人才思想的理论基石，其主要内容有：
(1) 人的本质是一切社会关系的总和。
(2) 人的本质属性是自然性、社会性和实践性的三者统一，是生产力和生产关系长期发展的结果。

（三）关于人的自由而全面发展的理论

关于人的自由而全面发展的理论是马克思、恩格斯人才思想体系的核心，它包括：

1. 人的社会关系的自由而全面发展

人的本质决定了人必须生活在一定的社会关系中，依赖于社会而存在和发展。这些社会关系决定着一个人能够发展到什么程度，社会关系的丰富程度决定着人的发展程度。

2. 人的劳动能力的自由而全面发展

高度文明的人，不仅懂得生产、创造，而且懂得享受。

3. 人的个性的自由而全面发展

(1) 每个人的自由发展是一切人自由发展的条件。
(2) 人的全面发展是指人的发展的广度和自主性。
(3) 在全面发展的基础上，让人的一切天赋得到充分发展。
(4) 在众多实现人的自由而全面发展的条件中，强调物质条件的作用和教育的重要作用，并揭示了个人所拥有的自由时间是必要条件。

（四）关于人是生产力要素中最活跃要素的理论

(1) 人是一切活动的主体和目的，是生产力中最活跃的因素，在价值创造过程中起到关键性作用。
(2) 一定的教育或训练能造就发达和专门的劳动力。
(3) 比较复杂的劳动是自乘或多倍的简单劳动。
(4) 为了占有和使用生产资料，我们需要有技术素养的人。

（五）关于人与环境关系的理论

(1) 环境创造人，人也创造环境。
(2) 人们自身的生理特征和所处的各种自然条件影响着人的发展。
(3) 社会环境比自然环境对人的影响更为深远，社会环境决定了人的本质属性。
(4) 实践活动贯穿于人与环境互动过程的始终，是人与环境之间相互作用和相互关系上的必要中介。
(5) 只有遵循规律行事，才能保证人与环境二者之间的良性互动，保持二者的协调统一。

（六）关于杰出人才与人民群众关系的理论

（1）人民群众是创造历史的主体，杰出人物不能取代人民群众对历史的决定性影响。

（2）杰出人物作为人民群众中的突出代表，在历史进程中发挥重要作用，但他不能改变历史发展的趋势，不能阻挡历史发展的进程，不能逆流而上，只能顺应历史车轮前进的方向。

（3）杰出人物的出现是必然性与偶然性的统一。

（4）对人才要正确评价，要运用历史的、阶级的、全面的观点指导杰出人才的评价。

二、列宁和斯大林的主要人才思想

列宁和斯大林创立并建设了世界上第一个社会主义国家，将俄国从一个很落后的农业大国建设成为一个具有强大工业和国防的社会主义国家，并在第二次世界大战中起到了中流砥柱的作用。其人才思想主要有：

（一）人才本质论

（1）人才的实践性。人才是在实践中发现和得到锻炼而按照时代的要求成长的。

（2）人才的先进性。人才是时代的引路人，具有社会责任感和奉献精神。

（3）人才的历史性。即人才受到历史时代各方面条件的制约。

（4）人才的人民性。即人民是人才最丰富的后备库，是社会主义国家创造奇迹的主体。

（二）人才决定一切

"人才决定一切"是斯大林关于人才在社会主义革命与建设中的作用的重要理论观点。它强调了人才在社会发展中作用的深刻性、重要性和广泛性。斯大林的"人才决定一切"的思想，经历了一个渐进的过程。根据社会主义建设形势的变化，他先后提出过"技术决定一切"和"干部决定一切"的口号，其思想精髓都是人才决定一切。这些思想为当时苏联的社会主义建设和取得第二次世界大战的最后胜利，发挥了十分重要的作用。

（三）人才培养理论

（1）人才培养的目标分为长远目标和近期目标。

（2）人才培养的原则主要是人民性、适应性和持久性。

（3）人才培养的内容主要是人才必须具备适应时代要求的全面素质。

（四）人才使用理论

1. 善于识别人才

社会主义建设事业全部工作的关键在于挑选人才，挑选人才实质上是识别人才的过程。人才是有的，问题是我们不善于发现他们。

2. 像爱护眼睛一样爱护人才

做到政治关心、工作关心和生活关心。

3. 科学选拔人才

（1）选拔人才是全社会的共同任务。

（2）要善于从人民中发现和选拔人才。

（3）人才选拔必须要有科学的人才标准与制度。

（4）实践是选拔人才的重要手段。

（5）对人才的考核与监督是科学选拔人才的重要内容。

4. 合理使用人才

合理使用人才包括有效激励、合理配置和人才流动等。

（五）对旧知识分子的改造

1. 充分认识旧知识分子对社会主义建设的作用

资本主义给我们留下了一大笔遗产，给我们留下了一大批专家。我们一定要利用他们，把他们全部都用起来。

向资产阶级专家学习，并在学习中赶超他们。

2. 对旧知识分子的改造

（1）在政策执行上，慎重对待旧专家学者。

（2）给予旧知识分子一定的自由与权利。

（3）在工资待遇方面，给予他们优厚的报酬。

三、毛泽东的主要人才思想

毛泽东作为第一代中国共产党人的主要代表，不仅领导全国人民开创了马克思主义中国化的成功道路，彻底完成了新民主主义革命，建立了中华人民共和国，并走上了社会主义道路，而且在这个过程中提出了许多重要的人才思想，主要有：

1. 人才素质理论

它主要指德才兼备、又红又专、德智体全面发展等。

2. 人才价值理论

人才价值指人才在社会实践活动中以自身的功能满足社会和他人发展需要的效益关系，人才价值由其功能决定，人才功能大小取决于他的素质高低。人才价值的特点是具有时代性，尊重人才，是人才价值实现的重要条件。

3. 实践造就人才的理论

人的才能来自实践，实践是人才成长的基本途径。

人才的成长，主要受五个方面要素的影响，这就是综合素质、环境、教育、实践和主观能动性，其中教育和实践活动是人才成长的关键环节，实践也是检验人才的唯一标准。

4. 人才培养的理论

人才培养理论包括人才培养的标准是德智体全面发展、德才兼备。培养革命接班人的理论和培养专门人才的论述。

5. 人才与人民群众关系的理论

（1）人才来源于人民群众。

（2）人才一定要能够和群众相结合，要在群众中起模范带头作用。人才从人民群众中产生，他们作用的发挥同样离不开人民群众，人才只有同群众相结合，才能大有作为。

6. 领导人才理论

领导人才理论包括领导人才的作用，领导人才的素质，科学识别和使用领导人才，重视对本地干部的培养，党的高级干部要成为专家，要培养少数民族干部，要重视培养青年干部和关心党外干部等方面。

7. 知识分子理论

（1）知识分子的地位和作用。

1）没有革命知识分子，革命就不会胜利。

2）知识分子是首先觉悟的成分，往往起着先锋和桥梁的作用。

3）知识分子在社会主义建设中的重要作用。

（2）要培养庞大的无产阶级知识分子队伍。

（3）向科学进军，早日把我国建设成为社会主义现代化强国。

（七）德智体全面发展的理论

（1）德育是促进人的全面发展的政治保证。

（2）知识和能力是人的全面发展的核心。

（3）生理素质是实现人的全面发展的基础。

（4）教育与生产劳动相结合是人的全面发展的重要途径。

（5）人才的发展应该是德智体全面发展，德智体是一个有机整体。

毛泽东不仅在人才理论上有许多建树，而且多次号召全国人民向先进人物学习，如亲笔题词"向雷锋同志学习"等。

毛泽东关于又红又专、德才兼备、全面发展和培养社会主义可靠接班人的理论一直以来都是社会主义时期党和政府对培养人才的根本要求。

四、周恩来的部分人才思想

周恩来长期以来都是党和国家的主要领导人之一，在人才问题上也有许多精辟论述和丰富实践。特别是从1957年开始，在长达20年的时间里，党对人才问题特别是知识分子问题的"左"的错误逐步发展并且越来越严重，从而造成了令人十分痛心的后果。以周恩来为代表的许多共产党人，始终坚持实事求是的原则，对社会主义建设时期知识分子等问题最早提出了许多正确的思想，并在十分艰难的条件下，为党和国家保护了一大批人才，特别是保护了邓小平等党和国家最重要的人才，从而为社会主义事业做出了巨大贡献。周恩来在社会主义时期的人才思想，集中体现在《周恩来选集》（下册），是马克思主义人才思想中国化的重要组成部分。

周恩来的人才思想主要包括：

（1）革命需要吸收知识分子，建设尤其需要吸收知识分子。

（2）我们必须善于充分利用旧社会遗留下来的这批知识分子的历史遗产，使他们为我国的社会主义建设服务。

（3）知识分子的绝大部分已经是工人阶级的一部分。

（4）知识分子是国家最宝贵的财产，应该最充分地动员和发挥知识分子的力量。

（5）我国的科学文化力量比其他世界大国小得多，同时在质量上也要低得多，我们必须急起直追。

（6）科学是关系我们的国防、经济和文化各方面的有决定性的因素，我们必须在掌握最先进的科学这方面付出最紧张的劳动。

（7）我们要重视知识，重视人才，否则四个现代化就是一句空话。

周恩来不仅在人才理论上颇有建树，而且在实际工作中是广大干部和知识分子的知心朋友，并有许多动人的故事。如对陈毅、耿飚、钱学森、李四光、赵丹、马思聪等。在十年动乱中最早提出批判极左思潮。

五、邓小平的部分人才思想

粉碎"四人帮"以后，以邓小平为代表的中国共产党第二代领导集体，领导全国人民坚持实事求是的思想路线，拨乱反正，推翻了压在广大知识分子头上的"两个估计"，使知识分子获得了第二次政治解放。另外，邓小平于1977年重新出来工作后就自告奋勇抓教育和科技，所抓的第一件大事就是果断决定当年恢复高考并且将报考对象扩大到广大上山下乡知识青年，1978年3月又召开了全国科学大会，并大力发展各种形式的教育事业……，这些重大举措激励着各行各业特别是年青一代加倍努力、刻苦学习，将"文革"十年所耽误的时光抢回来。在这代人当中，后来涌现出不少大师级人才。同时，在纠正毛泽东同志晚年错误的同时，正确评价毛泽东同志，坚持和发展了毛泽东思想，成功开创了建设中国特色社会主义道路，使中国大地发生了翻天覆地的变化，在这个过程中提出了许多非常重要的人才思想和与人才发展密切相关的创新理念，主要有：

（1）社会主义的根本任务是发展生产力。
（2）社会主义的本质是解放和发展生产力，消灭剥削，消除两极分化，最终达到共同富裕。
（3）坚持四项基本原则，坚持改革开放。
（4）要警惕右，但主要是防"左"。
（5）知识分子是工人阶级的一部分。
（6）尊重知识，尊重人才。
（7）实现现代化，教育是基础，科学技术是关键。
（8）人才是实现现代化的关键。
（9）面向现代化，面向世界，面向未来。
（10）对人才的素质、人才的培养、人才的选拔和使用以及人才的管理提出了许多重要思想。

六、江泽民的部分人才思想

作为中国共产党第三代领导集体的主要代表，江泽民在1989年政治风波之后的历史关头，领导党和人民继续沿着中国特色社会主义道路前进，在这个过程中也提出了许多重要的人才理论和与人才发展密切相关的创新理念，主要有：

（1）将马克思主义中国化最新理论成果的"邓小平理论"确定为党的又一指导思想。
（2）提出了"三个代表"重要思想并将其作为党的又一指导思想。
（3）提出了"发展是执政兴国的第一要务"。
（4）提出了"人才资源是第一资源"的重要理论。
（5）提出了人才强国战略理论。
（6）提出了"创新是一个民族进步的灵魂，创新也是国家兴旺发达的不竭动力"。
（7）在人才资源能力建设、人才队伍建设、人才环境建设等方面也提出了许多重要思想。

七、胡锦涛的部分人才思想

以胡锦涛为总书记的中国共产党领导集体，在继续推进中国特色社会主义道路的过程中，也提出了许多重要人才思想，比如：

（1）提出科学发展观并把科学发展观作为党的又一指导思想。
（2）人才问题是党和国家事业发展的关键问题。
（3）树立科学人才观。
（4）创新是国家发展战略的核心，建设创新型国家的关键也是人才。
（5）坚持党管人才的原则。

（6）自主创新能力是第一竞争力，中华民族要在创新方面走在世界的前列。

八、习近平的部分人才思想

党的十八大以来，在以习近平同志为核心的新一届党中央领导集体的带领下，全国人民为实现全面建成小康社会，实现"两个一百年"奋斗目标的"中国梦"而不懈努力，在这一过程中，习近平总书记进一步提出了一系列重要的人才思想，比如：

（1）办好中国的事情，关键在党，关键在人，关键在人才。综合国力竞争说到底是人才竞争。

（2）我国要建设世界科技强国，关键是要建设一支规模宏大、结构合理、素质优良的创新人才队伍。要大兴识才、爱才、敬才、用才之风，在创新实践中发现人才、在创新活动中培育人才、在创新事业中凝聚人才，聚天下英才而用之，让更多的千里马竞相奔腾。

（3）创新驱动实质上是人才驱动。

（4）人才是最为宝贵的资源，只要用好人才，充分发挥创新优势，我们国家的发展事业就大有希望，中华民族的伟大复兴就指日可待。

第五节　部分中外人才的思想精华

一、我国古代部分人才的思想精华

在中国，对人才的研究有着悠久的历史。早在2500年前的《诗经》中就提出了"人才"概念，关于人才的论述则遍见于经史子集，并形成了一系列的人才思想理论，如国以才兴、政以才治的人才价值论；德才兼备、任人唯贤的用人原则；听言观行、用而见能的察人方法；优厚待贤、礼贤下士的求才方针；循名责实、校之以功的考核法；论功行赏、奖罚分明的奖惩法；圣非天生、习学而成的成才规律。这些人才的思想观点，在世界古代文明史上是独一无二的。特别是曹操、刘邦、唐太宗、武则天、刘知几、朱熹、成吉思汗、司马光、朱元璋等的人才思想。如刘邦有句名言："夫运筹帷幄之中，决胜千里之外，吾不如子房；镇国家，抚百姓，给馈饷，不绝粮道，吾不如萧何；连百万之众，战必胜，攻必取，吾不如韩信，三者皆人杰，吾能用之，此吾所以取天下者也。项羽有一范增而不能用，此所以为我所擒也。"

汉朝末年的刘劭作《人物志》，全书3卷12篇，系统地研究了人才问题。

唐朝是我国封建社会的鼎盛阶段。唐、宋时期涌现了不少杰出的政治家、文学家、思想家和史学家；在长达2000多年的封建社会中，军事人才、政治人才、思想文化人才不断涌现，但科技人才却寥若晨星，这正是古代中国长期发展缓慢甚至停滞不前的一个重要原因，而明朝后期却涌现出多个科技巨匠。这些朝代的代表人物的一些精辟人才思想和成长经验值得重视。比如：

1. 唐太宗

唐朝的兴盛与唐太宗李世民的人才思想和用人之道关系密切。唐太宗的人才思想和成就主要有：

（1）大力兴办私学，大力培养本国人才，而且实行对外开放政策，广泛招收外国留学生。包括日本、印度、印度尼西亚等国都曾向唐朝派遣过留学生，他们在中国的衣、食、住、行都由唐朝政府解决，享受较高的生活待遇。

（2）正确处理德、才关系。

（3）用人之长，不计其短，充分信任，用人不疑。

2. 韩愈

韩愈是唐朝的文学家和政治家。韩愈的人才思想很多，比如，韩愈在《杂说》这篇杂文中写道："世有伯乐，然后有千里马。千里马常有，而伯乐不常有……"韩愈认为，天下任何时候都有人才，关键在于执政者是不是伯乐，能不能发现人才。千里马不同于一般的马，应该给它们足够的饲料，这样它们才有可能日行千里。他呼吁要用对待千里马的政策那样对待贤才，甚至还要了解其心理活动和思想要求。这篇杂文猛烈地抨击了那些一面压制人才，一面叫嚷人才缺乏的权贵，为受压抑、被埋没的人才呼吁呐喊。韩愈的另一著名培养人才的理论是《师说》，韩愈明确指出："古之学者必有师。师者，所以传道、受业、解惑也。人非生而知之者，孰能无惑？"

3. 柳宗元

唐朝文学家、思想家柳宗元认为，人才的成长比如种树，要顺应规律。在著名的《种树郭橐驼传》中，柳宗元写道："有一位名叫郭橐驼的人，以种树为业。他所种的树，或迁徙，无不活。且硕茂，早实以蕃。"有人询问原因，郭橐驼回答说："橐驼非能使木寿，能顺木之天，以致其性焉。"根据树的本性种树，就不必担心其不能长大成材。郭橐驼认为，他种树之所以成功，只不过是没有违反其天性而已。柳宗元以木喻人，希望教育者应该从受教育者的天性出发，顺其天性而成才。

4. 司马光

司马光是北宋时著名的思想家、政治家和史学家。司马光的人才思想集中在他主编的《资治通鉴》这部史学名著上。在这部著作里，司马光提出了著名的"德才论"，他指出："才者，德之资也；德者，才之帅也。……是故才德全尽谓之圣人，才德兼亡谓之愚人，德胜才谓之君子，才胜德谓之小人。凡取人之术，苟不得圣人、君子而与之，与其得小人，不若得愚人。何则？君子挟才以为善，小人挟才以为恶。挟才以为善者，善无不至矣；挟才以为恶者，恶无不至矣！……自古昔以为，国之乱臣，家之败子，才有余而德不足，以至于颠覆者多矣。"司马光对德才关系的全面论述，成为封建社会后期选才任官的指导思想。

5. **李时珍等**

李时珍、宋应星、徐霞客和徐光启是明朝后期涌现出来的科技巨匠，他们在医学、手工业生产技术、地质地理学、农学等方面取得了划时代的成就。他们的成长道路颇有特色：

（1）突破科举制的羁绊，放弃科举，致力于总结与国计民生息息相关的生产事业和科学技术（实学）。

（2）虚心好学，勤于思索，勇于实践，勤于实验。

（3）不畏艰苦，久久为功。如李时珍写《本草纲目》用了30年，徐霞客考察大江南北历经了数不清的风雨。

（4）向西方学习，努力做到洋为中用。如公元1629年，徐光启建议在我国建造三座望远镜，这是最早在我国提倡用望远镜观测天体的科学家；徐光启还是我国古代虚心向西方人学习、系统介绍西方科技知识的第一人。

（5）关心人民疾苦，虚心向群众学习，向实践学习，关心现实。在科学上有所突破的人，必定是脚踏实地地面向实际的人，必定是勤于思索、锲而不舍的人。

（6）在继承的基础上勇于创新。勇于改正前人的失误，弥补前人的不足，勇于提出自己的独到见解。如《天工开物》中关于可以通过人工的努力改变植物的品种特性的物种变异的论断比欧洲人早120多年。

（7）著书立说。李时珍所著的《本草纲目》、宋应星所著的《天工开物》、徐霞客所著的《徐霞客游记》、徐光启的《农政全书》等都是重大创新成果，许多方面在世界上都处于领先地位。

6. **唐代白居易，就识才问题有一首著名诗句**

放言五首·其三

赠君一法决狐疑，不用钻龟与祝蓍。
试玉要烧三日满，辨材须待七年期。
周公恐惧流言日，王莽谦恭未篡时。
向使当初身便死，一生真伪复谁知？

7. **清代诗人顾嗣协，就使用人才问题也有一首著名诗句**

杂诗

骏马能历险，犁田不如牛。
坚车能载重，渡河不如舟。
舍长以就短，智者难为谋。
生材贵适用，慎勿多苛求。

二、中国近代部分人才的思想精华

1. 龚自珍

龚自珍是清朝末期的一位重要人物。他的一生有不少精辟的人才思想,如他把人才兴衰作为衡量社会盛衰的关键,他的著名诗句"九州生气恃风雷,万马齐喑究可哀。我劝天公重抖擞,不拘一格降人才。"是对封建专制制度压制人才的有力谴责。他认为:"一代之治,必有一代人才任之","世有三等,三等之世皆观其才",即是治世、乱世、衰世都能以人才状况判断。如何使用真正的人才,他有自己的独到见解,即"用人当专"。一个人能力有限,不可能事事俱会,重要的是发挥其特长。最好是让一个人长期从事某一项事务,在实践中培养才干,成为治国专家。

2. 魏源

魏源不仅写出了一百卷的《海国图志》,而且主张用资产阶级的民主选举制度来改革中国的官制和人才选拔制度。他的人才思想集中表现在以下几个方面:

第一,正确地认识社会实践与成才的相互关系。

第二,肯定人的主观努力对于成才和对社会的重要影响。

第三,强调逆境能磨炼人成才。

第四,强调人才群体的作用。

第五,做到真情求才,慧眼识才。

3. 孙中山等资产阶级民主革命派的主要人才思想

(1) 以全国之精力养成今日切用之才。

(2) 反帝反封建是首要任务。政治上的问题不能解决,经济上问题也无从解决。

(3) 要有高深的学问做革命的根本。

(4) 革命的唯一目的是为了建设。欲言建设,当得人才,而且非有多数的人才莫可。要注意培养人才与招揽人才,选贤唯能,量才而用。

(5) 智发于学问,学问归于教育;教之有道,人才济济,人才之盛衰,关键是教育。

(6) 认真向西方学习先进的思想,才能造就大批适应社会的人才。

(7) 教养有道、鼓励有方、任使得法。

(8) 人尽其才,地尽其利,物尽其用,货畅其流,这是富强之大要,治国之本。

(9) 强国强种。

(10) 非育才不能图存,非兴学不能育才。

(11) 必须多设学校,使天下无不学之人,无不学之地。要努力实现"人无贵贱皆奋于学"。

(12) 应给每个人有均等机会,使之得以自由地发展天赋才能。

(13) 把中华民族从根本救起来,把世界文化迎头赶上去。

三、西方国家部分人才的研究精华

西方国家目前还没有专门而系统的人才学研究，但与人才成长有关的研究就很多，主要是与人才有关的各类教育学研究、心理学研究和社会学研究等，如才能研究、天才研究、杰出成就者研究、科学精英研究、成功学研究和创造学研究等。比较著名的有：

（1）高尔顿的遗传天才研究。

弗朗西斯·高尔顿（1822—1911）出生在英国一个人才辈出的家族，如进化论的创始人达尔文就是他的表哥。高尔顿是智力遗传等研究领域的开创者，其研究的积极成果是，十分重视遗传在人一生成就中的重要作用，并首创"优生学"术语，倡导善择配偶，改良人种。他认为高智力是遗传得来的，但它必须在适当的环境中得到培养，即天性加教养。但他忽略了杰出人物的优越的家庭环境、教育机会以及其他发展条件对后代的影响。

（2）推孟的天才儿童追踪研究。

刘易斯·推孟（1877—1956）是美国著名心理学家和天才研究专家，斯坦福大学教授。

推孟从 1921 年开始，进行了长达 30 多年的天才儿童的追踪研究，取得了许多重要成果。他认为，影响天才儿童发展的主要因素是：

1) 智力因素。
2) 早期的兴趣和特殊才能决定或预示其后来成就的方向。
3) 一些非智力因素对成就影响很大。
4) 家庭与教育背景的影响。
5) 社会需要和时代精神决定着受欢迎的人才类型。

推孟认为，对天才的研究是十分重要的，找出那些帮助或阻碍特殊才能充分发挥的内部和外部因素，并测量这些因素影响的大小，肯定是我们时代的主要问题之一。

（3）布鲁姆的才能发展研究。

布鲁姆（1913—1999）是美国著名心理学家和教育学家。

个体如何在自己选择的领域中取得最高水平的成就，是贯穿布鲁姆的研究生涯的主题之一。

布鲁姆的研究成果丰硕，不仅提出了"掌握学习"理论，而且认为，大多数人的学习潜能是相等的；时间是学习过程中的一个关键性因素，在不同的学习和才能发展阶段，学习动机和抱负、父母、教师和奖励等作用是很重要的。

（4）吉尔福特等人关于创造性的研究。

吉尔福特（1897—1988）是美国著名心理学家。吉尔福特最突出的贡献是发展了多因素理论，提出了智力的结构模型。吉尔福特还对创造性进行了长期的研究。

陶兰斯是美国教育心理学家。他自 20 世纪 50 年代起，对创造性进行了广泛的研究，并在多方面取得了突出成果。

莱曼是美国心理学家,他在创造性人才的创造年龄问题上进行了长期的多领域的研究,取得了丰富的成果。

(5) 加德纳的多元智能研究。

霍华德·加德纳是美国著名心理学家和教育学家。其专著《智能的结构》提出了多元智能理论。

加德纳认为,什么是智能?智能就是一种处理信息的生理心理潜能,这些潜能在某种文化情境中,可能被激发出来解决问题或创作该文化所重视的产品。

智能的基本属性是:

1) 智能是多元的,每个人都不同程度地拥有 8 种智能。
2) 每个人的智能组合是独特的。
3) 智能是一种生理潜能。
4) 智能是可以发展的。
5) 智能是个体解决实际问题、创造社会重视的产品的能力。

(6) 希尔关于成功学的研究。

拿破仑·希尔(1883—1970)是美国著名的成功学家。

希尔通过对 500 多名成功人士的访问,并继承了卡耐基成功哲学的基础上,提出了成功原则 17 条:

1) 积极心态。
2) 确定的目的。
3) 多走些路。
4) 正确的思考。
5) 自我控制。
6) 集体心理。
7) 应用信心。
8) 令人愉快的个性。
9) 个人首创精神。
10) 热情。
11) 集中注意力。
12) 协作精神。
13) 总结经验教训。
14) 创造性见识。
15) 预算时间和金钱。
16) 保持身心健康。
17) 应用普遍规律的力量。

(7) 柯维的成功学研究。

柯维是美国成功学研究者之一,也是一位高明的企业家,他最具代表性的著作是《高效能人士的7个习惯》,其中,这7个习惯是:

1) 积极主动。
2) 以终为始。
3) 要事第一。
4) 双赢思维。
5) 知彼知己。
6) 统合综效。
7) 不断更新。

(8) 舒尔茨、贝克尔关于人力资本的研究。

美国芝加哥大学教授舒尔茨首次提出的人力资本理论,认为穷国和富国最大的差别就在于以教育投入、健康投入等为主要内容的人力资本的不同。改进穷人的福利的关键性生产因素不是空间、能源和土地,而是提高人口质量、提高知识水平。

美国芝加哥大学著名经济学家加里·斯坦利·贝克尔教授进一步发展了人力资本理论,认为决定人类前途的主要是人的智慧和能力。人力资本不仅意味着才干、知识和技能,而且还意味着时间、健康和寿命。

人力资本理论是许多国家实行的"技术立国""科教兴国"战略的理论基础。人力资本理论是人才资本理论的先驱性研究。

(9) 普列汉诺夫关于历史人物及其作用的研究。

苏联著名学者普列汉诺夫在其著名的《论个人在历史上的作用》一书中认为,历史发展的根本原因是生产力发展,个人在历史上的作用是个人能致力于当时的社会需要,推动或延缓社会的发展,伟人就是起"发起人"的作用。而个人在历史上发挥作用的条件是,弄清社会发展的一般趋势、社会制度和条件以及个人特点等。

(10) 美国学者兰祖利认为人才应具备3个要素:第一,高度的智力;第二,创造性的见解;第三,掌握某种工作的能力。

(11) 美国学者邓洛普等认为,人才不仅包括智力高的人,而且包括有特殊才能的人,不仅包括高层次的人才,而且包括中层次、低层次的人才。

(12) 美国学者艾伯特、朱克曼对天才、诺贝尔科学奖得主等高层次人才进行了深入研究,并提出了一些重要思想。详见第三章第二节。

(13) 现代管理学之父、美国的彼得·德鲁克,世界经营管理大师、日本的松下幸之助等也从不同角度提出了精辟的人才观。如德鲁克认为,现代管理首先是人的管理。人才将成为公司成功的决定性因素,经理人作为卓越的人才是企业中最昂贵的资源。组织的目的是使平凡的人做出不平凡的事。考察一个经理人和他的组织是否优秀,要看其能否使平常人取得比他们看来所能取得的更好的绩效。

美国多个人才学家将人才按不同性质分类,如美国著名心理学家约翰·亨利·霍兰德提出人格分类（兴趣分类）模式，根据霍兰德的职业理论，按照不同的职业特点和个性特征，一般可将人才分为六种类型，即现实型（技能型）、研究型、艺术型、社会型、常规型和管理型。美国营销学教授、著名企业家托尼·亚历山德拉提出了人才层次理论，他把人才根据个性特征划分为指导型人才、社会活动型人才、亲善型人才和智觉型人才四种类型。美国麻省理工学院前名誉院长布朗对工程师进行了分类，提出工程师有四种类型：科技家类型、革新发明家类型、现场工程专家类型和管理规划工程类型。

第六节　人才成长基本条件和综合素质

一、人才成长的主要条件

人才学认为，影响人才成长的基本因素有素质、教育、环境、实践和主观能动性这五个方面。

（一）素质

素质指综合素质，包括先天素质和后天素质。后天素质主要是"德、智、体"或"德、识、才、学、体"五个方面。

先天素质是相对于后天习得素质而言的，俗称禀赋、天资、天赋，主要是由遗传因素决定，并受环境、教育等因素影响。先天素质具有基础性、差异性和潜在性的特点。先天素质与成才密切相关，是人才成长和发展的前提和基础，是施加后天影响的载体和条件，如一些著名运动员、歌唱家、语言家的天赋等。我国北方人和南方人在身材上的差别主要是遗传因素造成的。孙中山早就提出过"强国强种"的思想，我们既反对遗传决定论，也反对完全否定遗传的作用。而是先天素质和后天素质的养成共同作用推动人才成长和发展。

先天素质在形成过程中，影响因素很多，主要有遗传因素、环境因素（主要指母体子宫内环境）和胎教因素。

注意先天素质对人才成长的影响，就要积极预防遗传病，避免近亲结婚，同时做到科学胎教、注意营养，在怀孕期间防止外伤、防治先天缺陷（如一些口吃、一些心脏病是先天造成的），避免高龄怀孕风险，等等。

（二）教育

教育就是使自然人变成社会人、提高后天综合素质的培育过程。婴儿出生后，就开始受到父母和周围环境的影响。教育主要分为家庭教育、学校教育、社会教育和自我教育。

其中，父母（包括直接带小孩的人）是子女的第一任老师，0～6岁的学前教育（包括幼儿园教育）是很重要的教育阶段；学校教育分为基础教育（小学教育和中学教育）、高等教育（包括大专、本科、硕士和博士层次）、职业教育（包括中专和职业技术学院等）和终身教育，其中中学教育和高等教育也包括出国教育。接受教育不仅要掌握知识，更重要的是懂得做人的道理，具备基本能力，掌握就业的基本技能，实现做人与做事的统一。要注意德智体全面发展、智力因素和非智力因素协调发展。在人才成长中，志向、学习（自学）和创新在成才过程中具有决定性意义。是否有志向，对人才的成长具有十分重要的作用。志向远大，加上能扎扎实实做出努力，成就会大些。在人的一生中，学历是很重要的，虽然学历与能力、文凭与人才不能画等号但也有密切联系。我们反对学历至上但也反对否认文凭重要作用的倾向。有条件的都应该及时接受正规教育甚至进入中外名牌大学深造，许多诺贝尔奖得主就是出自世界一流大学，为什么世界多次工业革命没有诞生在中国，这与中国近代大学出现较晚很有关系。但如果一个人只是为文凭而学习，离开校园就放松学习甚至放弃学习，这是难以成才的。对人才的成长真正起作用的还是自己所养成的持久的学习习惯和自学能力。在杰出人才队伍中，也有一批人由于种种原因没有机会接受正规教育而是通过自学而成才的。纵观中外人才的成长史，我们既不能否认正规教育在成才中的重要作用，也不能否认自学在成才中的重要作用。一个人的核心竞争力主要就是学习力和创造力，而自学往往是更积极主动的学习，更有兴趣、有明确成才目标的学习，与正规教育相比，有不可替代的特点。

创新创造在人的成长中具有决定性意义。有的人学历很高，但一生无任何创造，这不能说是人才。接受教育，一定要在巨人的肩膀上有所前进。站在前人的肩膀上是继承，有所前进是创造。我们不仅要掌握知识，而且要应用知识和创造知识。

（三）环境

环境是相对于某个主体而言的，指主体之外的一切事物，它既包括物质的也包括非物质的，既包括自然的也包括社会的。环境有小环境、中环境和大环境。家庭属于小环境，学校和社区等属于中环境，社会是大环境。"文革"对人才的摧残主要是社会环境造成，肺癌等肿瘤疾病的明显增加主要是空气、水、食物等自然环境受污染严重所造成的。古有"孟母三迁"，今有"择校择居"，都是对良好环境的选择。

在众多环境因素中，父母的影响特别是母亲的影响以及家庭条件的好坏等对人才成长具有特别重要的作用。如华裔诺贝尔物理学奖获得者之一的崔琦，虽然出身农民家庭，但其母亲很有眼光，从小就送他到香港读书，后来又到美国求学。这是良好的教育环境造就了他。我国"钱"家族中也出了不少杰出人才，与这个家族的价值观和文化氛围很有关系。有些人才的成长，如果没有一定的经济条件，很难坚持下去（如出国留学）。人才成长需要长期奋斗，如果没有家庭的理解和支持，往往会中途夭折。

机遇也属于外因环境，如很多成功人士抓住改革开放的机遇发展起来等。

（四）实践

实践是人类改造客观世界的一切活动，生产劳动是人类最基本的实践活动，实践也是人才成长的必由之路。从哲学上来看，实践是主观认识和客观真理之间的桥梁和中介，实践是检验真理的唯一标准。只有积极参加实践，才能有效地改造客观世界和主观世界。哥伦布发现了新大陆，既靠梦想也靠实践。莱特兄弟发明了飞机，这是靠实践。邓小平开辟了改革开放的道路也主要是靠实践。只有通过实践，才能使知识变成财富，只有通过实践，才能检验我们的理论、我们的观念是否符合客观规律，是否达到我们的预期目标，是否正确。如果我们有远大的志向，有丰富的知识，但不去实践，那就没有任何意义。世界上许多著名人才，哪个不是靠实践才能成功？

（五）主观能动性

在一定的客观条件下，是主观能动性决定一切。如红军当年的"劣势"是通过主观能动性的发挥而战胜"强敌"的；我国"两弹一星"也是在极其艰苦的条件下开始起步，没有革命精神和主观能动性的发挥，是无法取得众所周知的成就。"勤奋"和"谋略"就是主观能动性有效发挥的良好状态。毛泽东曾精辟地指出，战争的舞台必须建立在客观许可的基础上，但指挥员凭借这个舞台，可以导演出许多威武雄壮的活剧来。选择发展方向、选择专业、选择导师和抓住机遇等，都是主观能动性的具体体现。今天，我国要追上发达国家的先进水平，也一定要充分发挥主观能动性，笨鸟先飞、迎头赶上。

成才是素质、教育、环境、实践和主观能动性这五个方面共同产生合力的结果，关键是后天素质、实践和主观能动性这几方面。

第七节　高端引领是人才强国的重点

人才强国战略是我国建设社会主义现代化强国的基本战略之一，其基本内容就是"依靠人才强国，通过人才强国，组织人才强国"。当前和今后一个时期我国人才发展的指导方针是：服务发展，人才优先，以用为本，创新机制，高端引领，整体开发。

我国著名人才学家王通讯研究员认为，国家是否强大取决于宏观上的三个量，人才培养量、人才拥有量、人才使用量。培养量减去外流量等于拥有量；拥有量减去闲置量等于使用量。①

"榜样的力量是无穷的"，中国共产党在领导全国人民进行新民主主义革命、社会主

---

① 王通讯：《人才战略：凝思与瞻望》，人民出版社2014年版，第52、62页。

义革命和建设的过程中,在各行各业树立了众多先进模范人物,这些典型人物代表了时代发展方向,为引领全国人民不断前进起到了很好的作用。

高端引领指在一个人才群体中,通过高端人才引领作用,从而使该人才群体成长和发展达到整体较高的水平。反之,缺乏高端人才,则群体就处于整体较低的水平。俗话说,"兵熊熊一个,将熊熊一窝""一头狮子带一群绵羊的队伍,可以打败一只绵羊带一群狮子的队伍",都说明了高端引领的作用。

高端人才指具有卓越素质、在社会某个领域或某方面做出卓越贡献、处于群体中一定的领导地位,具有突出影响力的人才。高端人才有三个突出特点:一是素质的高水平;二是已做出卓越贡献并处于领先地位;三是处于群体核心的位置,能够产生影响力。高端人才的引领作用包括方向的引领、观念的引领、目标的引领、核心技术的引领、组织管理的引领等。

我国各行各业都需要高端引领,"大师"引领就是高端引领甚至是最高端引领,我国各行各业的发展瞄准国内外一流水平也就是"高端引领"。如莫言实现了我国诺贝尔奖零的突破,屠呦呦实现了我国诺贝尔科学奖零的突破,均有十分重大的引领作用。

高端引领不仅是我国科技创新的主要方针,也是我国人才强国的重点。我国要在2050年左右建成若干所位于世界一流大学前列的高水平大学和若干个世界一流学科,要建成世界科技强国,关键还是要拥有众多的世界级大师。

第一章 人才学的基本内容

案例一

世界级大师——鲁迅

鲁迅（1881—1936），著名文学家、思想家和革命家，鲁迅虽然出生于文化名城浙江绍兴，5岁入私塾，但鲁迅的学历只有南京路矿学堂和仙台医学院肄业，曾2次留学日本。

起步早、勤奋、专一、以国家利益作为其选择专业方向的主要动机并与时俱进，是鲁迅人生道路的主要特点。鲁迅12岁时在三味书屋上学时，一次因给父亲买药而迟到被先生批评，后来他在自己的桌子上刻了一个"早"字时刻提醒自己。21岁改名鲁迅，是为了表达要改变中国贫穷落后局面的决心。25岁决定弃医从文，是因为他看到了当时中国最需要的是改变人们的精神面貌，他要用笔写文唤醒中国老百姓。到了晚年，鲁迅对于时间抓得更紧。不管工作多么艰苦，环境多么恶劣，他仍是如饥似渴地学习，夜以继日地忘我工作，一直到他逝世那天。

案例二

麦克斯韦的故事

詹姆斯·麦克斯韦是继法拉第之后集电磁学大成的伟大科学家。1831年生于苏格兰的爱丁堡。10岁时进入爱丁堡中学学习。16岁进入爱丁堡大学学习数学和物理。19岁转入剑桥大学三一学院数学系学习，于42岁出版了电磁场理论的经典巨著《电磁学通论》，40岁受聘为剑桥大学新设立的卡文迪什试验物理学教授，负责筹建卡文迪许实验室，43岁建成后担任这个实验室的第一任主任……

麦克斯韦主要从事电磁理论、分子物理学、统计物理学、光学、力学、弹性理论方面的研究。尤其是他建立的电磁场理论，将电学、磁学、光学统一起来，是19世纪物理学发展的最光辉的成果，是科学史上最伟大的创新人才之一。他预言了电磁波的存在。这种理论预见后来得到了充分的实验验证。他为物理学树起了一座丰碑。造福于人类的无线电技术，就是以电磁场理论为基础发展起来的。

麦克斯韦大约于24岁开始研究电磁学，在潜心研究了法拉第关于电磁学方面的新理论和思想之后，坚信法拉第的新理论包含着真理。于是他抱着给法拉第的理论"提供数学方法基础"的愿望，决心把法拉第的天才思想以清晰准确的数学形式表示出来。他在前人成就的基础上，对整个电磁现象作了系统、全面的研究。

麦克斯韦的父亲约翰·克拉克·麦克斯韦，是个热衷于技术和建筑设计的律师，对麦克斯韦的一生影响很大。他思想开通，讲究实际，非常能干。家里的大小事情，从修缮房屋、剪裁衣服到制作玩具，他样样都会做。他在爱丁堡附近的乡下有座庄园，麦克斯韦的童年就是在这座庄园里度过的。这个孩子从小喜欢思考问题，很受父母宠爱。小家伙跟着父母出去玩，一张小嘴总要不停地提出各种各样的问题。沿途所见，从路边的桑树、脚下的石块，直到行人的穿着表情，都成了他发问的内容。有些幼稚可笑的问题，常常把过路人也逗乐了。父亲见儿子对自然感兴趣，非常高兴，后来就带他去听爱丁堡皇家学会的科学讲座，当时他的个头还没有讲台高呢！约翰·克拉克·麦克斯韦本人是皇家学会的活跃分子，儿子跟随他经常出入科学界，受到不少熏陶。在麦克斯韦8岁时，母亲因病不幸去世了，麦克斯韦与他父亲的关系就更密切了。

与其他科学家一样，麦克斯韦也有他突出的个性。

在剑桥大学学习时，麦克斯韦专攻数学，读了大量的专著。他的学习方法，不像法拉第那样循序渐进，井井有条。他读书不大讲究系统性，有时为了钻研一个问题，他可以接连几周其他什么都不管；而另一个时候，他又可能碰到什么就读什么，漫无边际，像一个性急的猎手，在数学领域里纵马驰骋。

他一生都不被人理解。中学时候他的服装不被同学理解；大学时候他的语言不被人理解；到后来，他的学说也是很长时间不被人理解。尽管"话不投机"，同学们还是把他看作他们中间独一无二的人。麦克斯韦惊人的想象、闪电般的思维能力等，把他们征服了。

这是一个奇才，需要名师指点，才能放出异彩。幸运的是，有个偶然的机会，麦克斯韦果然遇上了伯乐，那就是剑桥大学的教授、著名数学家霍普金斯。一天，霍普金斯到图书馆借书，他要的一本数学专著恰被人先借去了。一般学生是不可能读懂那本书的，教授有些诧异，向管理员询问借书人的名字，管理员回答说："麦克斯韦。"数学家找到麦克斯韦，看见年轻人正埋头作摘抄，笔记上涂得乱七八糟，毫无秩序。霍普金斯不由得对这个青年发生了兴趣，诙谐地说："小伙子，如果没有秩序，你永远成不了优秀的数学物理学家！"霍普金斯所说的数学物理学家，是指善于运用数学方法解决理论问题的物理学家，通常也称作理论物理学家，需要在数学和物理学上都有很高的造诣。从这以后，麦克斯韦成了霍普金斯的研究生。

麦克斯韦受到他们的直接影响，很重视数学的作用。他一开始就把数学和物理学结合起来。这一点对他以后完成电磁理论，是十分重要的。

案例三

美国"脸谱"创始人——马克·扎克伯格

马克·扎克伯格（1984—）是全球最大社交网站Facebook（脸谱）创始人、董事长兼首席执行官。

马克·扎克伯格出生于美国纽约州白原市，哈佛大学计算机和心理学专业辍学生，同时也是一名软件设计师。Facebook是由他和哈佛大学的同学达斯汀·莫斯科维兹、爱德华多·萨维林、克里斯·休斯于2004年共同创立，创立后发展十分迅速。

2016年4月22日,《时代》评选出了世界100位最有影响力的人物,马克·扎克伯格入选。

2016年7月8日,2016年度硅谷百位名人录出炉,马克·扎克伯格排名第一。

2016年10月,马克·扎克伯格位列《福布斯》杂志2016年度"美国400富豪榜"第四位。

由于独特的创新,马克·扎克伯格仅用了12年的时间就成为了全球最年轻的自行创业的亿万富豪,还被誉为比尔·盖茨第二。

第二章 大师的基本知识

第一节 大师的定义、特点和类型

一、大师的定义

大师（Great Master）有多种解释，如对年长者的尊称等。本书所指的大师，狭义上指在学术领域内做出重要贡献、享有盛誉的学科创始人或学科带头人等；广义上指各行各业有关领域的成功开创者，取得具有里程碑意义的成就或最大贡献者而具有深远影响力的人。大师与领袖、导师和领军人物等近义。

韩愈曾说过，师者，所以传道授业解惑也。老师有名师、导师等，故大师也可看作由于取得过突出成就甚至还无人超越的顶尖成就而成为某领域的权威，他们中的许多人不仅立业，而且立言、立德，是某领域的标杆和楷模。

二、大师的类型

（一）按纵向来分

1. 从层次来分

（1）世界顶级大师，如被誉为千年伟大思想家的牛顿、爱因斯坦、麦克斯韦、达尔文等；世界公认的影响人类历史进程的100名最著名人物如孔子、法拉第、爱迪生等。

（2）世界级大师，促进世界进步历史进程的人物。如鲁迅、钱学森以及诺贝尔奖、菲尔兹奖、图灵奖、罗斯贝奖等世界级大奖得主等。

（3）国家级的大师，在国内首创某学科并在某领域取得突出成绩，明显促进了国家的进步，包括中国最高科学技术奖得主、中国科学院院士和中国工程院院士以及一些领域的"之父"等，如"中国现代数学之父"姜立夫、"中国航天之父"钱学森、"中国行政管理之父"夏书章、"中国现代语言文学之父"王力等。许多国家级大师也有世界影响，如俄国罗蒙诺索夫创办了俄国第一所大学，被誉为"俄国科学之父""文学上的彼得大帝"等，但他在化学等科学领域所做出的贡献具有世界影响。

全国重点大学的许多著名教授、国家非物质文化遗产创始人或主要传承人、艺术大师、"大国工匠"等，也是国家级大师。如陈宗南教授为中山大学化学系首任系主任，华南理工大学建筑学院院长何镜堂被誉为"建筑大师"，邝健廉（红线女）为粤剧红派表演艺术创始人，傅全香被誉为"越剧流派宗师"，许炽光为全国刺绣（"广绣"）工艺大师等。

（4）地方级的大师，在地方首创某学科或在某领域取得突出成绩，如粤菜大师等。地方级的大师也有全国影响甚至国际影响，只是影响力不同而已。

2. 从时代来分

（1）古代大师。如孔子、孟子、阿基米德、亚里士多德、张衡等。

（2）近代大师。如哥白尼、哥伦布、瓦特、伽利略、牛顿、法拉第、麦克斯韦等。

（3）现代大师。如莱特兄弟、爱因斯坦、比尔·盖茨、乔布斯、袁隆平、马云等。

（二）按横向来分

各行各业的大师，如科学大师、建筑大师、艺术大师、技能大师、经营大师等。仅军事学术大师，就有克劳塞维茨（战争论）、约米尼（战争的艺术）、马汉（海权论）、杜黑（空权论）、孙武（孙子兵法）和毛泽东（《论持久战》等军事思想）等。

（三）按学科来分

按学科来分，可分为数学大师、物理学大师、化学大师、管理学大师、经济学大师、气象学大师、音乐大师、工艺美术大师等。如仅仅是音乐方面的世界级大师就有贝多芬、海顿、肖邦、李斯特、莫扎特、柴可夫斯基、施特劳斯、韦伯、克莱德曼和舒曼等。

（四）按特点来分

有的学者将大师按十大圣哲、创世领袖、革新先驱、军政巨子、思想巨匠、文体艺术大师、经济科技精英、生化医药英才、科学大家和探索之星这十类特点来分类。

（五）按学术性质来分

按学术性质来分可分为学术大师和非学术大师。

（六）按大师程度来分

（1）现实大师，即被政府和社会所公认的大师。

（2）准大师，即已经很接近大师水平，但仍未达到事业成就的最高峰。如马云是中国互联网事业的主要开拓者，在这方面已经取得了很大成就，但仍有很大发展空间；国际著名钢琴家郎朗已取得了突出成就但现年只有34岁；清华大学在结构生物学方面的女科学家颜宁也只有37岁。

(3) 潜大师，即已经取得了大师级的成果但当时未被社会所承认。如当年的哥白尼提出的"日心学说"和一些学术大师被错误批判等。

第二节 大师的意义和作用

一、大师的意义

大师是人才队伍中的顶尖人才，是杰出的创新人才，是国家核心竞争力的最核心部分，是人类的文化昆仑和精神脊梁，是人类智慧的杰出代表。

二、大师的作用

清华大学原校长梅贻琦曾说过，"所谓大学者，非谓有大楼之谓也，有大师之谓也"。如果我们将大师看作各行各业的顶尖人才和关键人才，这句话是适合国家发展和所有行业。大师就有大的主张、大的学问、大的发明创造成果和大的贡献的人，其中影响人类历史进程的重大而深刻的思想等是大学问之一，它明显推动了人类进步的进程，是国家之师、民族之师、人类之师。如到16—17世纪，英国还是一个封建农业国，甚至从世界范围看还属于一个边缘性农业弱国，但18世纪的工业革命以后，英国成为世界上第一个迈进工业化的国家，并曾成为了一个"永不落日的帝国"。英国崛起的影响是深远的，有人说，英国的强大要记住4个人，他们分别是艾萨克·牛顿、亚当·斯密、瓦特和博尔顿。在德国，西门子与德国电气工业、李比希与德国化学的发展等，都起着很重要的作用。明治维新以后，日本的崛起与福泽谕吉的关系很密切。在中国，"没有毛泽东领导的中国共产党就没有新中国""钱学森一个人可以顶5个师"等。

马克思主义在承认人民群众创造历史的同时，从来都没有否定个人在历史中的重要作用。杰出人才（天才）是人民群众中素质最高、贡献最大、站在时代前列的那部分，英雄是民族最闪亮的坐标。人才特别是大师级人才在历史发展中具有很重要的促进作用。没有瓦特发明了可应用的蒸汽机，就不可能有第一次工业革命；没有法拉第、麦克斯韦等著名科学家发现了电、磁、光的相互关系并创立了电磁理论，也不可能有第二、第三次工业革命的产生。

第三节 大师的特点

一、历史性和进步性

与其他人才一样,大师也有进步性和历史性的特点。

1. 进步性

进步性指大师们所做的贡献一定是推动人类走向进步、走向光明的,而不是相反。历史上也有不少具有相当影响力的人物,但这个影响力是退步的甚至是反动的,如希特勒等。

2. 历史性

历史性指我们必须客观地、历史地去看大师们所做的贡献。如孔子在2000多年前春秋战国时期在教育、治国等方面就提出了许多精辟的思想,这些思想至今仍闪烁着真理的光芒。我们不能要求孔子在那个历史条件下所讲的每句话都是对的。我们更不能用今天的历史条件去评价先人。我们对历史所创造的一切都要批判地继承和发展,不能肯定一切,更不能否定一切,而是有"扬"有"弃"。

二、想大问题的人

大师必定是想大问题的人,每个人一天的时间都是相等的,所不同的只是寿命不同,但有的人高寿却默默无闻;有的人寿短却光照千秋!这里的关键是一生的时间用在什么地方。许多大师都是有大志气的人,想大问题的人和做出大贡献的人。如我国著名行政学家夏书章在年轻时选择专业方向,是受"上医医国"古训的影响,所以他没有随大流去学数理化,而是选择了政治学并到了哈佛大学留学,并一生坚持,最终成为了这方面的一代大师。我国著名科学家钱伟长本来数理化的基础就不怎么好,但"九一八"事变深深教育了他,使他毅然从文科转到理科,最终成为科学大师。中山大学计亮年院士认为,在科学上要有大作为,首先要了解当前人类的危机,并给予设法解决。无论是"教育救国""科学救国""实业救国"还是"军事救国""政治救国"等,都是为了国家的前途。为国而想,为人类的进步而奋斗,并"大处着眼,小处着手",这是大师们与普通人最不一样的地方。

西方许多科学大师献身科学、钻研学科发展,也就是想大问题的人。

三、有开创性的大成果

要成为大师,不仅要想大问题,更重要的是取得大成果。

人才的根本属性是创造性，大师是顶尖人才，更充分体现在这方面。如瑞典气象学家罗斯贝1927年在美国加利福尼亚州建立了美国第一个航空气象服务试验系统。1928年在麻省理工学院组织了美国第一个大学水平的气象研究项目，同时创立了美国也是世界第一个现代气象学意义上的大学气象系，并在气象理论上有许多突破，被誉为气象学泰斗。

大师所取得的成果不是一般的开创性成果，而是具有很高价值的大学问、大成果、真学问。大的成果指对科学发展、人类进步具有很大作用和影响力，具有里程碑意义甚至是某领域的巅峰人物，令后人高山仰止。如袁隆平的杂交水稻为解决人类的粮食问题做出了突出贡献，牛顿发现万有引力定律，麦克斯韦提出的电磁理论，亚当·斯密首次比较系统地提出了经济学说、创立了经济学等，都是具有世界意义、价值无法估量的大成果。

四、博学多才

不能说所有大师都博学多才，但相当部分是这样的，如清华大学国学大师陈寅恪懂得20国的语言，曾被认为是"最博学的人"；另一位国学大师赵元任不仅是数学家、物理学家，更是著名的语言学家和音乐家，对心理学也有一定造诣，文理相跨。李政道是物理学家，但他对艺术也很有造诣，甚至可以将深奥的物理问题用绘画艺术来表示。钱学森是导弹等方面的大师，但对音乐也很内行。德国著名科学家亥姆霍兹是19世纪最伟大的博学者，他不仅是物理学家、数学家、心理学家、生理学家，是著名的能量守恒定律的创立者，而且在医学、气象学、音乐和哲学等方面都做出了杰出的贡献。努力成为一专多能的复合型人才，科学与艺术相互影响，自然科学和社会科学、人文科学相互促进，这是大师们成长的必由之路。

五、立业和立言的统一

大师的大成果往往体现在他的专著上，至少是有不少高水平论文。如李时珍的《本草纲目》、牛顿的《自然哲学的数学原理》、凯恩斯的《就业、利息和货币通论》等，所提出的精辟思想也经过了实践的检验，是理论与实践的统一，立业和立言的统一。可以说具有相当影响力的传世之作是成为大师的重要标志之一。

六、走在时代前列的人

真理往往首先掌握在少数人手里。大师们都是对许多重要问题比一般人看得深、看得远、看得早、看得细并且被实践证明是正确的人，是有独立见解、走在时代前列的人，他们的大成果往往在科学发现和发明、促进人类进步等方面具有领先性、预见性。如瑞典遗传学家孟德尔所揭示的遗传规律是他的论文发表35年、他去世14年以后才被公认其价值。空权论创立者、意大利军事理论家杜黑曾以敏锐的眼光看到了飞机对未来战争的影响，并首先系统地提出了制空权理论。杜黑的制空权理论对两次世界大战之间各国的空军建设，尤其对轰炸机的发展有过重要的影响。然而，他却曾因思想先进不被人接受而被判入狱一年。许多"之父"就是领先性的代表。尽管有些专家的建议不一定很完善,但许多专家的好建议曾有一段时期不仅没有被采纳,还遭到错误批判。由于对知识分子的尊重不够,使中华人民共和国的发展曾出现过本来可以避免的曲折。

七、开风气之先、引领时代前进而影响深远

如意大利科学家伽利略首次倡导用实验－数学的方法研究自然界规律,哥白尼首次提出"日心说",达尔文提出"生物进化论"等,其成果不仅深化了人们对客观世界的认识,而且改变了人们的宇宙观,孕育了辩证唯物主义的诞生,促进了人类由自然王国到自由王国的进步,其成果不仅开风气之先而且引领人类前进,其影响深远。另外,原沈阳飞机工业(集团)有限公司董事长、总经理、党委副书记罗阳等被誉为"民族的脊梁",都具有大师的性质。

八、人格高尚,为最大多数的人谋福祉

如马克思认为"如果我们选择了最能为人类的幸福而劳动的事业,那么我们就不会被它的重负所压倒,因为这是为全人类所作的牺牲",爱因斯坦等物理学家发现了核能但坚决反对核能用于战争。许多中国的大师在祖国苦难的年代里忧国忧民,努力地为祖国的强盛想问题,出思想,做事情,如陶行知积极倡导乡村教育,提出"农民不翻身解放,中国就不能翻身解放";颜福庆历经艰辛开创了中国的现代医学教育,提出"强国要强种,强种要强身,强身要强医"等重要思想。他们以先行者奉献精神而成为一代宗师。

九、具有深远的影响力

大师们的影响力是持久的,甚至跨越了时空。如孔子、孙子的思想对人类的影响跨越了几千年,牛顿、爱因斯坦等许多科学家所揭示的自然和社会发展规律对人类由自然王国到必然王国的飞跃所起的作用是永恒的。

十、人类的宝贵精神财富

大师们为了伟大的目标矢志不渝。他们探索真理不畏艰险,勤奋努力刻苦钻研,积极向上乐于奉献,坚持真理义无反顾。如爱迪生勤奋的一生,其发明竟多达2000项;诺贝尔不仅为了研制安全炸药而牺牲了多个亲人,而且事业成功后将其部分遗产设立诺贝尔奖用于促进人类的科学事业。许多大师为了坚持真理不畏惧权势甚至牺牲了自己的生命。大师的精神永远鼓舞人类不断向前。

十一、大师不一定是年龄很大的人

大师是成功开创了一个崭新领域并且始终不渝地为之而奋斗,其一生有大成果并且成果颇多,故一般都是年龄较大的人,但也不一定。如聂耳是中华人民共和国国歌(原

《义勇军进行曲》）的作曲者，但他只活了23岁；文学大师萧红只活了31岁；电磁波发现者、德国物理学家赫兹37岁就英年早逝了。

十二、尽早接受现代教育

尽早接受现代教育，这是所有大师的共同特点，只是程度不同而已。有的大师没有机会接受高等教育，主要靠自学成才，但也有名师指导如戴维、法拉第等。但更多的大师是千方百计接受现代教育，它包括接受高等教育并到国外著名大学获得硕士、博士学位。如数学家苏步青虽然出身农民家庭，但中学毕业后就到日本留学，经过12年的努力，在日本东北帝国大学获得博士学位；物理学家吴健雄在南京大学物理系毕业后，到美国加利福尼亚大学获得博士学位。

十三、大师与曲折

"前途是光明的，道路是曲折的"。不少大师的成长是相当曲折的，有苦难的童年，也有奋斗历程上的坎坷。牛顿不仅是早产儿，而且其父亲在他出世前就去世了，母亲又改嫁，他是靠他的外祖母带大的；中国的社会学家潘光旦教授、复旦大学原校长谢希德教授等从小患了残疾；爱迪生的实验室被火焚毁；诺贝尔的多个亲人在研制炸药时被炸药炸死；经营大师任正非44岁在原单位经营中被骗200多万，不仅被开除、欠债200万还离了婚；中国科学院院士计亮年先后在6岁和9岁失去了母亲和父亲，还曾做过童工。面对人生曲折，他们没有悲观更没有绝望，而是"愈挫愈奋"，终于攀登上事业的高峰。

十四、大师与个性

有山峰往往就有山谷。大师们往往具有突出的个性，而不同类型的大师又有不同的个性，个性就是一个人区别于他人的性格人格，即一个人独特、稳定和本质的心理倾向和心理特征的总和。简单地说，个性就是一个人的整体精神面貌，如这个人特别勤奋等。个性有好的也有不好的。对于科学大师来说，爱思考、很专注是重要的个性，甚至爱因斯坦都认为，任何真正的科学家都是一些"相当怪癖、沉默寡言和孤独的人"，如牛顿对所研究的问题很入迷，甚至有时竟忘记自己是否已经吃饭了。亚当·斯密常想事情想得出神、丝毫不受外物干扰；有时也因此发生一些令人费解的事，如亚当·斯密担任海关专员时，有次因独自出神将自己公文上的签名不自觉写成前一个签名者的名字。亚当·斯密在陌生环境发表文章或演说时，刚开始会因害羞频频口吃，一旦熟悉后便恢复辩才无碍的气势，侃侃而谈；而且亚当·斯密对喜爱的学问研究起来相当专注、热情，甚至废寝忘食。钱钟书惜时如金，喜欢潜心读书研究，不好拜客访友，客来常以病谢，积函多不作复。陈景润对数学研究很酷爱、很专注，但对教学就比较外行，日常生活中也不时闹出一些笑话；有的大师比较高傲自大、自命不凡，有的大师的脾气又比较暴躁，对别人的批评不大讲情面。大师们的个性往往又与他们的成就相伴。如苹果手机创始人史蒂夫·乔布斯有他自己鲜明的个性，这些个性经常使周围的人愤怒和绝望，但乔布斯所创造的产品又与这种个性息息相关，不可分割。我国要涌现更多的大师，一定要提倡个性解放。让每个人的长处最充分地发挥出来，让每个人的潜力更充分地释放出来，才能实现马克思所设想的"自由而全面的发展"。故我们对待一个人的个性，只要不是原则问题，就要理解、相容，能让其更完美则更好，如李四光既是我国著名的地质学家，也是共产党员等。但如果不能更完美就要容人之短甚至用人之短，化短为长，这和用其所长是一致的，而千万不能求全责备，因为要"改造"他的某些不足而丢掉了他的长处则损失更大。如果采取急于求成的办法，往往会适得其反。但作为个人，不管自己贡献有多大，学问有多高，永远都要谦虚、谨慎，正确处理好个人与团队、个人与社会的关系。

十五、大师的孤独和寂寞

不少科学大师要特别勤奋，特别珍惜时间，故往往不大合群；许多科学大师经常要集中一段时间专注思考，故往往也容易被人误解为"怪人"，这个"怪"，有性格、行为、研究方法等方面的。这个"怪"，很多是由于精力特别集中于所要思考的问题上所引起的"误解"，实际上是一切成功者的一个重要优点，没有精力高度集中的钻研，另辟蹊径的思考，往往不可能做到见常人之未见，发常人之未发，得常人之未得，从而有所突破。另外，他们所提出的一些思想，往往是"与众不同"的，一开始往往不被人理解而感到很孤立。如哥白尼提出"日心学说"刚开始也是很孤立的。

许多大师均对孤独和安静环境给予充分的肯定，比如爱迪生说过："孤独创造完美，混乱制造麻烦"，诸葛亮也说过："夫才须学也，学须静也""非淡泊无以明志，非宁静无以致远"。没有牛顿在剑桥大学的学术积累以及没有 1665—1666 年因伦敦地区发生严重的鼠疫致使剑桥大学停学，因此使牛顿有机会返乡两年从而有相对安静的环境，就至少不会有牛顿所创立的万有引力定律早日问世等成就。

另外，从事科学研究工作，做高深学问，其过程往往是寂寞的，其前景往往是挫折和失败多于成功。"耐得住寂寞"，是成为科学大师的基本功之一。但这个寂寞是表面现象。真正对科学有兴趣的人，对自己的事业有使命感的人，在攀登科学高峰的过程中是不会真正感到寂寞的。正如巴甫洛夫所说："科学需要一个人贡献出毕生的精力，假定你们每个人有两次生命，这对你们说来也还是不够的。"

十六、讲究人生谋略

大师是"智者"，其人生进取必定是讲究人生谋略的。如：
（1）有崇高理想、强烈使命感和责任感。
（2）有自信心。
（3）酷爱学习。
（4）热爱事业。

（5）爱讨论、善合作。
（6）实事求是，独立思考，勇于创新。
（7）注意德智体全面发展，及时上大学、创造机会到海外留学。
（8）正确选择人生方向、专业方向以及科研项目等。一旦选择了就百折不挠地去实现这个目标。
（9）正确对待生活的压力、别人的非议甚至别有用心的"整人"。
（10）珍惜时间，抓住机遇。

第四节　大师主要成长条件

一、大师与家庭和早期教育

家庭对人才的成长影响很大。许多大师出身不同的家庭，有不少大师的家庭并不大好，如贫困或单亲家庭等。杰出的物理学家牛顿不仅是一个早产儿，而且主要是靠他的外祖母和亲戚带大的，这对牛顿幼小的心灵产生了很大影响。据说他后来终身不娶与家庭的影响有关。有的大师也出于多种原因而选择了终身不娶的道路。

应该说，许多大师的健康成长，家庭重视早期教育是一个重要方面。父母是孩子的第一任老师，父母不仅应该注意孩子们的德智体全面发展，而且要注意发现孩子的突出兴趣和才能，如郎朗、盛中国等音乐大师很早就显示出其音乐才能，他们的父母发现了他们的天分并及时积极创造条件给予培养。世界著名数学家高斯虽然来自一个普通家庭，他母亲是一个贫穷石匠的女儿，没有接受过学校教育，但他的母亲和舅舅及时发现了高斯从小就显示出来的数学"天分"并且引导高斯往成才方向发展……父母对孩子们的专业选择应该给予正确引导，也要尽量理解、尊重孩子们的专业选择。有的大师的成长是不顾父母的反对而走上自己的专业道路并最终成为大师的。

"天赋"是成为人才的三大基本条件之一，它应包括优生（没有遗传病等）和重视早期教育。一些大师从小就表现出特别聪颖的特点。如数学家高斯和诺贝尔物理学奖获得者李政道等。

如何做好早期教育？许多大师均提出了自己的见解，如宋代文学家柳宗元就认为，人才的成长好像种树，要顺应规律。"顺木之天，以致其性"，即根据树的本性、顺其天性而种树育树，就不必担心其不能长大成材；文学大师鲁迅在《我们现在怎样做父亲》一文中也提出了"父母对于子女，应该健全的产生，尽力的教育，完全的解放"；毛泽东提出新一代要"德智体"全面发展等。

二、大师与志气和价值观

　　大师一般都是从小有宏大志向和梦想、心中有榜样的人，如孙中山要求青年一代"立志做大事，不要立志做大官"；爱因斯坦长期将牛顿、法拉第和麦克斯韦的画像挂在自己的办公室里。许多科学大师从小就喜欢看科学家传记并树立了立志成为科学家、努力攀登科学高峰和"以学术为己任"的理想。追求大任的人生，成就非凡的价值。

　　自信心是志气的重要方面，也是大师成功的第一要诀。古人云："志不立，天下无可成之事"。自信就是"天生我材必有用"，大师的自信就是大的自信，如"自信人生二百年，会当水击三千里""数风流人物，还看今朝"等，相信自己的一生能为人类的进步事业做出大贡献。当然，一个人的能力有大小，自信心应该建立在科学的基础上，从大处着眼，小处着手。

　　价值观与志气有密切联系。志气有正负之分，大小之别。我们需要的是为人类的进步事业、为国家和民族的解放和振兴做出大贡献的志气，对于共产党员来说，全心全意为人民服务、为振兴中华而不懈奋斗就是最基本的价值观。无数的事例都说明了，人生观、价值观不同，人生选择就不同，自己一生的成就也不同。马克思认为他所从事的是"最能为人类带来幸福"的工作，毛泽东从青年时代开始就喜欢思考和讨论有关国家和人类的大问题，甚至"身无半文，心忧天下"。所以，有人将人的世界观、人生观和价值观比喻为人生的总开关。价值观也属于"德"的范畴。中山大学陈新滋润院士就认为，"诚信""敢于担当""乐作贡献""好东西愿与他人分享"等人的品格对人才的成长十分重要，其中"诚信"是最重要的特质。同时，人在这个世界上走一趟不容易，要在有限的时间内多做事情，对事情有承担，对社会有贡献。

　　"德才兼备"是对人才的基本要求，更是对大师的基本要求。

　　价值观不仅要正确，更要注意做到持之以恒而不要半途而废。

三、大师与书籍

　　"顺其天性"其中之一就是首先要将"树"扶正，将衣服的"第一颗纽扣"扣好。养成良好的学习习惯就是"扶正"的重要方面。

　　大师与书籍密切相关。所有大师，学历有高低，家庭出身背景各不同，但爱看书甚至酷爱读书是共同的特点。许多大师走上成才道路的重要启蒙者甚至是第一引导者都是书籍。他们不仅从书本上学习了知识，了解了世界，而且确定了自己的人生志向。如少年时的牛顿并不是神童，他资质平常、成绩一般，但他喜欢读书。许多自学成才的大师们更是酷爱读书。如爱迪生曾被小学老师以"低能儿"的名义撵出学校。在他母亲的引导下，才使得爱迪生认识到书的重要性。他不仅博览群书，而且爱读书的习惯一直影响了他的一生。这些大师们所养成的酷爱读书的习惯，有的是知识分子家庭的影响，家里的藏书对他们从小养成阅读习惯是一个很好的便利条件。有的是利用亲戚朋友的关系特别是到当地图书馆借阅。如蔡元培在小时候就很爱读书,经常借阅六叔父的藏书。其中1897—1898年期间,整日以浏览西书为要。只有小学学历后来成为中国科学院院士的沈鸿酷爱读书,幼时好学历史和人文科学,稍长致力于技术科学,几十年勤奋不息,成为学有专长、知识渊博的专家。他的所有知识都是通过刻苦自学和大量的实践总结获得的。沈鸿认为,一个人只要肯下苦功夫,学会真正有用的本领,就一定能够干出一番事业来。亚当·斯密一生未娶,但他非常喜好书籍,将书籍作为自己众生的伴侣,他曾说过"书籍就是我的情人"这样的话,他还说:"我别无所好,所好的只是书。"

酷爱读书是一方面,读书能否取得成果又是另一方面。古人云:"学者如牛毛,成者如麒麟。"读书要处理好博与专的关系,我们既要兴趣广泛,也要学有专攻。许多大师在学生时代不一定是优秀学生,但一定是刻苦读书并深入思考的学生。

所以,我国要涌现出更多的大师,一定要重视学校、社会和家庭的图书馆建设,向犹太民族学习,重视全民阅读。

四、大师与教育

大师的成长与教育息息相关。教育包括家庭教育、基础教育、大学教育、终身教育和自我教育,而大学教育和自我教育是最重要的。如许多诺贝尔奖获得者,都是接受了大学教育甚至是名牌大学的教育,有不少人获得了博士学位,有的还在博士后工作站工作过。通过这些渠道,不仅为其终身事业打下了坚实的知识基础,而且走到了科学的前沿并结识了世界一流的导师。就是政治大师和经营大师等,随着时代的进步,尽可能获得研究生以上学历的教育是必要的。美国很多总统均来自美国的名牌大学就是一个例子。当然,学校教育一定要与自我教育有机结合起来。

要攀登科学高峰,早日赶上发达国家,就要先了解和学习国际上有关领域最先进的学科并结识走在前沿的导师。对于中国这样一个在多方面落后于西方的国家来说尤其迫切。故大学教育应包括出国教育。中国的许多近现代大师,基本上都有一次或多次出国留学经历。

接受教育的过程是学习的过程、量变的过程,这个过程越早越好,甚至有"竞争从零岁开始"的说法。

在众多教育中,其中大学教育往往起到了关键作用。在历史的长河中,大学教育不都是正面的,但一些大师可以不喜欢大学设置的课程或专业,但却通过充分利用大学的图书馆和实验室等条件而有所成就,如爱因斯坦等。为英国第一次工业革命做出突出贡献的瓦特,他的成就也离不开大学教授特别是化学家布莱克的帮助指导。

虽然教育特别是大学教育在大师成长中起着非常重要的作用,但也有不少这样的大师,他们没有机会进入大学学习,他们的成就主要是甚至完全是依靠自学而取得的。这些大师许多行业都有。如美国著名发明家爱迪生,英国著名化学家罗伯特·波义耳、约翰·道尔顿和汉弗莱·戴维,英国物理学家、化学家迈克尔·法拉第,英国地质学家索比,瑞典著名发明家诺贝尔，俄国植物育种学家米丘林，俄罗斯文学家高尔基，中国著名数学家华罗庚，中国科学院院士沈鸿，中国著名画家齐白石，等等。他们的成才经验告诉我们，我们既要重视正规的大学教育在成才过程中的重要作用，更要充分肯定自学在成才过程中的关键作用，只要我们真正掌握了"渔"的方法，使内外因条件都充分利用起来，才能更快、更好地涌现出更多的大师。因为接受教育的目的是有所突破，有所贡献，走向成才。我们评价爱迪生也绝对不是说他一生看了多少本书，而是他的一生取得了两千多项发明的成就。

五、大师与学习

学习力、实践力和创造力是成为杰出人才的最重要的三种能力。一个人可能没有机会接受更多的正规教育，但不可以没有较强的学习力。我们也不能因为自己已经获得了大学文凭或研究生文凭而沾沾自喜，有文凭没创造没大贡献的人也大有人在。我国著名人才学家、中国石油大学原党委书记郑其绪教授认为，现代人才在知识的获取上必须具有广度、深度和速度，合理的知识结构是博、深、前沿。故"博学"是对每个人的要求。故学习力不仅体现在接受更多的正规教育，而且体现在持之以恒地自学，体现在同样的时间内比别人学得更快更好，而且体现在有合理的知识结构。同时不仅要读"有字之书"，而且要读"无字之书"，学习要与思考（钻研）结合起来，与实践结合起来，与解决实际问题结合起来。只有不断学习才能尽快走到科学的前沿，只有不断学习才能"以智取胜"尽快找到解决问题并有所突破的有效途径，而围绕创造目标的积累才是最有效的学习。我们的学习既要尊重中华民族灿烂的传统文化，更要向西方发达国家学习。屠呦呦利用青蒿素攻克疟疾既得益于现代科学方法，也得益于中国传统文化的启迪；姜立夫、江泽涵、苏步青等为中国的数学事业发展做出巨大贡献的数学大师，得益于他们较早地走出国门并到哈佛大学等世界最著名大学留学并学成归国。

牛顿认为，他能取得伟大成就的重要原因是因为他站在了巨人的肩膀上。"站在巨人肩膀上"的过程就是学习的过程、积累的过程、量变的过程。但学习的目的一定是有所创造，量变的结果一定要走向质变。

故学习千万不要仅为了找一份好工作，而更要为了自己的人生取得更大价值，为人类进步做出更大的贡献。

六、大师与兴趣

大师的成长与兴趣的关系十分密切。许多大师的成长可以有不同的教育条件、经济条件，但对某事物的浓厚兴趣是一样的。

七、大师与师友

大师的成长与师友的关系十分密切，甚至认为是关键一步。如当年在西南联合大学硕士研究生毕业的杨振宁和在读研究生李政道到了美国继续攻读博士学位，他们到了美国后首先去寻找费米等著名科学家并就读著名的芝加哥大学，在该校导师的指导下很快由理论物理转入实验物理，并很快走到世界科学前沿并实现了突破从而双双获得了诺贝尔物理学奖。

我们说上大学很重要，除了专业学习之外，一个很重要的原因就是能在一个更高平台上结识到好的老师，阅读到更多的书籍，有更好的实验室条件从事科学研究，认识更多的学友等。这些都对自己的人生有重要的指导作用。

八、大师与成才目标

从某种意义上来说，大师就是具有大成果、大贡献的人。正确选择成才目标，正确选择最有意义、最有价值的问题去研究、去奋斗，这是许多大师们能取得大成就的重要原因。

成才目标越早确立越好。许多大师往往是在大学学习期间将其所学的学科和专业作为他们事业发展的目标，确定了成才目标后就矢志不渝地为这个目标而奋斗，"专一"或比较"专一"是所有大师的共同特点。如鲁迅年轻时弃医从文后，就一直没有改变过自己的奋斗目标，最终成为了杰出的文学家；马思聪是学音乐的，其一辈子都为音乐而奋斗，终于成为了中外闻名的音乐家。杨振宁、李政道、叶企孙等物理学家也是这样。许多大师都有这样的体会，一生只做一两件事，并且肯钻研，敢创造，才能有所成就。

每人每天的时间都是 24 小时，只是寿命不同。但大师与普通人的主要区别就是对人生、对时间的态度。大师不仅很早就胸有大志，确定了成才目标并且比较专一地、扎扎实实地去奋斗。而普通人要不就是没有成才目标只为自己的生计而奔波；要不就是虽有成才目标但精力分散或被不良身体、品德、家庭等所拖累而最终一事无成……

九、大师与持久勤奋

勤奋是人才成长的基本条件之一，更是大师成长的基本要素。勤奋的人不一定能成为大师，但成为大师肯定要勤奋。华罗庚认为，聪明在于积累，天才在于勤奋。一些大师的成功体会是"以兴趣始，以毅力终"。当年华罗庚在被熊庆来发现前是很勤奋的，到了清华大学工作后更是勤奋。抗日战争期间，他在西南联合大学任教授，在十分艰苦的环境下，一些教授不得不为生计而奔波甚至改行，但他不受干扰始终不渝地坚持钻研高深数学，终于为国家做出了突出成绩。而著名文学家老舍，一生总是在忘我地工作，他是文艺界当之无愧的"劳动模范"。他自己说："我终年是在拼命地写，发表也好，不发表也好，我要天天摸一摸笔。"正因为如此，他勤奋笔耕，硕果累累。

中山大学计亮年院士从 1952 年开始学习化学，不久又学习放射化学，成为中华人民共和国成立后第一批原子能的专门人才，后又转向配位化学的研究。几十年来，虽然在科研、生活中遇到过许多困难，但他从没有放弃，一直在化学及其交叉学科领域不断探索钻研，终于取得了突出成绩。

勤奋就是珍惜时间、加倍努力，就是专心致志、滴水穿石。爱迪生说过，什么是天才，终身努力便是天才。他自己也是勤奋的楷模。

勤奋必须讲究策略和方法，勤奋是在正确方向指引下的专注勤奋，是在身体好的前提下的勤奋，是协调好家庭与事业关系的勤奋。

十、大师与环境

环境有自然环境和社会环境两大类，社会环境又分为小环境、中环境和大环境。对待环境的重视，古有"孟母三迁""近朱者赤，近墨者黑"和"见贤思齐"的古训，近有"择校择居择友"和"生态文明"的潮流。美籍华人能涌现出多个诺贝尔科学奖和沃尔夫奖等世界科技最高奖得主，我们更应该从环境上去分析我们应该改进的地方。

如何对待本职工作和业余爱好，也是正确处理个人兴趣和中小环境之间关系的一个重要方面。对于业余研究者来说，没有工作，不仅没有经济来源以维持生计，自己也无法从事自己所感兴趣的科研工作。正确的态度是，一是将工作和兴趣统一起来，将工作当作事业，干一行爱一行专一行；二是做好本职工作，但利用业余时间从事自己更感兴趣、更重要的科研工作。

十一、大师与思维和科学方法

1. 大师与思维

孙中山先生为广东大学（中山大学的前身）题写的校训是：博学、审问、慎思、明辨、笃行。其中，"审问""慎思"和"明辨"都与思维有关。

大师与思维的关系十分密切。大师与一般人才的主要区别往往就在思维上。

敢于质疑，提出与权威不同的学术观点，使只有初中学历的华罗庚被熊庆来欣赏并将其调到清华大学工作，从此为其开拓了广阔的成才道路。敢于质疑也是一种重要的思维。

思维的敏感性，也是大师与一般人才的重要区别，也是"明辨"的重要内容。如当个人计算机问世不久，比尔·盖茨就敏锐地感受到计算机软件这个新生事物，并且宁可放弃学业都要投入到这个事业中去；马云原来是杭州师范学院的英语教师，他敏锐地看到了互联网的发展前景，毅然"转行"。

爱因斯坦早在青少年时期就想象，假如人前进的速度和光的速度一样，会出现什么景象？由于爱因斯坦的较强想象力，使他创立了狭义相对论和广义相对论。想象能力也是正确思维的重要方面。

苏联生理学家巴甫洛夫告诫人们，观察，观察，再观察。观察能力也是一种思维能力。达尔文、袁隆平、伦琴等杰出科学家，都是因为有较强的观察能力而帮助了他们有所突破。创造性思维是大师必备的重要思维。创造性思维就是与众不同、以奇制胜。如法拉第认为，既然电可以产生磁，那么磁是否也可以产生电呢？这种逆向思维就是创造性思维的一种。中山大学计亮年院士认为，要解决人类所遇到的危机，可以从生物体系中找到创新灵感的来源，从交叉学科中找到解决危机的方法。

正确思维的前提是独立思考和思想自由。陈寅恪教授提出的"独立之精神，自由之思想"是产生大师的重要前提。允许个人保留意见，认可真理有时最初掌握在少数人手上。提倡文艺上"百花齐放"，学术上"百家争鸣"。只要我们切实这样做，这与"自由之思想"是不矛盾的。

2. 大师与科学方法

科学方法被看作自主创新的"根本之源"。狭义的科学方法指人们在认识和改造世界中遵循或运用的符合科学一般原则的各种途径和手段，包括在理论研究、应用研究、开发推广等科学活动过程中采用的思路、程序、规则、技巧和模式，它既是科学认识的成果也是产生科学新知识的必要条件。广义的科学方法包括科学思维、科学方法和科学工具三个层面。讲究科学方法，我们才能在走向大师的道路上事半功倍，甚至捷足先登。如用TRIZ理论指导创新，可以明显提高创新的成功率；医学家屠呦呦和数学家吴文俊均从中国古代的思想精华中受到启发而实现了重大突破；王选院士通过熟练翻阅外文资料及时了解到国际印刷技术的现状和发展趋势而最终成为"计算机汉字激光照排系统之父"。

十二、大师与身体条件

身体条件是人才有所成就的最基本条件，我们任何的成就都是在有生命的前提下取得的。毛泽东在著名的《体育之研究》一文中明确指出，"体"是载知识之车，寓道德之舍。一些大师从小很有天才，很年轻就取得了突出成就，但很可惜因身体原因而不幸夭折。不仅对他和他的家庭是不幸的，对人类的文明进步也是很不幸的。

身体条件不仅指发育正常，身体强壮，心理健康，而且指注意安全，尽量避免非正常死亡。

身体条件也指经受挫折和失败的心理承受力。如被誉为清华国学研究院四大导师之一的王国维（1883—1927），却是以投湖自尽而结束了自己的生命。"计算机科学之父"的图灵，却是因"同性恋"问题而服毒自杀；"文革"十年，一些大师级人物也因不能忍受难以忍受的屈辱和挫折而寻了短见。

就是在今天，高学历的未来大师人才却走上自杀道路的事件时有所闻。

在现实生活中，误解、猜测、妒忌和委屈等让"干事伤心、闹事开心、不干省心"的现象还不同程度地存在，这对大师的成长是不利的，但从另一方面来看，人类社会就是从大风大浪中成长起来的。一个人不论遇到什么曲折，珍惜生命、永不言败才是明智的。

十三、大师与经济条件和利益

经济条件是人才成长的重要条件。在抗日战争的岁月里，如果没有一定的经济条件，当年杨振宁、李政道等一批青年人不可能就读西南联合大学，也不可能后来出国留学。马思聪如果没有一定的经济条件，也不可能从小学音乐并到巴黎音乐学院就读。就是在今天，经费条件依然是人才能否健康成长和做出成绩的重要因素。故大师们的出身有农民家庭，但更多的是知识分子家庭、贵族家庭等。

由于我国特殊的国情，出身农民家庭的大师不少，如华裔诺贝尔奖获得者崔琦、数学家姜立夫和苏步青、机械学家刘仙洲以及改革开放以后成长起来的国际著名生物学家邓兴旺等均出自农民家庭。

经济利益是人的生存和发展的基本条件，为更高收入而努力也是许多人不懈奋斗的主要动力。马克思曾说过："人们奋斗所争取的一切都同他们的利益有关"，美国前总统林肯就曾说过："专利制度就是给天才之火加上利益之油。"个人收入的高低，也是体现人才价值的重要方面。美国在其发展历史中，既重视知识的重要作用，也重视金钱、市场和企业的重要作用，斯坦福大学发展的重要理念是"追求知识和财富的统一"。没有对财富的狂热追求，估计也不会有美国的西进运动。无论是爱迪生还是诺贝尔等大发明家，其奋斗成果最终也体现在巨大的经济回报上。如果就读了世界一流大学的大学毕业生不能体现在更高收入上，不能至少补偿他们就读过程中的高额费用，也不可能激励更多的有志青年人为之长期付出艰辛努力，而世界一流大学恰恰又是各类大师更多涌现的重要来源。另外，如果诺贝尔科学奖没有什么经济利益，也不一定能吸引更多的优秀科学家去不断攀登科学高峰。

十四、大师与装备和实验室条件

对于物理、化学、生物、地学、医学、军事等实验科学来说，没有实验就没有这些学科的发展。如果没有显微镜的发明，不可能有生命科学的发展。不少诺贝尔奖获得者，是在贝尔、卡文迪许等世界著名实验室工作的条件下才取得突破性成就。要提高装备和实验室水平，一是看当时世界和本国的工业发展水平，二是看项目决策和管理，即经费投入等，三是看自制装备的能力。有不少发明创造，是在自制仪器设备的条件下取得的。

十五、大师与后勤条件

要使大师们能专心治学，专心于事业，必须要有良好的后勤条件。后勤条件包括家庭条件和衣食住行等人类生存和发展的基本条件。当年在抗日战争最艰苦的岁月里，西南联合大学一些教授就不得不为生计而奔波甚至因此而转行。1960年前后，我国遭遇了特大自然灾害，不仅全国农村有不少人饿死，而且奋战在核试验基地的一些科学家们也在工作中饿昏了。如果没有良好的后勤条件，爱迪生的一生也不可能取得2000多项发明。

家庭是人生的港湾，也是大师们成长的"后勤部门"。家庭问题处理得好不好，对大师的成长关系很大。有人说，婚姻是事业的坟墓，这固然是很片面的，但也说明家庭问题不容易处理好。牛顿等一些大师们为了科学事业甚至选择了终身不娶，但更多的是幸福的婚姻促进了成才。

十六、大师与信息条件

信息条件也是大师成长的重要条件。中华民族之所以在近代落伍了,一个重要原因就是闭关锁国,不知道世界特别是西方国家所发生的一切。直到列强用枪炮打开了国门,才领悟到要"睁眼看世界",但相当一段时期还是步履艰难。许多科学工作者要攀登科学高峰,必须要首先十分清楚"高峰"在哪里,"前沿"在何处。日本科学家能多人获得诺贝尔科学奖,也得益于他们发达的信息系统。及时了解国内外所发生的一切。有了成果也能及时向世界公布。

要提高信息水平,一是要充分利用先进科学技术(如计算机、手机、微信等)和现有条件(如报纸杂志、朋友圈等),建立良好的网络系统;二是要排除干扰,有所不为有所为;三是对信息要善于过滤,善于分析,去粗取精,去伪存真。

十七、大师与文化条件

文化氛围是大师成长的重要土壤,我国要涌现更多的大师,必须积极营造良好的大师文化氛围。钱学森、钱三强和钱伟长以及许多院士均来自江浙,广东涌现出冯如、唐国安(清华大学第一任校长)、马思聪(音乐家)、林风眠(美术家)、商承祚、容庚和一批院士等杰出人物,均与这些地区的文化传统有关。湖南宁乡农家子弟何江于2016年成为了哈佛大学优秀毕业生并紧接着到麻省理工学院做博士后,为其成为科学大师奠定了很好基础。而他的许多初中同学读完初中后就到外面打工了。而何江一直是坚持"我长大后要当科学家"的人生理想和价值观,一步一步从宁乡中学、中国科学技术大学走到哈佛大学……如果我国有更多的青年人拥有这样的价值观,我国就能早日拥有更多的诺贝尔科学奖获得者。世界上拥有诺贝尔科学奖较多的国家,其背后都有浓厚的文化氛围,如美国、德国、日本和以色列等。这些文化氛围,无疑对促进大师级人才的成长具有很好的熏陶作用。

十八、大师与主观条件

上述许多条件都是客观条件,但更重要的是主观能动性。主观条件就是勤奋,就是"有条件要上,没有条件创造条件也要上"的艰苦奋斗精神,就是"以智取胜"的谋略,就是百折不挠的毅力。中国共产党所领导的人民军队从无到有、由小到大,从弱到强的奋斗历程,对我们今天"向大师进军"无疑具有十分重要的启迪作用。

中外不少大师,都有苦难的童年和曲折的奋斗历程。特别是法拉第、华罗庚和沈鸿等自学成才的大师们。但他们以笨鸟先飞的精神,顽强奋斗,终于做出了惊人的成就。

主观条件包括对待挫折和失败的态度,对待机遇的敏感性。

如何对待挫折和失败是能否成为大师的重要条件。孙中山一生遭遇过许多挫折和失败,但他对挫折和失败的态度是"吾志所向,一往无前,愈挫愈奋"。爱迪生、诺贝尔等对待挫折的态度也是我们学习的榜样。

机遇对于大师的成长十分重要。"文革"期间，国家中断了高考达 11 年之久。许多上山下乡知识青年虽在农村从事农业生产劳动但仍坚持学习。1977 年，党和政府决定恢复高考，其报考对象包括当时仍有上千万的上山下乡知识青年，这对广大知识青年来说是一个改变自己命运的重要机遇。他们积极参加高考，接受祖国的挑选……从 1977 届、1978 届、1979 届大学生中就出了不少我国大师级人物。如现代电影大师张艺谋、我国著名经济学家华生、中国科学院副院长王恩哥、北京大学校长林建华、复旦大学校长许宁生、中山大学校长罗俊，等等。

十九、大师与科研课题

许多科学大师是通过接受科研课题、解决科研课难题而成才的。这些课题有的是国家或省级的，有的是自由选择的。如牛顿的"万有引力定律"、爱因斯坦的相对论和麦克斯韦的电磁理论，都是自由选择的课题。自由选择的课题，要注意选择最有意义、最有价值、最有前景的问题去研究。"两弹一星"功勋奖章获得者所承担的课题，屠呦呦所承担的用中药治疗疟疾的课题，都是当时国家重大科研项目之一。故一个人要立志成为大师，一定要勇于担当，平时主动积累，有机会要敢接大课题，敢解决大问题，并在这过程中锻炼成长。

相对而言，中国科学院、中国工程院和研究型大学，能获得国家级大的科研项目的机会较多，实力也较强。故从这些单位中涌现出科学大师的机会也较多。但也不是绝对的。"有心栽花花不开，无心插柳柳成荫"的现象并不少见。如八路军、新四军当年在抗日战场上最初只是配角地位，后来却成了中流砥柱。钟南山院士所在的广州呼吸研究所，原来只是一个很不起眼的研究所，但他们自强不息，终于成为了在国内外有重要影响的研究所。

沈鸿（1906—1998）生前是第一机械工业部副部长，中国科学院院士，但他只有小学学历。然而，在长期的人生奋斗中，他不仅刻苦自学，而且承担了许多国家重大任务。如仅是中华人民共和国成立后，他就是我国第一台 12000 吨水压机的总设计师。他组织编写了中国第一部《机械工程手册》《电机工程手册》大型工具书……

二十、大师与团队

凡是大师，在取得大成果的过程中，他一定是个人与团队相结合的人。如爱迪生的一生有 2000 多项发明，是他和他的团队一起努力所取得的成果。诺贝尔科学奖，越来越多的是一个奖项奖励多人。不少重大科研项目，还需要进行国际间合作。故要成为大师，既要重视个人的作用，更要重视团队的作用。

二十一、大师与创新

人才的核心是创新，大师的核心也是创新，而且是大创新，大师级人才就是取得大成果的创新型人才，高产的创新型人才。如达尔文提出的"生物进化论"，从根本上动摇了当时欧洲的传统文化。

要创新，必须主要做到：

（1）积极投身于科学研究和其他研发活动等。

（2）必须了解前人在有关领域所取得的成果以及未解决或未完全解决的问题。如伽利略通过实验发现了亚里士多德"百科全书"中的不少理论错误。

（3）尽早进入本领域学术前沿并在这基础上前进一步，即解决了前人没有解决好的问题或发现前人没有发现的新事物。如牛顿在前人所取得的成果的基础上再前进一步创立了微积分和万有引力定律。

（4）敢于冒险，敢于担当。如美国科学家富兰克林为了探索雷电的性质，放带有导线的风筝到高空并由此发明了避雷针；诺贝尔研究安全炸药和哥伦布勇于探索从大西洋往西到"印度"的路等。如果没有这种冒险和探索精神，不可能有创新。

（5）敢于做出自我牺牲。在个人利益面前患得患失的人是很难有所创新，也很难成为大师。大师是走在时代前列的人，他需要不断探索，他需要花费更多的时间甚至献出生命。邓稼先为了我国原子弹事业的早日成功不惜多次深入到试验现场并由此牺牲了他的健康。罗阳为了我国航空母舰事业的发展，全身心扑在舰载机事业上，最后以身殉国……没有这种无私奉献精神，不可能有所创新。

（6）尽早得到社会承认。如获得国内大奖甚至诺贝尔科学奖等。

二十二、大师与学术

没有学术性，很难成为学术大师。大师是取得大成果的人，这些成果必须以著作或论文的形式给予发表。如牛顿的《自然哲学的数学原理》、著名经济学家熊彼特的《经济发展理论》等。有的诺贝尔科学奖获得者，其获奖成果主要就是博士论文。同时，大师们的代表作品不是一般的著作，而应该是传世之作。如影响人类历史进程的100本书，均是杰出大师们的贡献。没有"留言"的大师，不是一个真正的大师、完美的大师。

二十三、大师与社会制度

大师与社会制度是密切联系的，西方国家大师涌现的时代，是英国、法国等资产阶级革命爆发以后。美国独立后，第一任总统华盛顿和国务卿杰弗逊就很重视人才，鼓励发明创造，很重视法律，很重视教育特别是办大学。美国还很重视人权，认为人生而平等。他们认为，当时世界上最强大的是英国，制造业中心在英国和欧洲大陆，美国只是偏远落后的农林产品输出地，向欧洲出口棉花、木材、烟草、大米、羊毛，几乎所有工业制品都从欧洲进口。虽然美国有资源，但是如果它不制造，就永远不是一个强国。谁制造谁强大，是工业革命时代的铁律。为此，美国必须广罗技术人才，有人才才会有自己的制造业。从此开创了美国特别优待技术人才的传统。1790年左右，美国通过了保护创新和发明的专利法，从此美国成为世界上保护创新最严格的国家，为人才提供最好的条件。至今为止，美国人有一个不成文的共识：美国必须是全世界给人才以最好条件的地方。什么地方给人才的条件比美国好，美国肯定会提出更好的条件。这是为什么爱迪生、费米、比尔·盖茨等产生于美国的社会制度原因。

从1840年以来，中国逐步沦为半殖民地半封建社会，如当年梁启超所言："中国病太深了，症候天天变，每变一症，病深一度，将来能否在我们手上救活转来，真不敢说。但国家生命、民族生命总是长久的，我们总是做我们责任内的事，成效如何，自己能否看见，都不必管。"面对灾难深重的中华民族，许多志士仁人不断探索救国救民的道路，并提出了许多救国方案，如"科学救国""教育救国""实业救国"和"改良救国"等，但实践证明，最根本的还是"社会制度救国"。

1912年中华民国的诞生，是先进的中国人探索从社会制度上去救国的一个重大尝试，民国时期我国近代化有了一定程度的发展，特别是创办了多所大学和中央研究院，也涌现了不少大师，这与中华民国还是比较重视教育、重视知识分子有关。

中华人民共和国的成立，也是中国人民探索从社会制度上去救国和强国的又一重大尝试。在这个先进的社会制度下，我国大规模的经济建设和文化建设为广大知识分子提供了广阔的舞台，也使不少知识分子在为祖国服务的过程中使自己逐步成长为大师级人才。如邓稼先在积极投身"两弹一星"的事业中使自己成为大师级人才，屠呦呦也在承担国家重点科研项目的过程中通过攻克难题而使自己成长为大师级人才等。

革命是为了解放生产力，社会主义的本质是解放和发展生产力。这个"生产力"自然包括了"人"这个生产力中最活跃的因素，也包括了顶尖人才——大师这个群体。由于大师们对生产力发展所具有的特殊作用，故可以这么说，大师是否能更多更快地涌现，也是检验一个社会制度优劣的重要衡量标准。

二十四、大师与谋略

谋略就是解决繁杂问题的计谋策略。一个人对自己人生的谋略如何，直接关系到自己一生的成就。

大师在奋斗过程中，一定要讲究谋略。如正确选择奋斗目标，早起步并顽强奋斗，坚守执着。如国际著名钢琴家郎朗3岁就开始学钢琴。在坚持真理的过程中，更要讲究策略。做到既保存自己，又坚持原则。如伽利略在坚持真理的同时，为了避免与教会产生激烈矛盾，他甚至采取了委曲求全的策略。

"文革"期间，许多大师被错误批斗甚至遭受了不少屈辱，但他们坚信国家现代化发展是需要知识分子、需要科学文化的，在保重自己身体的前提下，忍辱负重，并与极左路

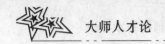

线进行了各种形式的抗争,终于迎来了科学的春天。

我国是在十分落后的条件下走上民族复兴道路的,如中华人民共和国成立初期,我国连螺丝钉都不能生产,但在党和政府的卓越领导下,我们通过科学规划和有效实施,经过两个"五年计划"左右的时间就建立了比较独立的国民经济体系,并使"两弹一星"等科学尖端事业取得了重大突破,并在这过程中产生了许多大师级人物。美国独立之前不仅是英国殖民地,而且国土也不大,实力根本无法与当时"永不落日的帝国"相比。但经过了100多年的努力就建成了世界最强大的国家。事实说明,只要正确谋略,后来居上是完全可能的。对国家是这样,对个人也是这样。

第五节　大师与政治

一、大师与国家独立

1932年1月29日,日军针对性地轰炸商务印书馆,造成这个几乎垄断中国教育出版、占全国出版量52%的出版巨头损失1630万元,80%以上资产被毁。同时被毁的还有商务印书馆所属的东方图书馆珍藏的45万册图书,其中有很大部分是古籍善本和孤本。这是中华民族历史上无可挽回的、永远令人痛心的悲剧。而这个轰炸是日寇有预谋的暴行,他们认为,我炸了你一条街,明天就可以修复,但是我炸毁了商务印书馆,你就永远也恢复不了。而这仅是整个抗日战争中中华民族文化遭受浩劫的一个缩影。没有国家的独立和人民的解放,是不可能有大师的出现。英国、美国等国家之所以涌现出这么多科学大师,除了社会制度的原因之外,其中一个重要原因是在他们国家的本土上没有或很少发生过真正的外敌入侵。

二、大师与政治开明

美国建国只有240年,但在多方面走在了世界的前列。这与美国的政治制度很有关系,这集中反映在美国的宪法和《独立宣言》等重要文件上。美国一建国就很重视独立自由,重视继承和发扬以英国为代表的欧洲资本主义文明的一切,很重视教育科学文化,重视发明创造,重视法律,重视人的价值等,并一直延续到今天。

中国历史上的唐朝、宋朝等,经济繁荣,国家强盛,与当时的开明皇帝很有关系。

1840年,当英国用枪炮打开了中国的大门时,清朝的大臣们竟还不知道英国在哪里,"睁眼看世界"当时还被认为是一个很进步的思想。而后来成为我国大师的一批人,如姜立夫、詹天佑、苏步青等,出国留学特别是到世界著名大学留学、师从世界一流大师是很重要的条件。没有对外开放和交流,不可能做到"知己知彼",不可能在学术上永远处在先进行列,更不可能产生世界级大师。

三、大师与领导人

1. 大师与国家领导人

大师的成长与国家领导人的英明和关怀很有关系。如美国开国领袖乔治·华盛顿、《独立宣言》和宪法主要起草人之一的托马斯·杰弗逊和本杰明·富兰克林均在开国初期就特别重视教育和科技、重视发明创造,并制定了一系列法律法规,杰弗逊和富兰克林本身既是政治家,也是科学家等,杰弗逊在其生涯中还创办了培养出美国总统的弗吉尼亚大学,创办了后来成为世界最大图书馆的美国国会图书馆,富兰克林在其生涯中,也创办了产生了近30名诺贝尔科学奖得主的宾夕法尼亚大学并有多个著名发明创造。美国后来能一跃成为第二、三次工业革命的发源地和世界教育科技强国等,是与历届美国总统的远见和眼光分不开的。

原来也是比较落后的英国、德国、法国和日本等国家,能后来居上成为世界强国,也与这些国家的领导人的远见卓识和采用了相对比较先进的社会制度息息相关。如英国1640—1688年率先爆发了资产阶级革命,并实行了君主立宪制等,为后来英国产生第一次工业革命和世界科学中心等创造了良好的政治条件,这与玛丽二世、威廉三世和克伦威尔等领导人的重要作用很有关系。日本从1868年开始的被誉为日本近代化开端的明治维新,也得益于明治天皇的英明远见。

1840年以后,昔日东方强国逐渐沦为半殖民地半封建国家,特别是1895年中国在甲午战争中的惨败,更进一步惊醒了许多中国人。1911年爆发的辛亥革命终于推翻了严重阻碍中国进步的封建统治并建立了具有资产阶级共和国性质的中华民国。中华民国为中国早日走向近代化、现代化做出了许多努力,如比较重视教育科技、重视知识分子并在国力很有限的条件下创办和发展了北京大学、清华大学、交通大学、南开大学、武汉大学、中山大学、黄埔军校等我国多所著名大学和中央研究院等,在中华民族面临生死存亡的抗日战争中,总体上坚持抗战、坚持国共合作并做出了很大牺牲,最终赢得抗日战争的彻底胜利,其中在抗日战争中诞生的西南联合大学在十分艰苦的条件下为后来的国家现代化建设培养了许多大师级人才……,在这个过程中孙中山和蒋介石等均为主要领导人。

中华人民共和国成立以后,国家逐步转入了大规模的经济建设,毛泽东、周恩来等国家主要领导人及时发出了"向科学进军"的伟大号召,大力发展教育科学文化事业,并和广大知识分子广交朋友。如毛泽东多次接见钱学森、李四光等著名科学家,并虚心向他们求教。周恩来与钱学森、赵丹等还成为了深交。聂荣臻直接抓国防科技,对战斗在"两弹一星"一线的知识分子更是关怀备至。陶铸对已失明的国学大师陈寅恪派出4名护士轮流照顾等。

党的十一届三中全会以后,党和政府不仅恢复了实事求是的思想路线,拨乱反正,而且确立了通过改革开放走向现代化的政治路线，并提出要实现现代化，教育是基础，科技是关键。党和政府领导全国人民通过大力实施科教兴国战略、人才强国战略和创新驱动发展战略等，努力实现中华民族伟大复兴的"中国梦"，这不仅使中华大地发生了翻天覆地的变化，而且与发达国家在许多方面的差距明显缩小，有些领域已经开始领跑世界。在这个过程中，作为中国特色社会主义道路主要开创者和改革开放总设计师的邓小平以及江泽民、胡锦涛、习近平等历届党和政府和各行业主要领导人等，对于营造积极的中国大师成长的环境无疑起着十分重要的作用。

2. 大师与大学领导人、创办人

学术大师与大学的领导人、创办人的关系更是十分密切。

（1）大师的成长离不开大学特别是高水平大学的培养。我国大学的发展除了国立大学之外，不应该忘记盛宣怀、张伯苓、霍英东、邵逸夫、包玉刚、陈嘉庚、李嘉诚等为祖国教育事业所做出的杰出贡献。民国时期，许多华侨和国际友人也对我国教育事业的发展做出了突出贡献，如厦门大学、岭南大学、燕京大学、金陵大学、协和医学院、辅仁大学、齐鲁大学、东吴大学等都是华侨或国际友人创办的。

（2）大学的发展也离不开学术大师，学术大师的成长也很需要校长的关心和明智领导。如美国哈佛大学艾略特等多届领导人不断创新，使古老的哈佛大学始终走在时代的前列。民国时期，蔡元培为办好北京大学倡导思想自由并广纳人才，清华大学校长梅贻琦著名的"大师论"精辟阐述了高校大师与大楼的关系。

中华人民共和国成立后，中国科学院和许多高校领导人更是直接将党对知识分子的关怀落实到具体行动上。如中山大学的冯乃超、李嘉人、黄焕秋等校长为中山大学众多高级知识分子做了许多好事。

第六节　大师与性别、民族及家族

一、大师与性别

女性在大师队伍中的比例目前总体上仍偏低，但也有不少杰出人物，如中国古代的武则天、李清照和黄道婆等。在近代的科学大师中，最突出的非华人有波兰物理学家居里夫人，德国著名教育家、幼儿园创办人福禄培尔，现代护理学科的创始人、英国的弗劳伦斯·南丁格尔，俄国著名教育家克鲁普斯卡娅；华人有被誉为"20世纪最伟大女性"的宋庆龄、美籍华人物理学家吴健雄、著名《中国科技史》学者李约瑟的夫人和得力助手鲁桂珍、曾任复旦大学校长的谢希德教授、著名妇产科医生林巧稚、华南理工大学校长王迎军、现代经营大师之一的董明珠、中国残疾人杰出代表张海迪、我国首位诺贝尔科学奖得主屠呦呦和清华大学中青年科学家颜宁、被誉为"操作大师"的张恒珍等。美国还专门出版了《科学事业上的女性——从古代到二十世纪中叶》一书。"一个成功男人的背后必然有一个贤惠能干的女人"。更多的女性是在成功男人背后默默奉献。随着妇女的解放和社会的进步，女性成为各行各业大师的比例将明显上升，中国奥运会女金牌获得者的突出表现就是一个例子。

二、大师与民族、家族

大师与民族有一定联系。如在犹太民族中先后涌现了海涅、贝多芬、门德尔松、马克思、柴门霍夫、弗洛伊德、卓别林、爱伦堡、毕加索、爱因斯坦等著名大师。

大师与家族也有一定联系，如居里夫人一家，居里夫人本人2次获得诺贝尔科学奖，其丈夫皮埃尔·居里1903年获得诺贝尔化学奖，其大女儿约里奥·居里和其丈夫于1935年共同获得诺贝尔化学奖，其小女儿也是作家并荣获诺贝尔和平奖。美国经营大师摩根家族，几代人经营都很成功。一些音乐大师出自音乐世家，如斯特劳斯家族等。我国"钱"家也出了不少人才，如钱学森、钱三强、钱伟长是我国著名的"三钱"大师，美籍华人、2008年诺贝尔化学奖得主钱永健又与钱学森有亲戚关系等。钱基博是我国一代国学大师，但其儿子钱钟书和媳妇杨绛均也是大师级人物，钱钟书的女儿钱瑗又是北京师范大学英语系著名教授。我国现代著名绘画大师吴湖帆是清代著名书画家吴大澂之孙。我国著名京剧大师梅兰芳的儿子梅葆玖和女儿梅葆月也成了著名京剧表演艺术家，梅家族里也有多人是学京剧的。另外，我国的荣毅仁家族等，也涌现出不少杰出人才。

至于父子（女）均是大师或夫妻甚至一家三代均是大师的也不少，如世界著名物理学家玻尔的弟弟也是著名大数学家，其父亲是丹麦著名的自然科学家；挪威的威廉·皮叶克尼斯是世界著名的气象学家，其父亲卡尔·皮叶克尼斯是著名的流体动力学家，其儿子雅各布也是国际著名的气象学家。姜立夫和姜伯驹是父子关系，但都是数学大师；吴健雄与袁家骝均是物理学大师。傅雷、傅聪是父子关系，但均是文学艺术方面的大师级人物；而傅聪和卓一龙又是夫妻，但都是国际著名钢琴家。著名小提琴演奏家盛中国出身音乐世家，其父亲盛雪是中国著名的小提琴教授，其母亲朱冰从事声乐。盛中国有11个兄弟姐妹，其中10人学习音乐，这10人中又有9人是学小提琴的。

在医科，这类人才就更多了，如我国著名儿科学家、原中山医科大学著名教授钟世藩与中国工程院院士、著名医学家钟南山是父子关系；眼科大师、原中山医科大学著名教授陈耀真和国际著名眼科专家、原中山医科大学著名教授毛文书是夫妻关系等。

兄弟姐妹中多个成为大师级人物比较典型的有吴征鉴的兄弟。其兄弟5人中有院士3位，他们是著名医学家吴征鉴（老二）、著名植物学家吴征镒（老三）和著名物理化学家吴征铠（老四）；一位是著名文史学者、戏曲学家吴征铸（老大），以及资深工程师吴征莹（老五）。

第七节　大师与国家及地理

一、大师与国家

大师与国家的关系很大。如欧洲古代大师最早出现在古希腊、古罗马，之后世界科学大师主要出在欧美国家，主要是意大利、英国、法国、德国、美国、俄罗斯和亚洲的中国、日本等国家。世界共有200多个国家，科学大师主要出自这些国家，与这些国家的社会制度、文化传统和领导人的眼光很有关系。如美国拥有世界最多的科学大师与其从建国伊始就传承了英国重视知识、重视教育、重视法律，鼓励发明创造等优良传统并在这基础上不断创新，同时有较好的移民政策等很有关系。

二、大师与地理

大师与地理也有十分重要的关系。如世界许多科学大师均出于欧美沿海国家，其中欧洲主要是古希腊、意大利、英国、法国、德国、奥地利和瑞典等。世界杰出科学家较多出自英国、法国、德国和美国，世界著名音乐家较多出自奥地利维也纳。中国许多大师也主要出自于江浙徽、京津地区和广东、湖南、山东、四川等省份。如仅广东就涌现出冯如（航空）、詹天佑（铁路）、丘成桐（数学）、李国豪（桥梁）、林风眠（美术）、谢志光（眼科学）、林励吾（化学）、黎乐民（化学）等大师。广东阳江又出现了曾庆存、杨崧、范少佳、简茂球、林文实和林良勋等著名气象学家群体。广东江门地区也出现过梁启超、梁思成等多个大师。这不仅是社会制度问题，而更多的是地理位置和文化传统等因素。如20世纪七八十年代，阳江市各中学都成立了气象观测小组，学校的老师组织学生利用课余时间进行量雨量、测风向等培训，很好地培养了学生们对气象的兴趣，也锻炼了同学们的动手能力。

第八节　大师与伯乐和逆境

一、大师与伯乐

大师的成长与伯乐的关系十分密切，如牛顿与伊萨克·巴罗、法拉第和戴维、麦克斯韦与霍普金斯（剑桥大学著名数学家）、瓦特与台克（英国格拉斯哥大学教授）。"一个好汉三个帮,一个篱笆三个桩",任何大师的成长,都有许多人在帮助,有的帮助对其成长起着关键作用。特别是有不少自学成才的或原来不是学这个专业的。如华罗庚与熊庆来,梁漱溟、陈独秀、胡适与蔡元培,齐白石与徐悲鸿,萧红、萧军与鲁迅,陈寅恪与梁启超,钱学森、钱三强、钱伟长等与叶企孙,张艺谋与黄镇等。

伯乐要有识"千里马"的慧眼,"千里马"也要主动接触伯乐,积极显示自己。如法拉第是通过多次聆听戴维的演讲并将戴维演讲稿整理好寄给戴维并表示了自己献身科学的志向而得到戴维认可并成为戴维的实验助手的。熊庆来认识华罗庚,是通过华罗庚发表在某杂志上的一篇论文。只有中学毕业文凭的梁漱溟能被蔡元培聘请为北京大学教授,是因为他有独特的"印度哲学"学问。

二、大师与逆境

所谓"顺境"就是成才的条件比较好,成才过程比较顺利,在最佳成才年龄阶段能够完成学业、家业并在事业上有一定成就。人才的健康成长,应该尽量争取"顺境"。但在一定的条件下,坏的东西可以引出好的结果,好的东西也可以引出坏的结果。如1927年中国共产党走上独立领导武装斗争的道路,是蒋介石"逼上梁山"的结果;当年许多上山下乡知识青年中断了学业到农村和边疆去,却锻炼出很强的自学能力和不屈不挠的奋斗精神。古今中外,也都有许多逆境成大师的例子,如司马迁、贝多芬、爱迪生、马云等。

案例一

光纤之父的成长道路

高锟，汉族，1933年11月出生在江苏省金山县（今上海市金山区），住在法租界。父亲是律师，弟弟高铻。祖父高吹万是晚清著名诗人、革命家。入学前，父亲聘老师回家，教导高锟和高铻读四书五经。10岁，高锟就读上海世界学校（今日的国际学校），在上海完成小学与初中一年级课程。除了读中文之外，也读英文和法文，学校聘请留法的学者回来教授，高锟开始接触西方文化。

高锟小时候住在一栋三层楼的房子里，三楼就成了他童年的实验室。童年的高锟对化学十分感兴趣，曾经自制灭火筒、焰火、烟花和晒相纸尝试自制炸弹。最危险的一次是用红磷粉混合氯酸钾，加上水并调成糊状，再掺入湿泥内，搓成一颗颗弹丸。待风干之后扔下街头，果然发生爆炸。幸好没有伤及途人。后来他又迷上无线电，很小便成功地装了一部有五六个真空管的收音机。

1948年全家移居台湾。1949年，又移居香港，他进入圣若瑟书院就读。中学毕业后，他考入香港大学。但由于当时港大没有电机工程系，他远赴英国格林威治大学就读。1957年，他从英国格林威治大学毕业。1965年，在伦敦大学获得电机工程博士学位。

1957年，高锟读博士时进入国际电话电报公司（ITT），在其英国子公司——标准电话与电缆有限公司任工程师。1960年，他进入ITT设于英国的欧洲中央研究机构——标准电信实验有限公司，在那里工作了十年，其职位从研究科学家升至研究经理。正是在这段时期，高锟教授成为光纤通信领域的先驱。

从1957年开始，高锟即从事光导纤维在通信领域运用的研究。

1964年，高锟提出在电话网络中以光代替电流，以玻璃纤维代替导线。1965年，在以无数实验为基础的一篇论文中提出以石英基玻璃纤维作长程信息传递，将带来一场通信业的革命，并提出当玻璃纤维损耗率下降到20分贝/公里时，光纤维通信就会成功。1966年，在标准电话实验室与何克汉共同提出光纤可以用作通信媒介。高锟在电磁波导、陶瓷科学（包括光纤制造）方面获28项专利。由于他取得的成果，有超过10亿公里的光缆以闪电般的速度通过宽带互联网，为全球各地的办事处和家居提供数据。

由于高锟在光纤领域的特殊贡献，他被称为"光纤之父"，并获得2009年度诺贝尔物理学奖。

案例二

农民出身的诺贝尔奖获得者

崔琦，汉族，1939年出生于河南省平顶山市，华裔美国物理学家，1998年诺贝尔物理学奖获得者。他虽然出生于一个农民的家庭,但其家族有重视教育的传统。小学毕业以后,因当地没有中学,他的母亲送他到香港培正中学就读。1957年他于香港培正中学毕业,1958年赴美国深造,就读于伊利诺伊州奥古斯塔纳学院。1967年他在美国芝加哥大学获物理学博士学位,此后到著名的贝尔实验室工作。1982年起崔琦任普林斯顿大学电子工程系教授,主要从事电子材料基本性质等领域的研究。

案例三

许振超的"大师梦"

许振超是全国劳动模范,他不仅是新时期产业工人的杰出代表,也是岗位成才的典范。

许振超出生在1950年,是"文革"期间的初中毕业生,刚参加工作时是一个码头装卸工,他干一行爱一行钻一行,进步很快,不久就成为青岛港桥吊队队长。再通过长期努力,文化技术水平得到很大提高,又成为了技术含量要求很高的山东省青岛前湾集装箱码头有限公司工程技术部固机经理,世界一流的"技术专家",还兼任中国科协常务委员和全国总工会副主席等。

许振超的人生态度是:"悟性在脚下,路由自己找""要自己教育自己""做不了一名科学家,但可以有一身的'绝活儿'。这些'绝活儿'可以使我成为一名能工巧匠,这是时代和港口所需要的"。一个人可以没文凭,但不可以没知识;可以不进大学殿堂,但不可以不学习。只有知识才能改变命运,只有发奋学习才能成就未来。

许振超的"大师梦"是:在工作岗位上,干就干一流,争就争第一,拼命也要创出世界集装箱装卸名牌,为企业增效,为国家争光。

第三章 大师文化

第一节 马克思主义论大师

马克思、恩格斯不仅是马克思主义的主要创立者,而且他们本身就被誉为"千年大师",虽然他们的著作中没有专门研究大师的,但有丰富的人才思想,其所创立的历史唯物主义认为历史是人民创造的,但也充分肯定杰出人物在历史上的重要作用,是历史必然性和偶然性的统一。他们十分关注科学文化的发展,对于科学大师们的许多贡献给予了高度评价,特别在《自然辩证法》等著作里。如恩格斯认为:"一个民族要想站在科学的最高峰,就一刻也不能没有理论思维",并曾评价说:"封建的中世纪的终结和现代资本主义纪元的开端,是以一位大人物为标志的,这位人物就是意大利人但丁,他是中世纪的最后一位诗人,同时又是新时代的最初一位诗人。"恩格斯还将达尔文的"进化论"列为19世纪自然科学的三大发现之一(其他两个是细胞学说、能量守恒转化定律)。1661年英国化学家罗伯特·波义耳所著的 The Skeptical Chemist 出版了,它标志着化学从此走向科学。革命导师马克思、恩格斯也誉称"波义耳把化学确立为科学"。马克思、恩格斯称英国著名哲学家、科学家培根是"英国唯物主义的第一个创始人",是"整个实验科学的真正始祖"。实际上,科学是科学工作者所直接推动的,也是社会发展所推动的,恩格斯曾指出:"技术在很大程度上依赖于科学状况,那么科学却在更大得多的程度上依赖于技术的状况和需要。社会一旦有技术上的需要,这种需要就会比十所大学更能把科学推向前进",马克思、恩格斯均认为科学是一种在历史上起推动作用的、革命的力量。他们对科学在历史上地位和作用的评价就是对科学大师在历史上地位和作用的充分肯定。

马克思还认为,如果我们选择了最能为人类的幸福而劳动的职业,那么我们就不会为它的重负所压倒,因为这是为全人类所做的牺牲。"最能为人类的幸福而劳动"的职业肯定是开创性的事业,故大师是"最能为人类的幸福而劳动"职业的近义词。

列宁曾说过:"只有用人类所创造的一切知识成果武装自己,才能成为共产主义者。"实际上,知识丰富只是相对的。列宁的这句话有这个含义,说明共产主义者必须是知识富有者,也要立志成为大师级人物。但"学业有专攻",要成为大师级人才,我们不仅要追求知识的"博",更要追求知识的"专"和在某方面有所突破,追求掌握知识和解决实际问题的统一。这方面,钱学森、李四光等均是我们学习的榜样。他们既是大师,也是共产党员。

作为马克思主义中国化的杰出代表,毛泽东在其著名的诗词《沁园春·雪》中,列举了中国历史上多个很有作为的皇帝后,笔锋一转,认为"数风流人物,还看今朝"。其意不言而喻,就是要一代胜过一代。这个"胜于"不仅指个人,更指人民。他多次号召青年人要有敢想敢干、振奋大无畏的精神,不要被名人和权威所吓倒。他本人就是由于在年轻时"久有凌云志""敢叫日月换新天"才成就了一番大事业。

早在延安时期,毛泽东就精辟地指出:"我们应当重视专门家,专门家对于我们的事业是很宝贵的。"1949年9月,在全国政协一次会议期间,毛泽东在会见科技界代表时充满感情地谈道:"你们都是科技界的知识分子,知识分子很重要,我们建国,没有知识分子是不行的。"中华人民共和国成立后,他对投身于社会主义建设的各类专家倾注了极大的热情,不仅虚心向各类专家学习,重大决策认真听取专家的意见,而且从政治上、生活上对专家们给予许多关心和爱护,对著名的钱学森、钱伟长、钱三强用"三钱"这个别号最初就是由毛泽东喊出的。

周恩来、邓小平、江泽民、胡锦涛等中共主要领导人也是十分关心各类大师,并充分发挥他们在国家现代化过程中的重要作用。如周恩来与李四光、竺可桢、赵丹等成为深交朋友,叶剑英保护梁思成等有真才实学的人才,陶铸关心爱护陈寅恪大师,邓小平、胡耀邦很关心陈景润等著名科学家。其中,周恩来1956年《关于知识分子问题的报告》和邓小平在1977年关于《尊重知识,尊重人才》的谈话等,更是从理论上确定了以大师为代表的广大知识分子的地位和作用。

党的十八大以来,以习近平同志为核心的党中央不仅提出了"择天下英才而用之"和"构建具有全球竞争力的人才制度体系"等一系列新的人才理念,更是十分重视各类大师的成长和充分发挥其作用。如2016年5月17日习近平在《在哲学社会科学工作座谈会的讲话》中明确指出"一个没有发达的自然科学的国家不可能走在世界前列,一个没有繁荣的哲学社会科学的国家也不可能走在世界前列",并列举了中外众多思想大师。2016年5月30日,习近平在全国科技创新大会上所作的《为建设世界科技强国而奋斗》的报告中提出:"我国科技队伍规模是世界上最大的,这是产生世界级科技大师、领军人才、尖子人才的重要基础。科技人才培育和成长有其规律,要大兴识才爱才敬才用才之风,为科技人才发展提供良好环境,在创新实践中发现人才、在创新活动中培育人才、在创新事业中凝聚人才,聚天下英才而用之,让更多的千里马竞相奔腾。要改革人才培养、引进、使用等机制,努力造就一大批能够把握世界科技大势、研判科技发展方向的战略科技人才,培养一大批善于凝聚力量、统筹协调的科技领军人才,培养一大批勇于创新、善于创新的企业家和高技能人才。"2017年10月3日,习近平在给中国人民大学建校80周年的贺信中提出"我们对科学知识和卓越人才的渴求比以往任何时候都更加强烈"。

第二节 中外对大师人物的部分研究成果

一、国外对大师人物的部分研究成果

1. 艾伯特的天才研究

艾伯特是美国心理学家。他主编的《天才与杰出成就》一书1983年在英国出版，该书汇集了天才和创造性研究方面的比较经典的研究成果。

艾伯特将天才看成是高度的一般能力与一种持续不断的、精力充沛的、高度个人的努力这两者结合的产物，天才的行为特征包括：

（1）创造性行为。天才的关键构成是创造性能力，这种行为的特点是数量大、成果多、持续时间长、质量高。

（2）有杰出成就。

（3）产生了显著的影响。

天才的客观性就是用成果来说话。

2. 加德纳的杰出学研究

霍华德·加德纳是美国著名心理学家和教育学家。加德纳提出过创建杰出学的构想。他认为，研究杰出人物的特征，揭示他们的心智过程，弄清杰出者与普通者之间的关系是非常有意义的。

加德纳认为，杰出的类型有掌握型、开创型、内省型和影响型等。杰出者需要对两个问题进行选择，一是他的兴趣点是指向某个知识领域，还是指向社会中的人；二是他是力图达到领域的高峰，还是去超越它、创新它。

加德纳还认为，杰出者的三大特征是：沉思、发挥和调整。

3. 朱克曼的科学精英社会学研究

朱克曼是美国著名的科学社会学家、哥伦比亚大学副教授。朱克曼的代表著作是《科学界的精英：美国的诺贝尔奖获得者》，其对科学界的社会分层与优势累积、诺贝尔奖得主形成的外部条件和优势累积过程、获奖研究的创造过程分析以及获奖的社会影响等均有深入研究。朱克曼认为，科学精英是优势累积的结果，而优势累积方式主要有相加累积和相乘累积两种。科学精英优势累积的过程主要有家庭出身、教育背景、师徒关系、研究机构和晋升等因素。其中良好教育环境、师从名师和在少数著名研究机构从事研究工作对人才培养起了关键作用。

4. 西蒙顿的天才和创造性的研究

西蒙顿是美国社会心理学家。西蒙顿的研究兴趣非常广泛，其著作甚丰。而运用历史

测量学对天才问题进行研究是西蒙顿的一大特点。

西蒙顿认为，天才的两种体现分别是创造性和领导力，他重点从环境、教育、人格、生产力、年龄和时代精神等方面对天才人物的成长进行了研究，其中生产力指个体一生的成果生产力。

西蒙顿还指出，一些杰出人物与正规教育水平高低没有正相关关系。

二、国内对大师人物的部分研究成果

国内一些学者对各类大师级人物均从多个侧面进行了深入的研究，下面介绍部分研究成果：

（1）罗利建教授在《钱学森之问——大师是怎样炼成的》一书中，归纳总结出大师成长的一些规律和特点。

（2）戴永良在《成长的足迹——诺贝尔奖之路探秘》一书中，从认识自我，选择适合自己的道路，永远对自己充满信心，接受良好的大学教育，结识精博的导师，掌握研究方法，弘扬诺贝尔精神、勇于挑战科学堡垒等方面，论述了向科学大师迈进要注意的多个方面的问题。

（3）曹伟在《诺贝尔科学奖成果的方法论研究》一书中，从诺贝尔科学奖得主的科研选题、观察（实验）方法和科技创新等方面，详细论述了在向诺贝尔科学奖进军的过程中应该注意的若干问题。

（4）中国科学院大学经济与管理学院教授、"千人计划"专家吴德胜在《中国人才》2016年第5期发表的《中国如何在诺奖领域谋得一席之地》一文中从注重大学与研究生教育、加强国际交流与人才引进、强化顶级人才集聚、促进交叉学科发展等方面，就中国如何尽快缩小诺贝尔科学奖等顶级科技人才与发达国家的差距谈了自己的见解。

（5）许卫兵在《科学家的个性》一书中，详细介绍了爱因斯坦、居里夫人、伽利略、诺贝尔、达尔文、爱迪生、牛顿、玻尔等大科学家、发明家在个性方面的许多特点。他们在有限的人生中取得了伟大的成就，一个重要原因是他们均具备了成功者所必需具备的性格和品质，而这些性格和品质，总是在关键时刻发挥着巨大的作用，帮助他们走上成功之路。所以，你是什么样的人，你有着什么样的性格，对你是否成功起着几乎是决定性的作用。

（6）杜向阳在《心灵控制术》一书中，运用"天才心理学"的原理，对如何把更多的人培养成为天才人物谈了自己的见解。他认为，天才教育应该是人类的第一要务。培养天才的关键是如何避开信息污染，形成极端型浅层信息结构等。

（7）李心灿在《当代数学精英——菲尔兹奖得主及其建树与见解》一书中提出：

凡是做出了重大贡献的数学精英们，其所以取得成功的关键至少有四方面：

一是他们正确地选择了最有意义、最有价值的问题去研究。

二是他们在深厚文化背景的熏陶下，能产生丰富的想象力和深刻的洞察力，因而能省

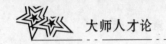

悟到选择设计美妙的解题方案或攻坚策略去探索求解之道。

三是他们都具有知难而进、百折不回的意志和毅力，而此种意志与毅力正是产生于他们对数学真理的无比热爱与矢志追求之心。

四是机遇问题。但美好的机遇总是保留给最具备条件的人士。

第三节　中外部分积极的大师文化

一、国内

中华人民共和国成立以来，特别是改革开放以来，党和政府把高层次人才的引进、培养和使用作为重要国策，积极营造比较浓厚的大师文化氛围，60多年来，不仅制作或翻译了至少几十部反映中外大师们传记的电影电视剧，如《李时珍》《聂耳》《袁隆平》《钱学森》《牛顿》《爱因斯坦》《米丘林》等，其中上海纪实频道还专门拍摄了纪实性纪录片《大师》等，重点介绍了梅贻琦、华罗庚、陈寅恪等100多位各领域的大师。广东电视台2016年制作并播放了八集纪录片《大医精诚》，详细介绍了岭南医学大师梁伯强、谢志光、陈心陶、陈耀真、秦光煜、林树模、周寿恺、钟世藩等的生平事迹。有不少地方修建了大师故居纪念馆和矗立了大师雕像等，如鲁迅、徐悲鸿、梅兰芳、崔琦、陈心陶等故居纪念馆和农学家丁颖、教育家陶行知、昆虫学家蒲蛰龙和化学家龙康候等雕像。政府有关主管部门还多次组织编写大型国内著名科学家传记丛书；全国人才学研究会设立超常人才专业委员会，对超常人才进行深入研究；许多研究型大学重视英才教育、精英教育并采取了许多有效措施，对一些有突出个性的特长生进行因材施教；不少专家学者也对天才等问题进行了多方面研究。

中华民族的传统文化，有儒家、法家和墨家等。有专家指出，近代中国没有产生科技革命，与儒家长期占统治地位而墨家不能占主导地位有很大关系。

墨家是中国古代主要哲学派别之一，产生于春秋战国时期，创始人为墨翟（墨子）。在代表新型地主阶级利益的法家崛起以前，墨家是先秦和儒家相对立的最大的一个学派，并列"显学"。墨家学派有前后期之分。墨家学说主张人与人平等相爱（兼爱），反对侵略战争（非攻），重视文化传承（明鬼），掌握自然规律（天志），唯才是举（尚贤），上下一心为人民服务，为社会兴利除弊（尚同），通过奋斗掌握自己的命运（非命），摆脱繁琐的礼乐（非乐），勤俭节约（节用），勤俭办殡葬（节葬）。

由于汉武帝的独尊儒术政策等原因，墨家在西汉之后基本消失。

墨家在科学上的成就为众多学者所称赞，民国首任教育总长蔡元培认为："先秦唯墨子颇治科学。"历史学家杨向奎称"中国古代墨家的科技成就等于或超过整个古代希腊"。

墨家思想是中国古代朴素的唯物辩证法。而热爱自然科学、关心物质运动的人被划入"劳力者"阶层,这种近乎本能地看轻自然科学的意识是中华文化的主要弊端。所以,中国历史上,自然科学家很少有崇高的地位。墨子懂得太多的自然的道理,有那么多发明创造,这不能不说是中国古代史上的一个奇迹。墨子从力学、光学、几何学、逻辑学等广泛的知识领域去认知世界的真相,从而形成寻求真知、注重实践、自励自强的可贵品格。很可惜,这种重视自然科学的学派后来在多个朝代不仅没有占主导地位,反而被官方视为"奇技淫巧",从而造成以后中国科技革命和所带来的工业革命远落后于西方。

中华文化源远流长,其中有不少积极理念是有利于大师级人才成长的,如孔子的"人无远虑必有近忧""学而不思则罔,思而不学则殆",荀子的"不积跬步,无以至千里;不积小流,无以成江海。骐骥一跃,不能十步,驽马十驾,功在不舍。锲而舍之,朽木不折;锲而不舍,金石可镂。蚓无爪牙之利,筋骨之强,上食埃土,下饮黄泉,用心一也"以及中华文化中"一年之计在于春""有所不为才能有所为""一生之计在于勤""万般皆下品,唯有读书高"和"有志者事竟成"等。

另外,孙中山号召青年一代"立志做大事,不要做大官",其含义是勉励同志踏实做事,彻底做好对社会有益的事,努力为国家和民族做出最大贡献。孙中山认为:"无论哪一件事,只要从头至尾彻底做成功,便是大事。"他对青年学生们说:"古今人物之名望之高大,不是在他所做的官大,是在他所做的事业成功。如果一件事业能够成功,便能够享大名。"他再三告诫大家,要有大志气,专心做一件事,帮助国家变成富强。另外,雷锋精神所倡导的"干一行、爱一行、专一行、精一行"和"挤劲"、"钻劲"的钉子精神以及"行行出状元"等,都是一种在本职工作、本行业追求卓越、追求极致的大师文化,许多"大国工匠"就是在这些思想指导下成就了自己的事业。

中山大学近年来将人才培养目标细化为"德才兼备、领袖气质、家国情怀",其中"领袖气质"和"家国情怀"都是大师文化的体现,许多大师的成长都体现了"家国情怀",如鲁迅弃医从文、钱伟长从文科转到理科等的动机就是从国家根本利益出发。

1956年,党和政府号召全国人民"向科学进军",努力攀登科学高峰。1978年,召开了全国科学大会。1998年提出向世界一流大学进军,2006年提出建设创新型国家,2016年提出2050年左右建成世界科技强国。这些都是很好的大师文化。

二、国外

西方"文艺复兴运动"以来,极大地推动了人们的思想解放。提倡人文主义,主张个性解放,追求自由、科学、理性和知识等,鼓励以人性为中心去考察一切,注重实验和观察,用理性去思索,鼓励冒险和开拓。这些均成为促进资产阶级革命和资本主义发展的重要思想武器。也明显促进了众多大师的涌现。如葡萄牙、西班牙、荷兰、英国等国家在15世纪开始就涌现出不少航海家,他们不仅发现了美洲新大陆,实现了环球航海,而且最早或较早就登陆了巴西、加拿大、澳大利亚等陆地。这与他们的敢闯、敢冒险的文化传统和发达的船舶制造业是分不开的。

西方社会从古希腊起源特别是文艺复兴以来所逐步形成的理性精神、法律制度和开拓意识等均对大师的成长具有促进作用。

拿破仑有句名言:"不想当元帅的士兵不是好士兵";美国巴顿将军也曾说:"任何人,不管从事何种职业,如果满足于碌碌无为,就是不忠于自己"等,都是积极的大师文化。另外,日本纸币上有教育家等的肖像,体现了日本尊重大师的文化传统。许多西方大师的代表作品和名言可视为西方大师文化的重要内容之一。

美国于1776年建国,至今仅有240年的历史,刚建国时不仅国土面积小,而且多为荒野土地。但美国一建国就不仅继承了英国资本主义的许多长处而没有封建社会的传统,而且重视发明创造,重视人才,重视科学文化,从而在创新等许多方面后来居上并长期走在世界的前列,如美国是诺贝尔科学奖等世界科技最高奖得主最多的国家,产生了很多具有世界影响的发明创造,也是世界一流大学最多的国家等。

美国在大师文化方面的主要特色有:

(一) 重视人才特别是培养人才和吸引人才

美国建国初始就提出要高度重视人才。一方面美国大力发展教育和科学研究。美国原来是英国的殖民地,受英国和欧洲诸国的文化影响很大。而重视教育和科学研究又是英国的优良传统,如先有哈佛大学才有美利坚合众国。美国早已普及了12年基础教育,各类高等教育也很发达,如私立大学、公立大学、综合性大学、社区大学等。不仅满足了本国公民受教育的需要,也接纳了大量的外国留学生。同时,大学的发展是独立的,学术发展是自由的。对于许多研究型大学来说,始终坚持"少而精"的办学方针。另一方面通过制定颇有吸引力的移民政策,吸引世界许多国家优秀公民特别是高层次人才移民到美国工作和生活。由自由移民政策转变为人才移民政策,使美国移民落实的过程就是引进人才的过程。美国许多发明创造甚至诺贝尔科学奖获得者就是美国移民所做出的贡献。至于在"二战"结束前到德国"抢人才",更是传为佳话,以致"二战"前后美国取得的科技成果中的80%是由移居美国的外国人才完成的。如研制原子弹的"曼哈顿"工程主要领导者之一的恩里科·费米、登月行动"阿波罗"项目的主管以及美国的"导弹之父"冯·布劳恩、"氢弹之父"爱德华·特勒、"电子计算机之父"冯·诺依曼……这些改变美国也改变世界的科学家,没有一个出生在美国,但这些全球顶尖人才都像爱因斯坦一样,在欧洲成名却被美国挖走,并入籍扎根美国,最终把世界科技中心从欧洲带到了美国。

我国著名人才学家王通讯研究员认为,美国之所以具有世界第一位的人才优势,一条重要原因就是其建国以来不断创造并形成的人才制度优势,具体包括育才优势、引才优势、移才优势、用才优势、励才优势五项。

(1) 先进的高等教育制度造就了一大批世界一流大学,培养出杰出人才。

(2) 眼光远大的留学与学者交流制度得以"收割"各国人才,为美国服务。

（3）胸怀宽阔的移民制度逐渐变化，实际上已经把"移民"演变为"移才"。

（4）政府重视科技人才发挥作用，通过体制机制改革，充分释放人才生产力。

（5）立法保护人才的专利制度，能够为天才之火加注利益之油，燃成熊熊烈火。①

我国另一位著名人才学家赵永乐教授也认为，经过了两百多年的探索，美国创立了一套以4个"高"为标志的成熟的具有美国特色的人才价值实现机制模式。这个模式就是：高普及性的高等教育与社会培训体系＋高门槛的人才移民政策＋高竞争的市场配置机制＋高效率的企业用人制度。美国特色的人才价值实现机制模式由人才价值的获取、人才价值的交换和人才价值的消费三个环节组成。②

（二）重视文化建设

1. 重视博物馆建设

美国的博物馆很多，特别是位于首都华盛顿特区中心区，有许多历史悠久、规模宏大的博物馆，如美国历史博物馆、艺术博物馆、自然博物馆、法律建设博物馆等，有的博物馆在美国建国后不久就兴建了；在纽约设有航空母舰和航天飞机博物馆，在首都华盛顿、莱特兄弟的故乡——俄亥俄州代顿市以及西雅图等城市，都有航空航天博物馆，其中仅首都华盛顿就有多个航空航天博物馆。在许多大学也有鲜明特色的博物馆，如宾夕法尼亚大学有历史悠久的考古学博物馆。

2. 重视图书馆建设

世界最大的国会图书馆位于白宫附近，各种规模的图书馆星罗棋布在每个城市的不同区域。许多大学特别是世界一流大学的图书馆的规模都很大，如哈佛大学图书馆就有七八栋大楼。他们不仅有十分丰富的英文书籍，也注意收藏国际上几十种甚至上百种文字的书籍。

（三）尊重每个人的价值，特别是尊重为美国发展做出突出贡献的人

认为人人生而平等，追求独立自由，尽量给予每个人自由发展的空间。在美国历史博物馆内有专门的American分馆，即介绍美国发展历史中做出突出贡献的主要人物，并且设在很醒目的位置，这充分体现了美国发展的理念。在华盛顿特区中心区，不仅有华盛顿纪念碑，而且有杰弗逊、林肯、罗斯福等纪念堂，还专门有非洲裔美国人博物馆，体现了对非洲裔美国人所作贡献的尊重。在许多城市，著名人物的雕像、个人肖像画等经常可以看见，图书馆里也有不少名人传记。

（四）重视发明和创新

美国不仅很重视科学研究，许多大学也是国家科研中心。而且企业成为了名副其实的

---

① 王通讯：《人才战略：凝思与瞻望》，党建读物出版社2014年版，第396页。
② 赵永乐：《求索中国特色人才路》，党建读物出版社2014年版，第246页。

创新主体。在美国历史博物馆里,最显眼的分馆就是发明（Invention）分馆和创新（innovation）分馆。在这些分馆里,突出介绍了以爱迪生为代表的一大批发明家在第二、三次工业革命中所做出的突出贡献,介绍了美国在科技、企业发展、市场、货币等方面的创新。同时,无论是许多博物馆所展示的内容,还是许多著名大学校长的发展理念,都很强调创新。

在美国西部,斯坦福大学和硅谷早已成为了创新的杰出代表。在这里不仅诞生了又一所世界一流大学,斯坦福大学"知识与财富的统一"的办学理念,成为世界大学发展的第三个里程碑,还孕育了许多具有世界影响力的著名企业,而且能做到长盛不衰。

（五）国家领导人从建国初期就很重视依法治国,尊重知识,珍惜人才

如托马斯·杰弗逊是美国第一任国务卿、第三任总统,也是建筑学、农学等方面的科学家、教育家,被誉为总统智慧最高者。他不仅是美国《独立宣言》和宪法的主要起草人,从建国初期就很重视知识、重视教育和重视人才,亲自创办了著名的弗吉尼亚大学,也创办了美国国会图书馆并捐赠个人藏书1000多册给该图书馆。杰弗逊当年最佩服的三个人分别是英国哲学家约翰·洛克、英国思想家和科学家弗朗西斯·培根、著名科学家牛顿。今天,发明创造和企业家创新精神已深植于美国民族文化的血脉中,这与美国的政治家们长期大力提倡创新是密不可分。

第四节　中外部分消极的大师文化

一、国内

中华民族文化既有积极的,也有消极的一面。世界著名科技史大师李约瑟曾尖锐提出,为什么近代的科技革命没有在曾经在许多方面远远领先世界的中国产生？有专家指出,近代科技革命和工业革命没有在中国发生,与中华文化中的消极部分占统治地位很有关系。如"中庸之道",将科学技术视为"奇技淫巧",重文轻理,重术（技能）轻学（理论）,轻视生产实践,不鼓励创新,不敢冒尖,甚至认为"枪打出头鸟""人怕出名猪怕壮"。

"文革"期间所泛滥的极左思潮,如批判"成名成家"和"个人奋斗",轻视知识和知识分子、否定资本主义和中国传统文化的一切（"打倒封资修"）,大学要办到农村去,否定相当部分文科,批判"高精尖"等。只要求青年一代当一个"普通劳动者",甚至知识分子要与工人农民"画等号",否则就是"资产阶级""修正主义"等,都是不利于大师成长的消极文化。

改革开放以来,曾出现"手术刀不如剃头刀,搞导弹的不如卖茶蛋"的现象,以及仅追求眼前利益甚至一切向钱看,一些农民子女初中毕业就出来打工了;有的热衷于追捧"明星"和"大款"而不是以当科学家为荣。随着信息时代的到来,一些人仅关注手机上的微信内容而很少有时间去看书学习,很少去研讨问题。这些文化现象都是不利于大师涌现的。

二、国外

基督教的产生和发展是西方文明史上最重要的事件之一,尽管西方社会信仰基督教、天主教等宗教的人很多,但这些宗教认为是"神"创造了世界,这与唯物主义和科学家精神是矛盾的甚至是格格不入的。

第五节 中国部分大师的名言

一、自然科学部分

1. 叶企孙

学习好不一定是一个好的科学家,关键在于是不是具有创造性。

2. 袁隆平

(1) 依靠科学技术进步就能养活中国。

(2) 不爱国不能成为科学家。

3. 中国胚胎学和发育生物学家童第周

应该记住我们的事业,需要的是手而不是嘴。

4. 苏步青

(1) 树立理想,刻苦奋斗,珍惜时间,凡事认真。

(2) 在培养数学人才方面,一是先鼓励他们尽快赶上自己;二是不要挡住他们的成才之路,要让他们超过自己,继续前进;三是自己决不能一劳永逸,还要抓紧学习和研究,用自己的行动,在背后赶他们,推他们一把,使中青年人勇往直前。

(3) 始终坚持教学与科研相结合,教学要有创造性,这种创造性除了教学经验的积累之外,主要靠投入科学研究,了解新学科的发展和成果来获得。

(4) 艰苦奋斗,实事求是,独立思考,珍惜时间,舍得花工夫等。

(5) 理工科学生要有文史知识。

(6) 科学研究,首先是"实事求是,循序渐进",然后在这基础上才能"齐头并进,迎头赶上",没有基础,就没有赖以成长的土壤。

5. 中国科学院院士、分子生物学家张亚平

从大学到研究生阶段是非常重要的，这个阶段对自己今后的发展定位起到了一个基石作用。这时候能不能选择到一个比较适合自己今后发展的方向，在这个方向上能不能选择到比较好的导师，是至关重要的。

6. 我国著名数学家徐利治

凡是做出了重大贡献的数学精英们，其所以取得成功的关键至少有三点：

（1）他们正确地选择了最有意义、最有价值的问题去研究。

（2）他们在深厚文化背景的熏陶下，能产生丰富的想象力和深刻的洞察力，因而能省悟到选择设计美妙的解题方案或攻坚策略去探索求解之路。

（3）他们都具有知难而进、百折不回的意志和毅力，而此种意志与毅力正是产生于他们对数学真理的无比热爱与矢志追求之心。

当然，要取得成功也还有"机遇问题"，但美好的机遇总是保留给最具备条件的人士。事实上，在数学上或是在任何科学领域，要想只靠缺乏血汗成分的才智去获得巨大成功是不可能的。

7. 自学成才的榜样——沈鸿院士

一个人只要肯下苦功夫，学会真正有用的本领，就一定能够干出一番事业来。

二、社会科学和人文科学

复旦大学创办人马相伯：救国不忘读书，读书不忘救国。

三、经营大师

1. 马云

（1）创业者书读得不多没关系，就怕不在社会上读书。

（2）最核心的问题是根据市场去制定你的产品，关键是要倾听客户的声音。

（3）必须先去了解市场和客户的需求，然后再去找相关的技术解决方案，这样成功的可能性才会更大。

（4）不要贪多，做精做透很重要，碰到一个强大的对手或者榜样的时候，你应该做的不是去挑战它，而是去弥补它。

（5）做战略最忌讳的是面面俱到，一定要记住重点突破，所有的资源在一点突破，才有可能赢。

2. 董明珠

（1）作为一个领导者，如果我在做出一个决定之前，不能全盘考虑、尽量缩小风险和错误的可能性，就是不负责任的。一个决定上的失误，对个人来说可能没什么，但对企业来说，就可能酿成无法补救的后果。因此，我不能失误，我必须做出正确的判断。

（2）控制力不是让员工听话，而是给员工自我发挥和创造的空间，你需要的不是一

个事事听你摆布的木偶,而是一个能够用他的聪明才智给企业带来更大利益的人。

(3)我在成为总裁之后,第一个目标就是培养人才。我做总裁期间最大的成就是用了人才。我们要打造100年企业,必须要有一支相应的百年人才队伍。我要通过自己的思维和追求,用不断挑战的精神去影响我们的干部。

第六节　国外部分大师的名言

一、自然科学家

1. **英国生物学家达尔文**

(1)物竞天择,适者生存。

(2)科学就是整理事实,以便从中得出普遍的规律和结论。

(3)最有价值的知识是关于方法的知识。

(4)只有服从大自然,才能战胜大自然。

(5)我必须承认,幸运喜欢照顾勇敢的人。

(6)完成工作的方法是爱惜每一分钟。

2. **苏联生理学家巴甫洛夫**

(1)决不要陷于骄傲。因为一骄傲,你就会拒绝别人的忠告和友谊的帮助;因为一骄傲,你就会在应该同意的场合固执起来;因为一骄傲,你就会丧失客观方面的准绳。

(2)首先要学会做科学的苦工。其次,要谦虚。最后要有热情。记住,科学需要人的全部生命。

(3)争论是思想的最好触媒。

(4)无论什么时候也不要以为自己已经知道了一切,不管人家对你评价多么高,你总要有勇气地对自己说:"我是个毫无所知的人。"

(5)要想一下子知道,就意味着什么也不知道。

(6)科学没有国界,科学家却有国界。

3. **法国微生物学家巴斯德**

(1)立志是一种很重要的事情。工作随着志向走,成功随着工作来,这是一定的规律。立志、工作、成功,是人类活动的三大要素。立志是事业的大门,工作是登堂入室的旅程,这旅程的尽头就是成功在等待着,来庆祝你努力的结果。

(2)机遇只偏爱那些有准备的头脑。

(3)告诉你使我达到目标的奥秘吧,我唯一的力量就是我的坚持精神。

4. 英国微生物学家弗莱明

不要等待运气降临，应去努力掌握知识。

5. 美国华裔物理学家、1997年诺贝尔物理学奖获得者朱棣文

（1）美国学生的成绩不如中国学生，但有创新及冒险精神，往往能创造出一些惊人的成绩。

（2）创新精神强而天资差一点的学生往往比天资强而创新精神不足的学生能取得更大的成绩。

6. 美国华裔物理学家、1976年诺贝尔物理学奖获得者丁肇中

（1）在攀登科学高峰的过程中，好奇心是最重要的。成功在于"勤、智、趣"。"勤"就是勤奋，包括学习专业知识时注重深度和广度，也包括广泛涉猎教科书以外的知识。"智"就是独立思考、以智取胜。"趣"就是兴趣和事业心。

（2）天天读书、成绩优秀并不代表在科学上就能取得成就。书里写的都是别人做过的事情，科研是要求做别人未做过的。我们不能跟在别人后面，要做点别人没做过的事情。

二、社会科学家

1. 莫里哀

（1）对于聪明人来说，劝告是多余的；对于愚昧人来说，劝告是不够的。

（2）自己的行为最惹人耻笑的人，却永远是最先去说别人坏话的人。

（3）一个人想要指责别人之前应该好好审视一下自己。

（4）恶人也许会死去，但恶意却永远不会绝迹。

（5）快乐有人分担，也就分外快乐；一个人再怎么幸福，没有外人知道，心里也不满足。

（6）我们的心智需要松弛，倘若不进行一些娱乐活动，精神就会垮掉。

（7）死神时时刻刻在暗算人类：当它袭击人的时候，是不预先提醒的。

2. 歌德

（1）谁若游戏人生，他就一事无成；谁不能主宰自己，便永远是一个奴隶。

（2）凡是让人幸福的东西，往往又会成为他不幸的源泉。

（3）我绝不会再像以前一样，把命运加给我们的一点儿不幸拿来反复咀嚼（念念不忘）；我要享受现时，过去的事就让它过去吧。

3. 易卜生

（1）千言万语给人留下的印象不如其一次行动来的深刻。

（2）不因幸运而固步自封，不因厄运而一蹶不振。真正的强者，善于从顺境中找到阴影，从逆境中找到光亮，时时校准自己前进的目标。

（3）只有最坚强的人能够孤独的站立起来。

(4) 社会犹如一条船,每个人都要有掌舵的准备。
(5) 夺走了普通人生活的幻想,也就等于夺去了他的幸福。
(6) 金钱可以是许多东西的外壳,却不是里面的果实。
(7) 在这个世界上最坚强的人是孤独地只靠自己站着的人。

4. 培根
(1) 知识就是力量。
(2) 最能保人心神之健康的预防药就是朋友的忠言和规谏。
(3) 疑心病是友谊的毒药。

5. "二战"期间英国首相丘吉尔
(1) 坚持下去,并不是我们真的足够坚强,而是我们别无选择。
(2) 当真相在穿鞋的时候,谎言已经跑遍了全城。
(3) 乐观的人在每个危机里看到机会,悲观的人在每个机会里看见危机。
(4) 成功就是从失败到失败,也依然不改热情。
(5) 当我回顾所有的烦恼时,想起一位老人的故事,他临终前说:一生中烦恼太多,但大部分担忧的事情却从来没有发生过。

6. 列夫·托尔斯泰
(1) 每个人都会有缺陷,就像被上帝咬过的苹果,有的人缺陷比较大,正是因为上帝特别喜欢他的芬芳。
(2) 了解一切,就会原谅一切。
(3) 人并不是因为美丽才可爱,而是因为可爱才美丽。
(4) 选择你所喜欢的,爱你所选择的。
(5) 没人对你说"不"的时候,你是长不大的。

7. 罗曼·罗兰
(1) 不要为过去的时间叹息!我们在人生的道路上,最好的办法是向前看,不要回头。
(2) 创造,或者酝酿未来的创造。这是一种必要性;幸福只能存在于这种必要性得到满足的时候。
(3) 怀疑与信仰,两者都是必需的。怀疑能把昨天的信仰摧毁,替明天的信仰开路。
(4) 花时间与精力去凿许多浅井还不如花相当多的时间和精力去凿一口深井。
(5) 很清楚,前途并不属于那些犹豫不决的人,而是属于那些一旦决定之后,就不屈不挠、不达目的誓不罢休的人。

8. 制空权理论之父杜黑
(1) 固守过去不会对我们的未来有什么教益,对未来必须从一个新的角度去研究。
(2) 胜利对那些能预见战争特性变化的人微笑,而不是对那些等待变化发生后才去适应的人。

第七节 部分影响世界历史进程的大师著作

有代表作品甚至是传世之作是学术大师的重要标志。近年来,中外一些学者均对《影响人类历史进程的100本书》提出了自己的见解。尽管角度不同,所列的书目不完全一样,但也有不少相同的。这些书的作者大部分都是世界级的大师人物。如孙子的《孙子兵法》是世界上最早的军事经典著作,古希腊哲学家柏拉图的《理想国》是西方最早的哲学著作之一,波兰天文学家哥白尼的《天体运行论》是现代天文学的奠基之作,英国医学家哈维的《动物心血运动的研究》解开人类血液循环的密码,法国著名数学家笛卡尔的《几何学》是解析几何的奠基之作,英国物理学家、数学家牛顿的《自然哲学的数学原理》是近代科学的奠基之作,曹雪芹的《红楼梦》是中国古典文学的巅峰之作,英国经济学家亚当·斯密的《国富论》是古典经济学的奠基之作,法国化学家拉瓦锡的《化学原论》是近代化学诞生的宣言书,英国生物学家达尔文的《物种起源》揭示了物竞天择、适者生存的生物进化规律,奥地利的孟德尔的《植物杂交的试验》揭开了生物遗传的奥秘,英国物理学家麦克斯韦的《电磁通论》是电磁场理论的奠基之作,英国经济学家马歇尔的《经济学原理》是新古典主义经济学诞生的标志,德国物理学家爱因斯坦的《狭义相对论》是物理学发展史上划时代的丰碑,美国军事家马汉的《海权论》提出海权是军事强国的标志的重要思想,美国古典管理学家泰勒的《科学管理原理》宣告管理新时代的诞生,美国经济学家凯恩斯的《就业、利息和货币通论》宣告了宏观经济学的诞生,美国数学家戴维的《控制论》宣告了一门新学科的诞生,等等。这些传世之作也是大师文化的重要组成部分。

第八节 大师精神

在人类发展历史中,以伽利略、牛顿、居里夫人、爱迪生、爱因斯坦、鲁迅等科学家、发明家、文学家为代表的众多大师在长期奋斗中所体现出来的大师精神是人类极其宝贵的精神财富。这些大师精神主要是追求真理、酷爱学习、顽强奋斗、敢为人先、造福人类。

一、追求真理

实事求是,追求真理,是大师的共同特点。在欧洲文艺复兴时期,伽利略通过实验发现了古希腊时期亚里士多德大师的许多错误，他重视实验，重视数学在科学上的运用，坚持真理，不畏权势，由此解放了人们的思想，促进了科学的大发展。为了追求真理，许多科学家不惜冒着生命危险。

二、酷爱学习

许多大师都是从阅读书籍开始起步，从接受教育特别是接受大学教育中成长。通过学习，他们了解了外面的世界，掌握了不少知识，发现了前人在认识世界方面的不足，并由此走到了学科的前沿，并在这基础上有所创新。任何一个大师，学历有高有低，有的还是主要靠自学。但他们在酷爱学习这方面，都是楷模。

三、顽强奋斗

"不经一番风霜苦，难得腊梅吐清香"，任何大师的成长都有一番艰苦奋斗的经历。如居里夫人不仅求学的经历十分艰苦，而且在探索放射性新物质方面也历尽挫折。爱迪生认为，天才来源于99%的血汗。

四、敢为人先

大师的最大特点是创新，是敢为人先。华人诺贝尔物理学奖获得者之一的丁肇中认为，在科学发现上只有第一，没有第二。大师一定是某个领域的开创者，许多"之父"都是大师，如莱特兄弟是"飞机之父"，朱德被誉为"中国红军之父"，吴大观被誉为"中国航空发动机之父"。要做到这一点，没有敢为人先的精神是不可能的。

五、造福人类

大师一定是具有进步性的大师，是造福人类的大师，如居里夫人将经历了千辛万苦所得到的新元素——镭无偿贡献给人类的科学事业；原子弹研制成功后，爱因斯坦马上发表声明，强调科学只能用于和平事业；马克思选择最能为人类带来幸福的职业。

案例一

亚当·斯密的学生时代

1730年也就是斯密7岁时候,在家乡苏格兰一所名叫寇克卡迪的学校上小学,这是斯密接受启蒙教育的开始,这所学校在相当有名望的戴维·米勒的领导下,造就了一批卓越人才。幼年的斯密在学校中以对书籍的热爱和超人的记忆而引人注目。

在中学时代,他遇到一位让他非常亲近的导师,就是弗朗西斯·哈奇森老师,哈奇森以渊博学识与高尚人格给斯密留下了深刻的印象。在哈奇森老师指导下,斯密研读了道德哲学,他在该校的3年中,学习了拉丁语、希腊语、数学和伦理学等课程。他当时最喜欢的是数学和自然哲学,然而,这却不是他在其中显示才华的科学。

与此同时,斯密在这个时期发展出他对自由、理性和言论自由的热情追求。可以看出,在斯密14—17岁这个时期,斯密是一个富有理想、梦幻和追求活泼的热烈的血气方刚的青年,也是使他感到非常幸福的生活时期。

1740年,斯密作为斯内尔奖学金的获得者被推荐到牛津大学深造。在那里,他致力于钻研拉丁语和希腊语的古典著作,认真研究了《人性论》等当代和古代伟大思想家的作品,打下了坚实的古典哲学与当代哲学的基础。

他17岁时就到牛津大学去求学,在那里呆了6年。斯密认为,他所就读的格拉斯哥中学远优于牛津大学。有一次他几乎被学校开除,原因是在他房间里发现了一本大卫·休谟的《人性论》,认为休谟即使可能成为一位哲学家,读他的书也是不相宜的。斯密经常抱怨说,牛津大学官员的朋友一旦发现他读一份戴维·休谟《论人性》,他们随后没收了他的书和并对他进行严厉处罚。然而,斯密利用这次机会,便去了牛津大学图书馆在那里寻找自己喜欢看的书籍,斯密并没有认真去学习自己的专业,所以说斯密在牛津大学不是一个幸福的学生,在临近毕业前夕,斯密的精神状态临近崩溃,感到在牛津大学读书时期几乎没有什么是有助于他的,对他后来的毕生事业没有多少影响。

案例二

大师成长的沃土

清华大学从1911年建校至今,共为祖国培养了十几万名毕业生,在这些毕业生中不仅走出了众多兴业精英、治国栋梁,更走出了一大批杰出学术大师,从而为国家现代化建设做出了突出贡献。如清华大学共有两名学子荣获诺贝尔科学奖,500多位在校老师和校友当选中国科学院院士和中国工程院院士,并涌现了40名国家工程设计大师、140名国家何梁何利科技奖得主、20多名美国国家科学院院士、500多名大学校长,以及25名IEEE(美国电气和电子工程师协会)院士。中国科技史上不少大师级人物许多都是清华

第三章 大师文化

学子,他们中的代表人物如华罗庚、陈省身、周培源、李政道、杨振宁、周光召、茅以升、梁思成等。党和国家授予的23名"两弹一星"元勋称号获得者中,其中清华校友占了14位。国家最高科技奖自成立以来,共有7人获奖,其中黄昆院士、金怡濂院士、刘东升院士、叶笃正院士以及中国载人航天工程总设计师王永志院士都是清华校友。另外,神舟飞船总设计师戚发轫院士也是清华学子。

在人文社会科学方面,清华先后培养出了一批又一批学术大师,他们中的代表人物如赵元任、李济、陈岱孙、闻一多、曹禺、梁实秋、李健吾、夏鼐、杨绛、金岳霖、潘光旦、费孝通、徐仲舒、高亨、王力、姜亮夫、谢国桢、季羡林、吴晗、钱钟书、张荫麟、何炳棣、杨联升、李学勤、许国璋、王铁崖、英若诚、端木蕻良、胡乔木、乔冠华、于光远,等等。

在自然科学方面,清华培养的人才同样是济济多士,他们中有竺可桢、高士其、姜立夫、段学复、张子高、杨石先、叶企孙、钱三强、王淦昌、邓稼先、朱光亚、梁思成、杨廷宝、钱伟长、吴仲华、周光召、林宗棠、熊庆来、吴有训、杨振宁、李政道、林家翘,等等。

清华在工科方面是国内高校当之无愧的第一。

培养人才的关键是师资,培养大师的关键是培养大师的大师。一百多年来,清华大学倡导教育自主、学术独立,重视教授在办学中的作用,学校得到迅速发展。在清华,名师云集。文科早年有王国维、梁启超、赵元任、陈寅恪,为国学院四大导师,还有闻一多、朱自清、杨树达、刘文典、俞平伯、王力、王文显、吴宓、冯友兰、金岳霖、雷海宗、张荫麟等著名学者;法学有陈岱孙、张奚若、钱端升、陈达、吴景超、潘光旦等知名教授;理科有叶企孙、吴有训、周培源、萨本栋、赵忠尧、任之恭、霍秉权、熊庆来、杨武之、孙光远、赵访熊、华罗庚、张子高、萨木铁、陈桢、李继侗、翁文灏、袁复礼、冯景兰等优秀自然科学家;工科有刘仙洲、顾毓琇、施嘉炀、庄前鼎、陶葆楷、李辑祥、章名涛等优秀工程学家;还有体育教育家马约翰。他们治学严谨,为人师表,对清华大学怀有深厚感情。其中许多人原先就是清华大学毕业生,赴美等国留学归国后回校任教,及时将世界先进的科学技术知识引入清华大学,"东西文化,荟萃一堂",推动了清华大学的发展。

实验室是培养大师的重要条件。多年来,清华以其自身的独特优势,在国家科技创新体制中承担着重要的责任。清华大学本部共拥有国家重点实验室15个、教育部重点实验室13个,在国内高校中均位列第二;国家工程中心5个,在国内高校中位居第一。

交通大学也是大师成长的沃土。一百多年来,学校为国家和社会培养了20余万各类优秀人才,包括一批杰出的政治家、科学家、社会活动家、实业家、工程技术专家和医学专家,如江泽民、陆定一、丁关根、汪道涵、钱学森、吴文俊、徐光宪、张光斗、黄炎培、邵力子、李叔同、蔡锷、邹韬奋、严隽琪、陈敏章、王振义、陈竺等。在中国科学院院士、中国工程院院士中,有200余位交大校友;在国家23位"两弹一星"功臣中,有6位交大校友;在18位国家最高科学技术奖获得者中,有3位来自交大。交大创造了中

75

国近现代发展史上的诸多"第一":中国最早的内燃机、最早的电机、最早的中文打字机等;中华人民共和国第一艘万吨轮、第一艘核潜艇、第一艘气垫船、第一艘水翼艇、自主设计的第一代战斗机、第一枚运载火箭、第一颗人造卫星、第一例心脏二尖瓣分离术、第一例成功移植同种原位肝手术、第一例成功抢救大面积烧伤病人手术、第一个大学翻译出版机构、数量第一的地方文献、国内第一位欧洲科学院人文社科院士等,都凝聚着交大师生和校友的心血智慧。

中国人民大学也是我国社会科学大师成长的沃土之一。该大学名师辈出,俊彦云集,如名家大师吴玉章、成仿吾、范文澜、艾思奇、何思敬、何干之、何洛、胡华、尚钺、吴景超、李景汉、庞景仁、石峻、缪朗山、李秀林、徐禾、塞风、许孟雄、孟氧、佟柔、戴世光、刘铮、查瑞传、苗力田、吴大琨、萧前、林文益、阎达五、阎金锷、方生、高鸿业、钟契夫、吴宝康、彭明、彦奇、曾宪义、宋涛、萨师煊、王传纶、李文海、许崇德、刘佩弦、周诚、王思治、方立天、郑杭生、夏甄陶、周升业、罗国杰、蓝鸿文、甘惜分等为学校的学科发展、学术繁荣和人才培养做出了奠基性、开创性的贡献。老一辈著名学者黄达、戴逸、黄顺基、卫兴华、胡钧、陈共、严瑞珍、高铭暄、孙国华、王作富、许征帆、庄福龄、何沁、高放、方汉奇、李占祥、赵履宽、邬沧萍、陈先达、张立文、钟宇人、吴易风、胡乃武、周新城、赵中孚等成就卓著,耕耘不辍,为学校的学科建设、人才培养和科学研究奠定了坚实基础。

复旦大学、浙江大学等,也是培养大师的沃土,为国家培养了不少大师级人才。

案例三

母亲使他步入大学之门

门捷列夫是俄国著名化学家,自然科学基本定律化学元素周期律的发现者之一。

德米特里·伊凡诺维奇·门捷列夫出生于俄罗斯西伯利亚的托博尔斯克市。父亲叫伊凡·巴甫洛维奇·门捷列夫,毕业于彼得堡师范学院。由于同情反对沙皇的十二月革命党人,被发配到这个边远小城镇任中学校长。而门捷列夫是他第14个孩子。就在门捷列夫出生的这一年,父亲不幸双目失明了。10多个孩子,10多张嘴,都要饭吃。父亲不仅没有经济收入,还要支付昂贵的医药费用治疗眼睛。

在沉重的打击面前,母亲玛丽雅·德米特里耶芙娜挺身而出,勇敢地挑起了生活的重担。她不仅要独立担负照料14个子女、双眼失明的丈夫等繁重的家务劳动,还要解决一家人的生活来源问题。这位刚强而能干的妇女,毅然带领全家人搬到附近一个荒凉的村庄,接管了哥哥让给她的一家又破又小的玻璃工厂。

母亲抱着刚刚出生不久的门捷列夫,来回奔波,指挥工厂的生产经营。她决定工厂转产生产市场上急需的药瓶与医用玻璃器皿,使濒临于破产的小厂起死回生。门捷列夫的哥哥、姐姐也都在厂里当工人,母亲终于支撑全家渡过了困难。

第三章　大师文化

幼小的门捷列夫跟着妈妈，整天生活在玻璃工厂。他好奇地看着那些沙子如何经过化学处理，加热熔炼，变成透明的液体，经过吹制后，又神奇地变成晶莹的各种形态的玻璃器皿。也许是受母亲职业的影响，他从小就爱上了这种神奇的化学。

门捷列夫7岁时，母亲送小儿子到托波尔斯克中学读书。当时的学制为八年，毕业后升大学。门捷列夫从小体质很弱，经常生病。但是，他的记忆力很好，理解力也很强。父亲经过治疗后视力有所恢复，也常常找机会辅导儿子学习。在各门课程中，他最喜欢化学、物理、数学和地理。门捷列夫学习很勤奋，喜爱读书，在中学时代他孜孜不倦地通读了学校图书馆的藏书。由于学习成绩优异，他获得了奖学金。

门捷列夫13岁时，不幸的事又相继降临他的家庭：父亲病故了。不久，作为母亲得力助手的大姐也去世。尽管家庭经济困难，母亲仍然坚持让门捷列夫念完中学。

1849年，门捷列夫中学毕业了。这时，哥哥、姐姐们都已长大成人，相继离开了托博尔斯克。母亲身边只剩下小女儿丽查和小儿子门捷列夫。母亲看出门捷列夫不仅学习成绩好，而且有股顽强学习的劲头，是棵好苗子。但西伯利亚没有什么好的大学，为了使儿子能够念上理想的大学，将他培养成才，母亲经过慎重考虑，决定将家搬到莫斯科。

这年夏天，母亲带上门捷列夫和小女儿丽查，坐上马车，千里迢迢，从西伯利亚来到莫斯科。

不料，莫斯科大学不收门捷列夫，就因为他毕业于边远的西伯利亚小城镇。为了儿子能上大学，1850年母亲又将家从莫斯科迁往彼得堡。

彼得堡大学也瞧不起这位来自穷乡僻壤的穷学生，不让门捷列夫报考。进退两难的母亲，为小儿子上大学的事，几乎绞尽了脑汁。她想起丈夫曾经毕业于彼得堡师范学校。于是便托丈夫的朋友帮忙。1850年，门捷列夫总算进了师范学院。

由于一次次长途搬家，家中的积蓄所剩无几。人生地不熟，母亲又没有找到合适的工作，一家人的生活又陷入贫穷之中。母亲紧缩一切开支，确保小儿子的入学费用，自己在彼得堡租了一间小房子，带领小女儿勉强度日。

也是由于一年多来的长途奔波，过度劳累，母亲不幸患了伤风病。这时，家中已拿不出钱来看病，母亲的病情日渐严重。而彼得堡师范学院制度又很严，门捷列夫住在学校，难得准假回家看望生病的母亲。这位养育了14个子女的母亲，病重时只有小女儿在身边照料。1850年9月20日，辛勤一生，为了儿女熬尽心血的母亲病逝了。

但使母亲感到欣慰的是，她终于看到了心爱的小儿子跨进了大学之门。母亲在临终前给儿子留下了这样一段语重心长的遗言："不要欺骗自己，要辛勤地劳动，而不是花言巧语。要耐心地寻求真正的科学真理！"

母亲的死，使门捷列夫悲痛万分。一年半以后，小姐姐丽查也在贫困中死去。门捷列夫孑然一身在彼得堡求学，靠奖学金维持生活，穷得连参考书也买不起，一度他还病得很厉害。但是，门捷列夫牢记母亲临终时的遗言，化悲痛为力量，在艰难困苦中勤奋学习，1855年以班上第一名的优异成绩毕业于彼得堡师范学院，并荣获金质奖章。

门捷列夫没有辜负母亲的厚爱和期望。他22岁获得物理和化学硕士学位,23岁被提升为彼得堡大学副教授。为"耐心地寻求真正的科学",他花费了十年功夫,于1871年写出《化学原理》一书,创立了化学元素周期律。他被誉为近代化学的奠基人——"化学之父"。

门捷列夫始终怀念、感激辛勤慈祥的母亲。他在1887年所著的《水溶液比重的研究》一书序言里,诚挚地写道:"这部作品是作为最小的孩子纪念自己慈母而写的。只有慈母以自己辛勤劳动经营工厂,才能使儿子长大成人。她以身作则来教育儿子,并以慈爱来纠正儿子的错误。她为了使儿子献身科学,毅然离开了西伯利亚,并不惜罄其所有,竭尽全力,使我步入大学之门。"

第四章 部分大师成长的不同轨迹

第一节 大学培养的大师

许多大师的成长，很重要的条件是得益于大学特别是世界一流大学的培养，这是主流。如牛顿毕业于剑桥大学，伽利略毕业于比萨大学，詹天佑毕业于耶鲁大学，姜立夫毕业于哈佛大学，等等。在大学里，他们不仅学到了丰富的知识，得到了基本的科学研究方法的训练，而且结识了能站在学科最前沿的导师，使他们能较快地站在巨人的肩膀上。

对于中国的大师来说，在国内大学读本科，在美国等国家取得博士学位的人生经历也不少，甚至可以说这是我国早日涌现更多大师的主要途径。如杨振宁本科毕业于西南联合大学，在美国芝加哥大学取得博士学位。现任清华大学副校长、著名结构生物学家施一公本科毕业于清华大学，在美国约翰霍普金斯大学获得博士学位，并曾任普林斯顿大学终身教授等。

但也有部分大师在大学期间对大学的课程安排有自己的看法甚至感到厌恶，如爱因斯坦、亚当·斯密等。但他们利用大学的图书馆和实验室等条件，也有很大收获。

在当代，诺贝尔科学奖获得者很多都是就读过世界一流大学或在这类大学工作的教授。这不仅和这些大学的文化氛围和大学制度有关，与这些大学的实验室条件有关，更与这些大学的导师水平有关。

美国是高等教育强国，世界一流大学相当部分在美国，它培养了全球40%的诺贝尔奖获得者，有70%的诺贝尔奖获得者在美国工作。各国留学生千方百计到世界一流大学去留学，是现代世界大师成长的主要途径。

大学特别是顶尖研究型大学均是大师云集之地，如中国的学术大师主要集中在中国科学院、中国工程院、北京大学、清华大学等全国重点大学和科研机构。

也有少数大师，为了创业宁可辍学，如比尔·盖茨和马克·艾略特·扎克伯格等均是哈佛大学的辍学生等。还有一些诺贝尔奖得主对本国、本地区现有教育体制提出了批评。如有些日本籍的诺贝尔科学奖得主认为本国和东亚多国的教育体制有不少弊病，浪费了受教育者的很多时间，亟须改革。

大学的培养只是大师成长的一个重要条件，具有高学历而没有成为大师的也大有人在，"导师领进门，成就在个人"。关键还是要有自己远大的奋斗目标，热爱事业，刻苦钻研，努力开拓，早日取得大的创新性成果，并且持之以恒。

第二节 自学成才的大师

中外历史上都有一批自学成才的大师。他们由于多种原因，没有机会接受高等教育甚至学历只有小学。但他们博览群书，积极向上，在有关导师的引导下，成功走上大师之路。他们的奋斗精神是我们学习的榜样，他们的成才经历对所有有志于走大师之路的人都有重要启迪作用。

一、国外

（1）汉弗里·戴维（1778—1829），英国著名化学家，曾任皇家学会会长，但其学历只有中学左右。1794年，16岁的戴维的父亲去世。他为谋生就到药房做学徒。他一方面充当医生的好助手，学习行医的本领；另一方面他为调制各种药物，用溶解、蒸馏的方法配制丸药和药水，真正操作起化学实验仪器。这时他就开始自学拉瓦锡的《化学纲要》等著作，以弥补自己知识的不足。这时恰好发明家詹姆斯·瓦特的儿子来此地。戴维闻讯后就到瓦特家登门求教，瓦特很喜欢这个聪明勤奋好学的年轻人，帮他解疑释惑。就这样，在学徒期间，戴维的知识有了很大的进步。1789年，瓦特介绍戴维到布里托尔一所气体疗病研究室当管理员。戴维对这里有更好的学习和实验机会感到称心如意。不久，研究室的负责人就发现他有精湛的实验技术，是个有前途的人才，就提出愿意资助戴维进大学医学。但这时，戴维已下定决心终生从事化学研究。

（2）迈克尔·法拉第（1791—1867），英国物理学家、化学家，是英国著名化学家戴维的学生和助手，也是著名的自学成才的科学家。法拉第出生于英国一个贫苦铁匠家庭，仅上过小学。1831年，法拉第40岁时首次发现电磁感应现象。

（3）本杰明·富兰克林（1706—1790），美国著名的政治家、外交家、哲学家、文学家和航海家以及美国独立战争的伟大领袖。是美国历史上第一位享有国际声誉的科学家和发明家。但他出身寒微，10岁便辍学回家做工，12岁起在印刷厂当学徒、帮工，但他刻苦好学，在掌握印刷技术之余，还广泛阅读文学、历史、哲学方面的著作，自学数学和4门外语，潜心练习写作。他常常在做完了一天的工作后，到印刷厂的图书室阅读各种各样的书籍。所有这一切为他在一生中取得多方面的成就打下了坚实的基础。他还注意观察自然现象、从事科学实验等。

（4）约翰·道尔顿（1766—1844），英国化学家、物理学家、近代化学之父。父亲是一位农民兼手工业者。幼年时家贫，无钱上学，加上又是一个色盲者，但他以惊人的毅力，自学成才。1778 年在乡村小学任教；1781 年应表兄之邀到肯德尔镇任中学教师，在哲学家高夫的帮助下自修拉丁文、法文、数学和自然哲学等并开始对自然观察，记录气象数据，从此学问大有长进；1816 年，他 40 岁时被选为法国科学院通讯院士。

（5）伊万·弗拉基米洛维奇·米丘林（1855—1935），苏联卓越的园艺学家、植物育种学家、米丘林学说的创始人。米丘林生长在数代都是园艺家的家庭，自幼就爱好果树园艺，8 岁已会接木。米丘林是很渴望读书的，但他在青少年时期曾就读一所中学，因为不会贿赂校长被校长以"不守礼节"为名将其开除。从此无缘接受正规教育而走上了自学的道路。

（6）达朗贝尔（1717—1783），法国著名物理学家、数学家和天文学家，但达朗贝尔主要靠自学而攀登了科学高峰，他在少年时被父亲送到了一所教会学校，在那里他学习了很多数理知识，为他将来的科学研究打下了坚实的基础。这就是他唯一的学历。

（7）格林（1793—1841），英国数学家。格林 8 岁时曾就读于一所私立学校，格林在校表现出非凡的数学才能。可惜这段学习仅延续了一年左右。1802 年夏天，格林就辍学回家，帮助父亲做工，经营面包磨坊，父子二人惨淡经营，家道小康。但格林始终未忘记他对数学的爱好，以惊人的毅力坚持白天工作，晚上自学，把磨坊顶楼当作书斋，攻读从本市布朗利图书馆借来的数学书籍。布朗利图书馆是诺丁汉郡由知识界与商业界人士赞助创办的，收藏有当时出版的各种重要的学术著作。对格林影响最大的是法国数学家拉普拉斯、拉格朗日、泊松、拉克鲁阿等人的著作。通过钻研，格林不仅掌握了纯熟的分析方法，而且能创造性地发展、应用，于 1828 年完成了他的第一篇也是最重要的论文——《论数学分析在电磁理论中的应用》。这篇论文是靠他的朋友集资印发的，订阅人中有一位叫勃隆黑德爵士、是皇家学会会员。勃隆黑德发现了论文作者的数学才能，特地在自己的庄园见格林，鼓励他继续研究数学……

（8）布尔（1815—1864），英国数学家及逻辑学家。布尔是鞋匠之子，他原想做牧师，但是他 16 岁时在私立学校教数学，到 1835 年他自己开办一所学校。1849 年，布尔 34 岁，尽管他没有学位，但他被任命为科克的女王学院的数学教授，从此他才有了比较安稳的生活保证，从而更专心攀登数学高峰……

国外通过自学而成为大师的还有德国数学家格拉斯曼、英国化学家普利斯特列、"科学管理之父"泰勒、"创造学之父"奥斯本等。

二、国内

（1）蔡元培（1868—1940），我国近代伟大的教育家、革命家、政治家，曾担任民国第一任教育总长，中央研究院第一任院长，北京大学校长等，并且是中国留学生欧美同学创始人之一。他在少年时曾在绍兴古越藏书楼校书，得以博览群书。中日甲午战争后，开始接触西学，曾游历日本，并数度留学德国、法国。

（2）陈寅恪（1890—1969），中国现代历史学家、古典文学研究家、语言学家、中央研究院院士等。

（3）梁漱溟（1893—1988），现代著名思想家、哲学家、教育家，中学学历，因研究印度哲学有较深造诣被蔡元培聘请到北大荣登大学教授坐席。

（4）叶辛（1949— ），中国知青文学大师，中国作家协会副主席，复旦大学中文系教授，上海社科院文学研究所所长，中学学历。1969年作为知青去贵州山乡插队，一呆就是十多年。这段丰富而又跌宕的经历使他和文学结了伴，守着茅屋里的煤油灯，拿起笔来写起了小说，前后出版了四十几部书籍。

自学成才的大师级人才还有鲁迅、钱穆、华罗庚、刘半农、金克木、齐白石、巴金、铁凝和启功等。

也有一些大师，尽管他们接受过高等教育，但他们做出最突出成绩的不是他们在大学所学的专业，较强的自学能力是走向大师的基本能力之一。就是牛顿的数学也主要是靠自学。

第三节　成才之路曲折的大师

一、成才之前评价欠佳的大师

一些大师的一生做出了巨大贡献，但小时候却过得并不光彩。在学校里他们被认为是平庸、无能的学生，将来注定要失败；因为他们很笨或者很懒。在家里，在工作中，人们也对他们感到失望，对他们叛逆的性格无可奈何。在找到自己的道路或打开正确的大门之前，他们打盹或者不断地走弯路。如文学大师之一的法国奥诺雷·德·巴尔扎克1816年入法律学校学习，毕业后不顾父母反对，毅然走上文学创作道路，但是第一部作品五幕诗体悲剧《克伦威尔》却完全失败。尔后他与人合作从事滑稽小说和神怪小说的创作，曾一度弃文从商和经营企业，出版名著丛书等，均告失败。由于他的坚持，后来才在文学上开始取得成功，他立志要成为文学上的拿破仑，他一生写了91部小说。日本木匠大师秋山利辉从小学到中学，其学习成绩都很差，甚至被人看成是几乎"一无是处"。

尤其突出的是，维克多·格林尼亚是法国有机化学家。1871年生于法国瑟堡。年轻时候他是个浪荡公子。在他21岁时，在一次上流社会的舞宴中，他发现一位初次露面的美人，便傲然邀其做舞伴，不料遭到断然拒绝。当格林尼亚得知这是一位来自巴黎的女伯爵时，立即上前致歉。女伯爵更加冷漠以对："请站远点，我最讨厌你这种花花公子挡住自己的视线！"从那次以后，格林尼亚知耻而后勇，决心改过自新，奋发向上，并进入里昂大学学习，终于在1912年他41岁时发现格氏试剂并获得诺贝尔化学奖。

二、"半路出家"的大师

相当部分大师在大学阶段学什么专业,他的一生事业也朝着这个方向不断去努力。如杨振宁在大学阶段是学物理的,他一生的事业也没有离开物理。但也有不少这样的大师,他们是半路出家的,如意大利著名化学家阿伏伽德罗原来是学法律的,获得都灵大学法学博士学位并当过律师,取得博士学位4年后转研究物理和化学。摩尔斯原来是一名画家,后来却对电磁学感兴趣并发明了有线电报。鲁迅原来是学医的,后来却在文学上取得杰出成就。马云原来是一名英语教师,后来却在互联网事业上取得突出成就。日本籍的2014年诺贝尔物理学奖得主中村修二的物理学知识完全是自学的,他当年就读的德岛大学甚至没有物理系。日本岛津公司田中耕一不是化学专业出身,但却获得2002年诺贝尔化学奖。

第四节 "不务正业"和"大器晚成"的大师

一、"不务正业"的大师

有一些大师,其最重要的成果不是在本职工作上取得的,而是在业余取得的。如哥白尼提出了"日心学说",但他的职业是医生,他的天文学知识只是业余爱好;爱因斯坦的狭义相对论,是他在专利局当职员时提出的。叶辛的文学创作,是在当知青时利用业余时间完成的。数学家费马、物理学家爱因斯坦、经济学家亚当·斯密、奥地利遗传学家孟德尔等所取得的大成果,都是利用业余时间所取得的。对于单位领导,一定要正确对待属下的"不务正业",提倡工作与兴趣、事业的统一,但也允许有人有"业余爱好",可能这个爱好最终会成为主业甚至是能取得大成果的主业,如张艺谋当年在工厂业余学摄影,后来这个摄影水平在其考取电影学院过程中起到了关键作用等。法国数学家费马的"本职工作"是管理其一生从未受过专门的数学教育,数学研究也不过是业余之爱好。然而,在17世纪的法国还找不到哪位数学家可以与之匹敌。他不仅被誉为"业余数学家之王",还被誉为世界十大数学家之一。英国著名化学家普利斯特利获得是法学博士学位,职业是牧师,他对化学的钻研是"业余爱好",但其在这方面所取得的成就大大超过了他的主业。

二、"大器晚成"的大师

有不少大师其人生最重要的成果是在30岁左右创造的,但也有一部分大师,由于生活道路坎坷,专业方向多变,其所取得的人生最重要的成果是在中年甚至老年,如齐白石、柳传志等。

许多大师，在他们很年轻的时候就获得了他们一生最重要的成果，这固然可喜。比如牛顿22岁时就发现了太阳光可折射出7种颜色的光，43岁时出版了详细阐述万有引力定律的著作《自然哲学的数学原理》；达尔文50岁出版了代表著作《物种起源》。但也有一些大师所取得的最高成就比较晚，比如英国地质学家赫顿，大学学习的是法律，后又学习化学，攻读了医学博士学位。后又去干农业，直到1768年他42岁时才转入地质科学研究，他刻苦钻研，后提出了著名的"均变说"理论，该学说成为了地质科学的基础，其终于成为了世界杰出的地质学家。我国著名画家齐白石也是大器晚成的典型之一。美国发明家爱迪生说过："什么是天才？终身努力就是天才。"中国也有古语："谁笑在最后，谁笑得最好。"人生就像马拉松比赛，能很早就取得成就而领先固然可喜，但在人生最佳年龄由于种种原因而没有取得应有成就也不必悲观，"失之东隅，收之桑榆"的事例很多，只要不懈努力，理智努力，"晚霞红于二月花"就会成为活生生的现实。

"大器晚成"往往有多种原因，如起步晚或转行多等。在大师的奋斗历程中，固然应该提倡早立志并一辈子只做一件事，如爱因斯坦、杨振宁、叶企孙等一生就钻研物理学，林巧稚一生就是妇产科学。但转行后成才的事也不少，如孙中山弃医从政，鲁迅弃医从文。这个"转"，有的是国家需要，如钱学森根据国家需要一辈子7次转行。有的是市场的敏感性和专业的敏感性，如莫尔斯原来是一个画家，后来转去研究电报了，马云原来是英语教师，后来转到互联网方面去了。无论是转行或不转行，关键是要"成"，即人生取得更大的人生价值，为社会做出了更大的贡献而不是一事无成。

第五节　英年早逝和功亏一篑的大师

一、英年早逝的大师

有一些大师，其从小就聪颖并在年轻时就取得了突出成绩，但很可惜，由于疾病、自杀和事故等原因而造成英年早逝，从而给社会带来了巨大损失，也给他们的人生留下了遗憾。如图灵、拉瓦锡、普希金、聂耳、王国维等。

(1) 世界计算机科学创始人图灵因同性恋问题不能忍受当时英国社会对他的"定罪"和处罚而在42岁时走向了自杀的道路。

(2) "近代化学之父"拉瓦锡因曾做过"包税官"，而在法国大革命时期被激进政府判处死刑，年仅51岁。当时的革命法庭副长官甚至还宣称，"共和国不需要学者，而只需要为国家而采取的正义行动！"，拉瓦锡出身名门，他继承了父母和姨母的巨额遗产，即使不靠征税承包业的收入，也完全可以过上富庶的生活。仅为追求更多的金钱使名誉受到玷污，甚至赔上性命，令人惋惜。然而，瑕不掩瑜，他作为伟大科学家的一生仍是充满着光辉的一生。

（3）被誉为俄国现代文学创始人的普希金，在38岁时，因当时法国籍宪兵队长丹特斯亵渎他的妻子，结果导致了普希金因和丹特斯决斗而身负重伤并最终不治身亡。

（4）我国著名音乐家、国歌《义勇军进行曲》的作者聂耳在23岁时因在日本游泳时不慎溺水身亡。

（5）我国著名学者、清华大学早期国学大师之一的王国维教授，却在其50岁时因对当时社会不满等原因而自尽于北京颐和园昆明湖。

造成这些大师级人物英年早逝悲剧的主要原因，有个人原因，也有社会原因。人的生命是最宝贵的，要成为大师级人才，也需要付出长期的艰辛努力。因此，珍惜生命、尽可能避免非正常死亡，无论遇到什么风浪，都不能走自尽的道路，是最基本的条件之一。作为一个追求大师不断涌现的社会主义中国，社会应该继续积极营造尊重人才、爱护人才、保护人才的良好氛围。

二、功亏一篑的大师

"德才兼备"是人才的基本条件之一，"以兴趣始，以毅力终"是许多大师成功的秘诀之一。但有一部分大师，他们曾有辉煌的历史，但没有坚持到底甚至走向了反面；也有一些大师级人物迫于当时政治压力没有始终坚持实事求是的原则、不同程度地违背了学术的科学性而成为有争议的人物；也有一些经营大师曾有令人骄傲的业绩，但由于品德等多种原因而最终成为"昙花一现"的人物。另外，老舍这个著名文学大师本来可以获得诺贝尔文学奖，但由于在"文革"初期就自杀而痛失了这个机会。就是世界杰出科学家牛顿，其主要成就也仅是在他45岁前取得的，后来他却走上了研究神学的道路。

案例一

罗斯贝走上大师道路的故事

卡尔·古斯塔夫·罗斯贝（1898—1957）是现代气象学和海洋学的开拓者，国际气象诺贝尔奖的创立者。他出生于瑞典斯德哥尔摩的一个中产家庭，当他在家乡的斯德哥尔摩大学进行数学和物理专业的学习时，参加了由当时刚刚获得气象预报理论突破的皮叶克尼斯主讲的一次关于大气运动非连续性问题讲座，由此他就被气象学问题深深吸引。

1919—1920年，他进入著名的卑尔根气象学校，加入了由皮叶克尼斯率领的气旋理论研究和天气预报团队。并亲历了极地锋理论和气团学说激动人心的发现，并作为团队的一员提出了一些很好的思想。1919年夏，他首先建议暖锋和冷锋在天气图上分别用红色和蓝色代表，而不是当时使用的相反方案。这时他也预感到自己的兴趣和长处在理论方面，大学里学习的物理和数学知识在气象领域不是没有用处，而是还远远不够。1921年，他随皮叶克尼斯去德国莱比锡大学学习一年后又回到斯德哥尔摩大学，并在瑞典气象水文局谋得一个职位。在那里他参与高空气球观测网的建立，与另外4名预报员一起每天3次进行天气图分析并做出全国天气预报。其中有两年的夏天，他还随船出海提供天气预报。

1926年是罗斯贝学术生涯的一个重要的转折点。这一年他获得了一个基金会的资助，前往位于华盛顿的美国天气局，继续做气象科学研究。1926年和1927年，他在美国著名的《每月天气评论》杂志上发表了关于大气湍流和对流方面的论文，反映了他在来美之前的研究工作中对大气摩擦层的具有远见的洞察。

这一时期由于美国对北欧天气预报新进展普遍持否定和麻木的态度，罗斯贝只好在气象局尚未介入的航空气象预报中另辟蹊径。他在加州建立了美国第一个航空气象服务试验系统。1928年，他在麻省理工学院组织了美国第一个大学水平的气象研究项目，同时创立了美国第一个现代气象学意义上的大学气象系。不久，他成了该校的一名正教授……

第二次世界大战爆发期间，罗斯贝在芝加哥大学积极组织和参与了对军事气象人员的培训，同时继续研究他创建的大气长波理论。战争结束后，他招募了一大批优秀学者加入到气象研究中，为将要开展的数值天气预报积极进行气象基本理论上的准备。1946年8月，罗斯贝协助冯·诺依曼在普林斯顿大学召开了第一次讨论数值预报的会议。在这次会议上，罗斯贝极力推荐当时在加州大学刚刚获得气象博士学位的查尼参加首次数值天气预报试验，查尼不仅最终成为首次成功的数值天气预报的完成者之一，而且后来又成长为国际气象学界的又一位学术大师。

第四章　部分大师成长的不同轨迹

案例二

牛顿的故事

牛顿是世界著名的数学家和物理学家,为人类的科学事业做出了突出贡献。但牛顿出世时却是一个早产儿,在牛顿的成长历程中,有两个人对他的前途起了决定性作用,一是牛顿的舅父,二是格兰瑟姆中学校长竭力劝说牛顿的母亲让牛顿复学,他说:"在繁杂的农务中埋没这样一位天才,对世界来说将是多么巨大的损失。"

1661年6月,牛顿入剑桥大学,入学前,他已大量阅读了有关名著。牛顿在数学上很大程度是依靠自学。在所有著作中,笛卡尔德《几何学》和奥利斯的《无穷算术》的影响是决定性的,它们将牛顿迅速引导到当时数学最前沿的领域——解析几何与微积分。

牛顿在广泛阅读的同时也听取大学的各种课程,正是这些课程促使牛顿去研究这方面的问题。

1665年8月,牛顿刚刚本科毕业(文学士),剑桥大学因瘟疫流行而关闭,牛顿离校返乡。随后两年里,除偶尔回校及到邻镇小住之外,牛顿都是在家乡度过。这段时间成为牛顿科学生涯中的黄金岁月,他在这段时间里创立了万有引力定律。

划时代的巨著奠定了牛顿在科学史上的不朽地位。

牛顿超越前人的功绩在于,他能站在更高的角度,对以往分散的努力加以综合,将自古希腊以来求解无限小问题的各种特殊技巧统一为两类普遍的算法——微分与积分,并确立了这两类运算的互逆关系,从而完成了微积分发明中最后的也是最关键的一步,并为其深入发展与广泛应用铺平了道路。

牛顿最大的个性是沉迷于科学研究。

除了顽强的毅力和失眠的习惯,牛顿不承认自己与常人有什么区别。当有人问他是怎样做出自己的科学发现时,他的回答是:"老是想着它们。"如果他在科学上做了一点事情,那完全归功于他的勤奋和耐心思考,心里总是装着研究的问题,等待那最初的一线希望渐渐变成普照一切的光明。

案例三

当不能从事自己心爱的专业时的选择

1952年,中国科学院院士曾庆存考入北京大学物理系。当时美国与苏联都已爆炸了原子弹,很多年轻人都想致力于核物理这一热门领域,曾庆存也不例外。

中华人民共和国成立之初,国家急需一大批气象工作者,曾庆存便被抽调出去学习气象专业。自然,当时的曾庆存心里也是老大的不情愿,对核物理仍然是恋恋不舍。

但事已至此,于是曾庆存便想,同样是为祖国服务,那就选择安下心来把气象学学好、学通。

大学毕业后，在国家"向科学进军"精神的号召下，曾庆存又考取了赴苏的留学生。虽然在语言、生活等方面困难重重，但这并不能阻止曾庆存的前进，他对自己说："党让你去留学，机会难得，再苦也要好好学习！"

凭着对事业的执着追求，曾庆存首创了用于数值天气预报的"半稳式差分方案"，并且成为世界上最早提出原始方程求解方法者之一。

"文革"开始了，许多人沉沦，许多人逍遥。曾庆存却利用这几年的时间完成了《大气红外遥测原理》和《数值天气预报的数学物理基础》两本举世震惊的专著。谁能想象他当时所承受的压力和遇到的困难！

不能学习自己所热爱的专业是不幸的，遭遇"文革"这样黑白颠倒的年代也是不幸的，但曾庆存能够把每一次不幸都当作一次机遇，全心全意地投入，最终成为一位学有所成、名扬四海的著名科学家。

并不是每个成功者都能从事自己心爱的职业。面对客观情况的变化，将不幸看作机遇，

重新调整自己的人生坐标。既来之，则安之。干一行，爱一行。把精力投入到所从事的新领域，从而开创出一番崭新的事业来。这是曾庆存走向成功之路的经验之谈。

第五章 人才成长规律

第一节 人才成长规律简述

大师是人才队伍的高层次人才和顶尖人才。要成为大师，也必须遵循人才成长规律，循序渐进，首先要成为人才队伍的一员。故了解一些人才成长规律对大师的成长是必要的。

人才成长规律，是人才学的理论核心、特色和重点。所谓人才成长规律，是指人才成长过程中在一定条件下可重复的一一对应及多一对应的变换关系或概率性重复的变换关系。即人才成长规律是指人才成长过程中所具有的可重复的必然关系或概率性重复的概然关系，前者表现为因果性规律，如有效的创造实践规律、人才过程转化规律、竞争择优成才规律等；后者表现为统计性规律，如最佳年龄成才规律、成才周期规律等。

人才成长规律包含着自然规律性、社会规律性和思维规律性，具有综合性的特点。人才与人的生理、身体及自然环境有关，因而要遵循自然规律；人才是社会性的，与社会和人群密不可分，因而又要遵循社会的规律；人才核心是创造性思维和创新能力，因而还要遵循思维的规律。但本质上说，人才成长规律主要是社会性的规律。

人才成长规律是一个复杂的体系，从研究对象的范围看，有人才辈出规律、人尽其才规律和人成其才规律。政府更多关注总体规律（宏观），组织更多关注群体规律（中观），个人更多关注个体规律（微观）；从规律作用和适用的范围看，人才成长规律分为一般规律和特殊规律，一般规律适合各类人才，特殊规律只适合于某类人才；从人才成长规律的内容和次序看，人才成长规律可分为人才结构规律、人才功能发挥规律和人才发展规律。

认识规律的目的在于应用，遵循人才成长规律，才能做到事半功倍，促使各类大师人才更多涌现出来。

大师级人才，就是将一个人的聪明才智或潜能最大限度地发挥出来并取得重大成果的人。普通人之所以成不了大师级人才，就在于他们的聪明才智或潜能得不到充分的发展和实现。

造就大师级人才的必要条件主要有：

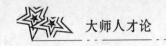

1. 外部条件

必须有一个公平、正义、民主、平等、和谐，较少个人精神压抑的社会环境。教育事业有较好发展，有良好的促进大师成长的创新环境，比如学术氛围浓、青年人热爱学术的主流价值观正确等。当年在十分艰苦的条件下，西南联合大学却培养出了众多与世界先进水平差别不大的一流人才，关键是当时有一流的师资。

2. 内部或教育条件

必须有一套能够使人的聪明才智或潜能充分地发挥出来的科学教育体系。这套体系，就是一套变"石墨"为"金刚石"的体系和具体操作技术。如尊重知识分子独立之精神、自由之思想，对学术发展有兴趣，大量阅读，深入思考和钻研，了解学科发展前沿问题等。

中国是一个人口大国，也是一个潜在的人才大国，从某种意义上来讲，每一个正常人在出生时都是潜在的大师，关键是见识，是选择，是努力。所以，只要有好的体制机制，就一定会出现人才辈出、大师云集的兴旺景象。

第二节 部分微观人才成长规律（一）

一、综合效应成才规律

综合效应是人才成长的基本规律。

人才成长是以创造实践为中介、内外诸因素相互作用的综合效应。其中，内在因素是人才成长的根据。外部因素是人才成长的必要条件。创造性实践在人才成长中起决定作用。没有创造性实践，就没有人才及其发展，人的发展则永远停留在一般人群的发展水平上。

在人才成长过程中，内在因素和外部条件在其中的地位和作用是不相同的。内部因素是第一位的，外部因素是第二位的，但两者都不可缺少。内部因素主要指成才的综合素质特别是智力因素（智商）、非智力因素（情商）和主观能动性等。外部因素包括自然环境、社会环境特别是教育环境等。现代教育在提高人才的综合素质、建立牢固的成才基础、尽快进入创造的前沿具有十分重要的作用。

人才成长是内外诸因素通过成才主体活动进行交互作用而引起的。

一个人在成长的道路上能有更多的顺境固然不错，但顺境下碌碌无为并不少见，而逆境条件下"艰难困苦，玉汝于成"也不是个别事例。因此，一个人一生无论遇到顺境还是逆境均都是外因，能否成才关键还是看内因。人的成长往往要经过正反两方面的锻炼才能比较成熟，而且在成长的道路上往往情商比智商更重要。

二、"志"为成才之本的规律

"志气"为有所作为的决定,志向是一个人为之奋斗的目标。志气大小决定了一个人一生成就的大小。没有一个人不想有所出息而成才的。孙中山"立志做大事"和"振兴中华"的理想,毛泽东在年轻时就树立的"改造中国与世界"和"敢叫日月换新天"的凌云壮志,周恩来青年时代就确立了"为中华崛起而读书"的宏大志向以及许多科学家以国家利益为重、努力攀登科学高峰的人生选择,都说明了志气对于他们一生成就所起到的作用。

历史上许多中外著名人物均充分肯定了志气在人生中的重要作用,如明末清初著名思想家王夫之认为,"入学之士,尚志为先""志定而学乃益",即一个决心治学成才的人,最重要的是要确定一个正确的志向,志向确定了,学业才能不断有所进步。他认为,孔子之所以能成为圣人,关键就在于他少年时就立志治学成才。一个人是否立志,其结果将会大不相同。同时,他不仅主张立志,而且主张立大志。志大则业大,志小则业小。同时,要注意志一志笃,提倡"贞志"而反对"两志",不能老是这山看着那山高,兴趣经常转移。"有志之人立长志,无志之人常立志。"

清朝晚期重臣曾国藩也认为,人生要取得事业成功,"第一是要有志,第二是要有识,第三是要有恒"。

苏联著名文学家高尔基也说过,伟大的目标产生伟大的毅力。美国成功学专家拿破仑·希尔提出的成功十七条黄金定律中,将"积极心态"放在第一位,而积极心态均与志气很有关系。

志气有大小之分、正负之分。我们需要树立的是立志不虚度年华、让人生出彩之志,是立志做大事、报效国家之志。

三、创新成才规律

人才的本质特征是创新。创新不是凭空出现的,它是在创新所必需的基础上,由创新动机开始,进入创新情境,经过艰苦奋斗,在原型或思想火花的启发作用下,豁然开朗产生创新理念并逐步完善而实现的。而课题和科研在创新中具有十分重要的地位和作用。

这个规律要求所有的培养人才的工作者,都要把是否具有创新性作为培养人才成败得失的最重要的衡量标准。即成才的根本特征是成才者取得了创新性成果和这个成果被社会所承认,从而为社会做出了较大贡献。"创新"和"贡献"是人才的核心。没有创新就没有人才的涌现。抓住了创新就抓住了成才的根本。

创新就是为本单位、为社会进步或科技发展所做的新颖性、价值性、突破性工作。创新和创造在许多领域是同义词或近义词。人才的本质特征也是创新,当今世界是创新争雄、能力本位的创新社会。

创造成才规律具体来说就是有效地创造实践成才规律,其指在一定条件下,以成才为目标的创造实践中,其有效的劳动量达到必要的水平(量变到质变),其成果获得社会承认,则个体必然成才。而人才的层次水平与其掌握科学方法的层次以及有效劳动量的多少成正比。

四、聚焦成才规律

聚焦成才规律是指在依据自己的最佳才能,选准成才目标的前提下,需要过滤信息,集中精力,目标始终如一,才能形成突破性的成才能量。

许多杰出人物认为,他们在创造性劳动中的成就得之于专心致志,他们自己之所以能取得成果是因为能长期集中思考一个问题。

"有所不为才能有所为",聚焦成才规律即立志成才者一生只专注一两件事,通过坚持不懈的努力,终于取得突破性的成果。如达尔文一生专注于动植物的研究,希尔顿一生专注于酒店,许多被誉为"大国工匠"的杰出高技能人才往往专注某方面的技能几年、十几年到数十年等。美国著名作家马克·吐温所说:"人的思维是了不起的,只要专注于某项事业,那就一定会做出使自己都感到吃惊的成就来。"鲁迅也说过:"什么是天才?我只不过是将别人喝咖啡的时间都用在工作上。"徐光宪院士根据自己的人生经历也深有体会地说,人的一生中专业方向最好不改变,这样学术水平就能达到最高峰。"滴水穿石"这句成语充分说明了专注的巨大作用;激光的威力来自能量的高度集中。"长期积累,偶然得之",说明了成功往往是优势累积的结果,是熟能生巧的结果。哈佛大学有一个著名的理论,人的差别在于业余时间。有成就的人将8小时以外都投入到他的工作学习上,终于取得了显著的成绩。每个人每天的时间是一样的,都是24小时,但如何运用你一生的时间,结果就大不相同了。

聚焦成才,一是要有兴趣,热爱是最好的老师;二是目标要选准;三是要肯钻研;四是要有坚持不懈的毅力和"十年磨一剑"的精神。如果只是应付工作,不肯钻研,一个人就是一生没有变换过什么工作岗位同样不会有所突破、有所成就。许多人一生忙碌却没有取得什么成就,主要不是因为他的智力因素,而往往是因为他的浮躁和分心。

专一的对立面是见异思迁。我们不能完全否认"见异思迁""这山望着那山高"的作用,这方面的例子很多,如孙中山弃医从政,鲁迅弃医从文;自行车充气轮胎的发明人爱尔兰的邓洛普却是一名医生,电报的发明人美国的莫尔斯原来是一名著名画家;马云原在英语方面有所专长,但后来转到互联网并做出了突出成就。我们的目标是追求人生价值的最大化和为社会做出贡献的最大化,"按照实际情况决定工作方针",这也是中国共产党不断取得胜利的一大法宝。在成才的道路上,由于专业的兴趣、环境的变化和适应国家需要或组织需要,有时就必须在专业上进行一些调整和进行适当的流动(如多岗锻炼等),甚至在市场经济的竞争中,有唯一不变的是"变"的说法。但这个"迁"是建立在"识"的基础上,不仅要慎重而且时间不能过长。除了组织需要之外,个人应尽量少转行。有志之人立常志,早立志早专一才能早成才。

五、"根深叶茂"规律

"根深叶茂"是一句成语，也反映了人才成长的规律。人才成长与树木生长有许多相似之处，"顺木之天，以致其性"。如果我们将"叶茂"比喻成人一生事业的成就的话，那它的前提是"根深"。而只有志向坚定，"用心"工作，"扎根"事业，不断钻研，才能做到"根深"。

"安、专、迷"是许多人才成功的重要途径，它告诉我们，要成就一番事业，首先要安心，其次是专注并逐步达到痴迷的程度，这样才能容易出成绩；只有"安、专、迷"，才能更好更快地做到"根深"。

根深才能叶茂，志坚方有作为。"根深"的反面是见异思迁、这山望着那山高、轻视平凡、轻视简单或一遇困难就退缩，到最后往往是一事无成。我们不能完全否认"见异思迁"的作用，如莫尔斯原来是画家，还曾任美国国立图画院首任院长，但后来却对电磁波传递信息产生了浓厚兴趣并发明了电报，开创了人类电子通信的新时代，从而为人类进步事业做出了更突出的成就，但"见异思迁"要慎重并且不能过于频繁。从多种角度来看，如果仅是根据待遇高低和兴趣大小作为自己人生的指挥棒，那就难以做到"根深"，难以做到安心、专心，很难早日走上成才之路。追求有更好的经济待遇这是可以理解的，但更好的待遇主要是通过自己的智慧和实力、通过艰苦创业来获得才更有意义，我们更多的应该是追求事业，待遇是事业成功的回报。如马克思当年写《资本论》和创立马克思主义理论体系牺牲了他的许多幸福，居里夫人为探索放射性元素的奥秘牺牲了她的健康，但最后他们都得到了很好的回报。又比如中山大学附属第一医院急诊科詹红主任坚持在急诊岗位上长达28年并做出了显著成绩，被国家有关主管部门评为2015年"最美医生"之一等。

六、勤奋成才规律

勤奋成才规律是最基本的成才规律之一。勤奋指做事尽力，不偷懒，就是一个人用更多的时间于某一个目标，如勤学、勤思、勤练等。人才学认为，影响人才成长的主要因素是遗传、环境、教育、实践和主观能动性。其中，主观能动性的一个重要表现就是理性的勤奋。

中外许多有成就的杰出人才均对勤奋有许多论述，如著名数学家华罗庚认为，"勤能补拙是良训，一分辛劳一分才""聪明在于积累，天才在于勤奋"；著名俄国化学家门捷列夫说过："什么是天才？终身努力便是天才！"

在哈佛大学的图书馆，经常凌晨四点还是灯火通明，该大学学生的学习是不分白天黑夜。餐厅和医院成了图书馆的延伸，足见哈佛大学的学生是多么勤奋的。

许多学历偏低的著名人才，经过长期努力在事业上取得杰出成就，主要就是靠勤奋，如法拉第、许振超、李登海等。

科学告诉我们，每个人都有无穷无尽的潜能。成功者与平庸者的根本区别，就在于能否充分认识和开发运用自己的潜能和特长，并坚韧不拔、充满自信地奋斗到底。正如爱因斯坦所言：我的成功在于超越平常人的勤奋和努力，以及为科学事业忘我的牺牲精神。

笨鸟先飞、卧薪尝胆等，均是鼓励人们勤奋努力、奋发图强。

勤奋的主要动力来自志气、目标和兴趣等。

高尔基说过：一个人追求的目标越高，他的才力就发展得越快，对社会也就越有益，我确信这也是一个真理。著名文化学者余秋雨寄语大学生们毕业后努力"寻找远方的自己""寻找更精彩的生命"，就是希望年轻人能在人生的黄金时代起好步，将来成为更有作为的人。

勤奋与时间密切相关。勤奋就是将更多的时间、更高的时间利用率用在工作、学习上，用在事业上。如鲁迅说过，什么是天才，我是把别人喝咖啡的时间都用在了工作上。在科研上只有勤奋加上注意力高度集中，甚至达到入迷的程度，才能容易有所突破。

勤奋是成才的基础和重要条件之一。但成功除了勤奋，还要注意方向、方法，注意团队，注意早日进入创新，等等。

（1）培根说："跛足而不迷路的人，能赶过虽健步如飞却误入歧途的人"，现代社会也流行"选择比努力更重要"这句话，这些都说明了方向的重要性。

（2）勤奋要讲究方法，讲究事半功倍。比如，如果儿童时期错过了语言发展的最佳时期，以后再勤奋在语言发展方面也会事倍功半。年轻时错过了最佳的学习时期，中年再学习往往也是效率明显降低。

勤奋是有目标的勤奋，学海无涯，人生有限。要在有限的人生取得成就，一定要有所不为才能有所为，奋斗目标一定要根据社会需要和自己的具体条件。结合工作需要，瞄准社会的空白点和薄弱点去努力，往往更容易成才。

勤奋的基础是身体条件。勤奋要讲究科学，即不管如何勤奋，都要保证每天基本的睡眠时间和体育锻炼的时间。如果身体素质差，太勤奋往往容易适得其反，如日本过劳死的人比较多，与他们工作压力大有关。故不管如何勤奋，保证每天有半个小时以上的体育锻炼时间，保证有适当的休息，保证定期检查身体等，都是很有必要的。其中，休息方式可以人体的不同部位交替进行，如脑力劳动累了，适当进行一些体力劳动。这种脑力劳动方式累了，更换另外一种脑力劳动方式。做到"勤劳一天，可得一日安眠，勤劳一生，可得幸福长眠"。同时，业余勤奋以不影响本职工作为限度。

婚姻家庭对一个人一生的影响很大。许多人往往可以勤奋一时，但难以勤奋一生。其重要条件之一就是是否有一个良好的婚姻家庭。在成才的道路上，家庭的支持也是很重要的。只有将身体、家庭和事业的关系处理好了，勤奋才有坚实的基础。有些杰出人物为了事业甚至选择终身不娶。

（3）勤奋一定要将个人与团队结合起来，即不仅自己要勤奋，也要团队每个人都积极向上。

（4）人才的根本属性是创新。勤奋不一定能成才，指的是有的人虽勤奋一生但由于目标分散，浅尝辄止，最终没有取得什么创新成果。只有获得创新成果并被社会所承认才是真正成才。故成才者必须要勤奋，并尽快进入创造和取得创造性成果。

七、最佳年龄成才规律

研究发现，由创造而成才有一个最佳的年龄段。人才最佳成才年龄区是相对稳定的，各个领域的人才都有一个最佳的成才期。如在自然科学领域取得重要成果的最佳年龄区是25～45岁，峰值为37岁。当然，依专业领域的不同，最佳年龄区也有所不同，特别是随着人类知识的进步，最佳年龄区也会发生前移（如体育和文艺人才）或后推（如中医人才）的变化。但总体来看，人才的成长都要经过继承期、创造期、成熟期和衰老期四个阶段。创造期是贡献于社会最为重要的时期。

尽管成才有最佳年龄，但"大器晚成"的人也不少，这说明一个人只要立志成才，并抓住机会，尽管由于种种原因而错过了最佳成才年龄但依然可以在中年甚至老年阶段争取成才。

八、扬长成才规律

扬长成才规律告诉我们，人的才能幼芽，具有质的多样性与量（长度）的差异性。这种差别是由天赋素质、后天实践与主观兴趣爱好不同而产生的。如有的人学外语，无论如何勤奋都不如一些语言天分好的人。一般而论，成才者是在最佳或次佳才能得到较充分发展的条件下，扬长避短走向成功的。

扬长，首先需要认准自己才能的长处，即最佳才能。才能是在实践中增长的，也只有在实践中才能得到认识。

根据这个规律，人各有所长，也各有所短，这种差别是由人的天赋素质、后天实践和兴趣爱好所形成的。成才者大多是扬其长而避其短的结果。如杨振宁原来是从事实验物理，后来他发现自己更擅长理论物理，事业方向调整后不久就获得了很大成功。对于领导者来说，扬长避短，是让其下属做他最擅长最喜欢的事，有利于提高其工作效率，能在相同时段、相同投入的条件下取得最大成效。

经济学和国际贸易中有"比较优势"的理论，人的成长和发挥作用也需要"比较优势"，个人要做自己最擅长、最有效益的工作，领导者要善于"知人善任"，发挥下属的最大才能。

扬长成才规律也告诉我们，一个人要立足社会，一定要有自己的长处，甚至做到人无我有，人有我优。但作为一个组织的成员，希望尽量充分发挥自己长处一定要与最后服从组织安排结合起来。

九、毅力成才规律

毅力和兴趣等一样，属于非智力因素。毅力在人才成长中具有十分重要的意义。毅力即朝着一个既定正确目标不懈努力的坚持力。"古之立大事者，不惟有超世之才，亦必有坚韧不拔之志"，说明了在取得成就的道路上，毅力比才能更重要。"以兴趣始，以毅力终""顽强的毅力可以征服世界上任何一座高峰"，也是许多科学家的成功秘诀。毛泽东也说过，"一个人做点好事并不难，难的是一辈子做好事，不做坏事"。应该说，在青年时代，很多人都有这样或那样的理想，但真正坚持下来并取得突出成就的，往往是少数。对创立中国共产党有功的陈独秀和张国焘等党的"一大"代表，相当部分最终没有革命到底甚至走向了反面。上海知识青年李梦桃1964年支边到新疆生产建设兵团工作，虽只有初中文化水平，但热爱边疆，扎根边疆，建设边疆，刻苦自学医学并成为全科医生，为当地人民做了大量好事，受到了当地人民的欢迎，被誉为"哈萨克人民的好儿子"，不仅受到党和国家领导人的高度评价，而且入选100位中华人民共和国成立以来感动中国人物。我国著名企业家马云当年不仅敏锐地看到了互联网的发展前途，而且不管遇到多大困难都坚持不懈，这才有阿里巴巴后来的成就。今天，中央有关主管部门所组织的"最美乡村教师""最美医生"等活动，所获奖的人物不仅其开头好，而且能长期坚持并取得可喜成绩。而在当今社会，有学历有才干但因种种原因而翻车落马的人仍大有人在，这些人应该肯定在他们的人生起步阶段和一定的发展阶段是好的，但后来价值观发生了扭曲，不再坚持原来选择的正确价值观，这再次说明了毅力的极端重要性。

"龟兔赛跑"的寓言，也说明了尽管自己在一些方面不如别人，但只要有毅力并谦虚谨慎，最终也可以胜过能力虽强但过于自信的人。人生往往也像马拉松比赛那样，起跑不落后固然很重要，但"谁笑得最后，谁笑得最好"。马和骆驼谁走得更远？往往是后者而不是前者，成功的关键不仅在于能力，更为重要的是坚持不懈。正如荀子所说："锲而舍之，朽木不折；锲而不舍，金石可镂。"

缺乏毅力的人，往往有这样的特征：心不专一；缺乏自信；独立性差；自制力弱；不能忍受挫折，遇到困难就退缩。

毅力必须在正确目标指引下，目标不正确的毅力，越坚持损失越大。如红军时期"打得赢就打，打不赢就走"，不能说没有毅力。中国革命的胜利是"坚定正确的政治方向"和"灵活机动的战略战术"的有机结合。"文革"的目标错了，越坚持损失也越大。

十、协调成才规律

人才的成长，处在一个受多因素制约和影响的开放系统中，需要主观与客观的协调一致，即在锤炼内在成才因素的同时，不断认识环境，反馈调节，适应环境，改造环境，才能做出创造。

协调的宗旨在于达到成才目标。

协调分为"内协调"和"外协调"两大基本领域。

内协调包括品德协调、知识结构协调、智力因素和非智力因素协调和健康协调。如一些很有才华的人却栽倒在品德或健康面前，一些博士生却走上了自杀的道路等。

北京师范大学林崇德教授认为，30年研究的结论是：创新型人才＝创造性思维（智力因素）＋创造性人格（非智力因素）。[①] 这也充分说明了智力因素和非智力因素协调发展的极端重要性。

外协调包括时代协调、职业协调和家庭协调等（大、中、小环境协调）。

以调节类型来划分，又可分为常态调节、顺境调节和逆境调节。常态调节的中心环节是通过优势积累，早日取得被社会承认的突破性成果，早日由潜人才变为显人才。

协调贯穿于成才的全过程。

从宏观方面来看，人口资源、人力资源与人才资源是一个逐层收缩的金字塔，高层次人才居于塔尖。建筑物的高度都是与其基础的宽实程度成正比的，人才队伍建设也是如此。高层次人才的生成数量取决于整个人才队伍的基数，并且存在一个相关的系数关系。高层次人才队伍建设一定要与中初级人才队伍建设相协调。

第三节　部分微观人才成长规律（二）

一、师承效应规律

师承效应是指在人才教育培养过程中，徒弟一方的德识才学得到师傅一方的指点，从而使前者在继承与创造过程中与同行相比，少走弯路，达到事半功倍的效果，有的还形成"师徒型人才链"。如何让师承效应取得成功，这里有一个"双边对称选择"的原理。双边对称指的是师徒双方在道德人品、学识学力与治学方略三个方面是对称的。根据这个规律，培养人才特别是培养高层次人才一是要重视发挥师承作用，二是要强调双方的自主选择和相互对称。只有导师和学生之间建立起良好的相互尊重、相互促进和青出于蓝而胜于蓝的互动关系，更多的优秀人才才能脱颖而出。

二、共生效应规律

共生效应指人才的成长和涌现通常具有在某一领域、单位和群体相对集中的倾向，具体表现为"人才团"现象，就是在一个较小的空间和时间内，人才不是单个出现，而是成团或成批出现。其特征是：高能为核，人才团聚，形成众星捧月之势。主要包括三种情

[①] 林崇德等著：《创新人才与教育创新研究》，经济科学出版社2009年版。

况：一是地域效应；二是时代效应；三是团队效应。目标科学、结构合理、功能互补、人际关系融洽的团队，有利于一大批成员取得良好的成就。

根据共生效应规律，在人才培养和造就上应注意探索共生效应的内在机制，以利于大批培养和大批发现人才。

三、"十年磨一剑"成才规律

"十年磨一剑"成才规律即累积效应成才规律，指没有一定的量变是不可能有质变的，重要成果的取得都是优势累积的结果。要成才一定要注意自己优势的累积。聚焦成才是一种优势累积的主要途径。

"长期积累，偶尔得之"，大凡事业上有建树的人，都要经历量变到质变的过程，都要勤于积累、善于积累。著名数学家华罗庚曾说过，聪明在于积累，天才在于勤奋。古语也说，积土成山，积跬致远，厚积薄发等。

"十年磨一剑"成才规律告诉我们，要磨出好剑（成才），必须目标明确并且专一，同时要有一定的时间积累。许多科学工作者认为，要想在科研中哪怕是取得一般的成就，除了需要科学工作者具有较强的"成就取向"和确定正确的奋斗目标之外，必须经过本学科的严格学习与技能训练，具备本学科的专业素质与技能，必须有十年以上的时间积累和经验积累（即"十年规则""一万小时法则"）。通过十年左右坚持不懈的努力学习、勤奋工作、刻苦钻研，具备积极进取的心态，才有可能取得成就。鲁迅也曾说过，无论做什么，只要选定目标，积之十年，定可以成为一个专门家。这种现象在其他行业也有类似，只是时间长短不同。没有一定时间的积累是不可能在某行业有所成就。任何一个行业，如果个人勤奋努力、专心钻研并讲究方法，这个积累过程可以短一些。如做到认准目标，善于积累；处处留心，勤于积累等。

四、期望效应规律

现代管理激励理论告诉我们，人们从事某项工作，采取某种行动的行为动力，来自个人对行为结果和工作成效的预期判断，包括：

（1）工作（事业）吸引力。
（2）成效和报酬的关系。
（3）努力和成效的关系。

根据这个规律，应注意在本行业加强成就意识的教育，使每个员工都能具有发展事业、做好工作的使命感和危机感。同时，对于各类人才的努力，作为领导者一定要注意通过多种方式及时激励，使人才在奋斗的过程中不断得到物质和精神上的满足（至少是多劳多得），这样人才才能不断获得奋斗的动力，并争取最终获得成功。

五、人才成长离不开"伯乐"的规律

伯乐原指春秋战国时期一位善相马的著名人物，真名叫孙阳。伯乐后来还将毕生相马经验总结写成我国历史上第一部相马学著作——《伯乐相马经》。后用"伯乐"比喻善于发现、推荐、培养和使用人才的个人或集体，"千里马"指优秀人才。宋朝文学家韩愈曾说过："世有伯乐，然后有千里马。千里马常有，而伯乐不常有……"优秀人才的成长离不开"伯乐"的发现和培养，是人才成长的一个重要规律。发现和培养优秀人才的"伯乐"越多，优秀人才越容易脱颖而出。如周恩来在遵义会议上全力支持毛泽东重新"出山"；毛泽东发现和重用了邓小平、粟裕等；在知青的成长中，这方面的例子也有很多，如曾被评为"中国经营大师"的曾有知青经历的罗活活（女），就是曾宪梓先生在一个偶然的机会发现并给予重用的。

六、时代理想同实现条件相统一规律

一个人成为什么样的人才，成为什么层次的人才，是由他所具有的时代理想的方向、水平和实现其理想的主客观条件共同决定的。没有理想不行，没有实现理想的必要条件和主观努力也不行。如没有显微镜和电子显微镜的发明，就不可能有现代生物技术的发展。故奋斗目标不仅要反映时代的需要，也要讲究可行性。需要和可能是对立的统一。在这个问题上，我们既要防止将永远不可能或暂时不可能看作可能的"左"的倾向，如"永动机""人有多大胆，地有多大产"和"跑步进入共产主义"等，也要防止将今天经过努力有可能实现的事情看作不可能的右的倾向，如莱特兄弟发明飞机，当时许多人认为是不可能的并且有很多失败的教训。大庆石油工人"有条件要上，没有条件创造条件也要上"的精神是应该永远发扬的。人类的发展史就是不断挑战"不可能"、努力将不可能转化为可能的创新历史，人也在这过程中由一般人转变为人才甚至大师级人才。这背后既要敢于冒险，也要有实事求是的科学态度。

七、顺势而为的成才规律

孙中山有句名言："世界潮流浩浩荡荡，顺之者昌逆之者亡"，俗话也说："识时务者为俊杰"。走历史必由之路，顺历史潮流而动，在成才道路上往往就能够做到事半功倍，顺势成才。历史上许多人才首先不是赢在"才"上，而是赢在"识"上。如同样是黄埔军校的毕业生，人生选择不同，结局也大不相同。

顺势而为，关键是对"势"要有一个正确的认识。1937 年 7 月 7 日，日本发动了全面侵华战争，尽管国民党正面战场许多将士坚决抵抗并付出了很大牺牲，但日寇还是在不到半年内就攻陷了当时的首都南京，几年内就攻占了我国近千座城市。当时许多国民对这个"势"认识模糊，"亡国论"很有市场，甚至当时的国民党副总裁汪精卫也投降了日本。而中国共产党及其所领导的人民军队在中华民族到了最危险的时候，坚持抗战、坚持持久战、坚持统一战线这个"势",从而不仅为中华民族作出了杰出贡献,自己也实现了从小到大、由弱到强的历史转变……

人生的成长道路上,固然不应畏惧"逆水行舟",但如果能"顺水行舟"、顺势而为则更容易取得成功。

八、人才的新陈代谢规律

人才的新陈代谢规律即人才量的积累和质的更新的相互转化的规律。这个规律揭示了人才的产生、发展和衰亡的过程。人才是质和量的统一体。人才的质就是人才区别于其他人的特殊的本质,即人才的创造性。人才的量是指人才主体诸要素的程度、水平、规模,以及诸要素排列组合的方式。人才的新陈代谢分为继承期、创造期和衰亡期。继承期是人才经过学习、锻炼到成才的时期。创造期是人才从事创造性劳动为社会做贡献的时期。衰亡期是人才创造力枯竭的时期。无论是人才个体还是人才群体都要经历这三个不同的阶段。人才的新陈代谢过程就是非人才向人才转化,低层次人才向高层次人才转化的过程和人才创造力衰退后向非人才转化的过程。要使人才充分发挥自身的创造性,关键就在于采取一切可能的措施,创造一切可能的条件,缩短人才成长的继承期,推迟衰亡期,延长创造期,努力使人才衰亡和生理死亡同步。

自然淘汰和社会淘汰是人才新陈代谢的两种基本形式。其中由于自然因素,如生老病死引起人才创造力的衰竭就称为自然淘汰;由于社会因素引起的人才淘汰称之为社会淘汰。社会淘汰又根据引起社会淘汰主要原因是客观因素还是主观因素而分为被动式的社会淘汰和主动式的社会淘汰。

九、人才竞争规律

人才的创造活力本质上是社会竞争的产物,竞争择优规律是推动社会创新发展的基本动力。形成一个公平、公正、公开的人才竞争环境,鼓励创新,支持创新,是许多国家实现赶超发展的成功经验,也是发达国家长期保持科技领先、竞争优势的重要原因,人才的成长同样要通过竞争。因此,人才工作要鼓励创新、爱护创新,使一切创新想法得到尊重、一切创新举措得到支持、一切创新才能得到发挥、一切创新成果得到肯定。

第四节 部分成才公式

人才学的成才公式,与自然科学的数学公式不同,不是精确性的,而是概然性的。

一、微观

（1）爱因斯坦的成功公式：$m = x + y + z$，其中 m 代表成功；x 代表艰苦劳动；y 代表正确的方法；z 代表少说空话。

（2）爱迪生的成功体会：天才就是1%的灵感加上99%的汗水。

（3）袁隆平的经验总结：成功 = 知识 + 汗水 + 灵感 + 机遇

（4）成才（方向、动力、水平）= 时代理想（具体方向和抱负水平）× 实现条件（自身素质和环境条件）

（5）绩效 = 智力 × 活力

（6）成才动力 = 目标期望值 × 实现概率

（7）$X = F(A·B·C·D·E·Z)$。

其中 X 代表成才；A 代表遗传；B 代表个人努力；C 代表教育；D 代表环境；E 代表实践；Z 代表机会；F 为六个因素的函数。

（8）$C = FK$。

其中 C 代表成才的必要有效劳动量；F 代表以成才为目标的劳动；K 代表劳动的科学方法或劳动的有效系数。

（9）$Z = XY$。

其中，Z 代表一生成就；X 代表有效速度；Y 代表时间。

二、宏观

$$Z = A + B + C = A + (A - Y) + (B - X)$$

其中，Z 代表国家强大；A 代表人才培养量；B 代表人才拥有量；C 代表人才使用量；Y 代表外流量；X 代表闲置量。$B = A - Y$，即人才拥有量等于人才培养量减去人才外流量；$C = B - X$，即人才使用量等于人才拥有量减去人才闲置量。

第五节　部分群体人才成长规律

群体人才是指一个组织的人才，是许多人才个体围绕一定的目标而组织起来的群体。这种组织既包括正式的组织，也包括非正式的组织。

一、人才结构优化规律

人才结构优化规律是指根据社会发展对人才的要求，对人才系统中各构成要素的排列组合方式进行动态调节，使其结构不断优化，功能逐步增强的必然联系过程。无论是人才群体结构,还是人才个体结构,都是一个独立的有机的系统。这两个系统的功能能否得到正常的发挥,取决于系统的机构是否合理,要建立起合理的人才结构,就必须遵循人才结构优化规律,根据社会对人才的要求和人才素质的变化,对人才结构进行调节,使之不断优化。人才结构只有达到了优化状态,无论是人才群体还是人才个体才能正常发挥作用,产生出 1+1>2 的整体效应。

二、共同愿景凝聚效应律

该规律指人才群体一旦形成共同愿景,就会产生强大的向心力和凝聚力,聚焦于目标实现,从而使该群体得以成长和发展。实践证明,组织的共同目标与共同愿景具有凝聚力,能够把群体中人才的力量集中于目标之下,产生强大的人才能量并进而产生显著的创造成效。如海尔集团等许多优秀企业的员工都在该企业共同愿景和价值观下努力工作。

三、互补优化效应律

该规律指人才群体内组成该群体结构诸要素处于互补状态,从而使群体结构优化,则有利于人才群体成长和发展。实践证明,群体各维度的结构状态,决定着人才群体创造的功能和效果。如果结构呈现互补合理的状态,决定着人才群体创造的功能和效果。如果结构呈现互补合理的状态,则群体的功能最大;否则,结构单一偏颇不合理,则群体的功能会降低。这是系统论中结构决定功能的基本原理的具体体现。

第六节 部分宏观人才成长规律

一、时势造就人才规律

该规律指一定时代的社会需要和社会发展条件综合作用,必然造就出一定量和质的人才,并且人才出现的数量和质量由社会需要度和社会条件发展度决定,并与之成正比。这个规律反映了社会的人才总体同社会发展之间的必然联系。如唐宋时期,我国出现了不少著名诗人和文学家;西方文艺复兴时期成为一个需要巨人也产生巨人的时代;新民主主义革命时期,我国产生了众多的军事家;在网络化、智能化时代,产生了许多高新技术企业家;在"大众创业、万众创新"的今天,也必将涌现出更多的大师。

二、人才发展与经济发展相互促进规律

该规律指在一定的历史阶段,人才发展与经济发展之间是互动协调、相互制约、相互促进、共同发展的内在关系。如人才聚集与产业聚集相互带动,创新驱动实质上是人才驱

动,高科技产业与高技术人才之间的相互促进,等等。

三、人才空间位移和分布规律

人才空间位移是一种人才地理现象,指人才由于某种原因而离开自己的工作区域和生活区域,从而形成不同区域的人才流动。而人才空间分布是人才空间位移的结果。人才空间位移有多种类型:政治性、经济性、文化性和自然灾害性等,根本原因是生产力发展的要求。如古代中原地区的人口因战乱等原因大批迁移到江西、广东等地并形成独特的客家人;唐宋时期中国文化中心的逐步南移,浙江省和江苏省成为中国文人学者最大发源地是文化原因;中华人民共和国成立以来近2000万知识青年上山下乡主要是政治原因和经济原因;改革开放以后不仅大部分知青返城就业,而且众多农民工进城务工,专业人才"孔雀东南飞"的同时又形成了"出国就业潮"等,又主要由于经济原因。今天,创新驱动和"一带一路"建设也会形成新的人才空间位移。人才的空间位移又形成了人才点、轴、网、面等人才聚集现象。

四、人才供求规律

从宏观上说,人才供求规律是最基本的人才规律,人才供给和需求的动态平衡是决定经济社会又好又快发展的重要因素。保持人才供求的动态平衡,一方面需要培养大量的掌握一定知识和技能的人才,满足经济社会发展对人才的需求;另一方面需要加快经济结构调整和社会事业发展,深化用人制度改革,为人才发挥作用创造更大的空间和良好的社会条件。

改革开放以来,我国人才资源总量不断增加,人才素质明显提高,人才结构进一步优化,人才使用效能逐渐提高,但人才的培养与使用脱节、紧缺与浪费并存的现象还很严重,人才资源与经济社会发展需求不相适应的问题还很突出。如大学生就业难的问题日趋突出,但一些服务业人才匮乏的现象并不少见。

五、改革促进人才成长规律

马克思主义关于生产关系一定要适应生产力发展的原理也是改革促进人才成长的理论基础之一。人才强国的建成,一靠人才,二靠制度。"人才"加"制度"是历史上一切大国崛起的真正秘密。制度可以理解为生产关系和上层建筑的重要组成部分。一个社会能否能做到大师涌现,关键看是否有合理的制度;一个社会能否做到人才辈出,也是检验其人才制度是否先进的重要衡量标准。改革是推动创新人才成长的重要动力。只有坚持改革先行,通过全面深化改革,不断破除一切束缚创新人才成长的桎梏,不断提高人才的活力和效率,如给各类人才松绑,强化知识产权的"保护板",打造市场竞争的"跳板"等,做到最大限度地激励人的创新积极性,不断完善研发人员的流动制度和不断优化人才引进制度和评价制度,才能让人才的创造潜能充分激发、释放出来,才能不断解放和发展生产力。

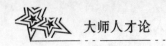

第七节 部分大师人才成长规律和特点

由于大师成长的特点与一般人才不同,故其成长的特殊规律也不同。以科学大师成长规律为例。

(1) 顺势而为是人才成长的重要规律之一,科技创新是历史发展的必然趋势。大师是最早取得大成果的人,尊重科学研究的规律也就是尊重科学大师的成长规律。

习近平总书记于2016年5月在全国科技创新大会上所作的《为建设世界科技强国而奋斗》的报告中明确提出了"抓科技创新,不能等待观望,不可亦步亦趋,当有只争朝夕的劲头。时不我待,我们必须增强紧迫感,及时确立发展战略,全面增强自主创新能力。我国科技界要坚定创新自信,坚定敢天下先的志向,在独创独有上下功夫,勇于挑战最前沿的科学问题,提出更多原创理论,做出更多原创发现,力争在重要科技领域实现跨越发展,跟上甚至引领世界科技发展新方向,掌握新一轮全球科技竞争的战略主动"。"要成为世界科技强国,成为世界主要科学中心和创新高地,必须拥有一批世界一流科研机构、研究型大学、创新型企业,能够持续涌现一批重大原创性科学成果","要尊重科学研究灵感瞬间性、方式随意性、路径不确定性的特点,允许科学家自由畅想、大胆假设、认真求证。不要以出成果的名义干涉科学家的研究,不要用死板的制度约束科学家的研究活动。很多科学研究要着眼长远,不能急功近利,欲速则不达。要让领衔科技专家有职有权,有更大的技术路线决策权、更大的经费支配权、更大的资源调动权"。这些要求,均是对大师成长规律的进一步揭示。

(2) 赵忠心在《大师的阶梯》一书中,通过介绍牛顿、麦克斯韦、达尔文、杨振宁、丁肇中等100位世界名人的成长道路,揭示了早期教育、早期兴趣、特殊才能和父母等家庭成员的良好影响对于大师成长的极端重要性。人才的成长与家庭的经济环境、文化环境、教育环境和人际环境等均有重要影响。

如何从幼儿阶段就开始进行创造力开发,胡灵敏等在《创新人才培养》一书中认为,只有民主型的家庭教育,才有利于孩子创造力的发展。兴趣是幼儿创造力发展的基础,"四大解放"是幼儿创造力发展的关键("四个解放"即解放儿童的头脑,解放儿童的双手和嘴巴,解放儿童的眼睛,解放儿童的空间和时间)。另外,根据左右脑分工理论,左脑是知识的脑,右脑是创造的脑。从小要更重视右脑的开发。在基础教育阶段,就把传授科学知识与培养创造力结合起来。

(3) 美国心理学家艾伯特认为,天才就是取得杰出成就的人,而天才的关键构成是创造性能力。美国著名科学社会学家朱克曼认为,诺贝尔科学奖获得者在其成才过程中的一个突出特点是充分体现了优势积累。

(4) 我国著名国学大师、晚清学者王国维曾在《人间词话》中提出过，古今之成大事业、大学问者，必须经过三种境界：

第一种境界："昨夜西风凋碧树。独上高楼，望尽天涯路。"即做学问成大事业者，首先要有执着的追求，登高望远，瞰察路径，明确目标与方向，了解事物的概貌。

第二种境界："衣带渐宽终不悔，为伊消得人憔悴。"即比喻成大事业、大学问者，不是轻而易举，随便可得的，必须坚定不移，经过一番辛勤劳动，废寝忘食，孜孜以求，直至人瘦带宽也不后悔。

第三种境界："众里寻他千百度，蓦然回首，那人却在，灯火阑珊处。"即做学问、成大事业者，要达到第三境界，必须有专注的精神，反复追寻、研究，下足功夫，自然会豁然贯通，有所发现，有所发明，就能够从必然王国进入自由王国。

(5) 任智韬等在《中外成才方略》一书中提出了需求层次决定成才高度规律，该规律指在其他条件相对不变的情况下，一个人的需求层次越高，即目标越大，成功成才动机越强，人才成长的层次就越高。反之，一个人的需求层次越低，则目标越小，人才成长的层次就越低。

人的心理发展的一般过程是，需求引发动机，动机推动行为，行为就指向一定的目标。但人的需求又是分层次的，按照马斯洛需求层次理论，人的需求分五个层次，依次为生存需求、安全需求、社交需求、尊重需求和自我实现需求五类。这五类需求又可分为生理需要和精神需要或物质需要和精神需要。前者属于低层次需要，后者属于中高层次需要。其中自我实现属于最高层次的需要，最高层次又细分为若干层级，一个人需求的层次越高，即目标越远大，就决定了人才期望攀登的高峰越高，从而也决定了人才成长的层次越高。我们欲成为顶尖级人才，就要树立远大的理想，不断提高自己的需求层次，一步一步朝着需求塔尖目标不断进取。

(6) 重庆市经济管理干部学院罗利建教授在《钱学森之问——大师是怎样炼成的》一书中认为：

1) 大师成长第一定律是理性传统与工匠传统相结合。

2) 大师成长第二定律是多元知识结构形成多元思维。

3) 大师成长第三定律是适度知识并善于竞争。

4) 大师成长第四定律是好问善疑而成学派帅才。

5) 大师成长第五定律是自信、独立、坚韧。

他还认为，要使大师能更多涌现，必须保证独立思考、思维自由；"沉下去"即深入基层是科学研究的重要成功之道；天才出于创新，创造性思维对人才成长起着关键作用，百折不挠才能成就大师等。

(7) 戴永良在《成长的足迹——诺贝尔奖之路探秘》一书对诺贝尔奖获得者的成功之路进行了分析总结，提出了一些规律性的总结：

1) 正确认识自我是自信的基础，也是走向成功的起点。认识自我，就是要认识自己的优势、劣势、自己的与众不同和发展潜力，给自己找到一个在社会上最合适的定位，使生命的价值达到最高点。

2）选择适合自己的道路。成功是多元的，并没有贵贱之分，适合自己的、自己擅长的就是最好的，也就是成功的。勇敢地走自己的路，才会有突破，有成就。

3）在攀登科学高峰的道路上，要正确对待逆境。在一定条件下，阻力和挫折是动力的源泉。对于一个科学家来说，在阻力面前退缩不前，那他就不可能成为一名科学家，有主观能动性的人至少有成功的可能，而丧失了动力的人则是最大的悲哀，因为他永远都不可能成功。

4）良好的大学教育是诺贝尔奖的敲门砖。要创造尽可能多的机会进入一所大学深造，进入一所名牌大学将是最好的选择。

5）起步很早，这是诺贝尔奖获得者的共同规律；但起步较慢，度过不安定的年代后，集中精力加速地对科学发展做出贡献的人，也不少见。

6）精博的导师是诺贝尔奖的引路人，导师对学生不能以分数论英雄，要看潜质，看发展。导师往往是"杰出成就的诱发者"。选好导师，是走向成功的十分重要的环节。

7）教会学生发现问题和学习的方法比灌输知识更重要。一个人只有掌握正确的学习方法，掌握自主学习的能力，才能在一生中不断获得新的知识。

8）兴趣是探索事物发展的催化剂，是一个人走向事业成功的开始。古今中外，卓有成就的人无不对自己所从事的事业有强烈的浓厚的兴趣。

9）冷静观察是发现科学奥秘的前提。想象力是打开科学大门的法宝。好奇心为你在科学领域创造最好的机会。

10）热爱科学研究，始终坚持怀疑一切、否定一切的学习态度。要有长期的思考、忍耐、执着和勤奋的精神。

11）有坚定自信、坚韧不拔、不怕挫折、一丝不苟的毅力。

12）善用直觉和敢于怀疑。几乎所有的诺贝尔奖获得者都有坚持自己的直觉和敢于向权威提出挑战的美德。在科学的道路上，没有怀疑，就没有探索；没有探索，就没有突破；没有突破，就没有发展。

13）抓住机遇。如果我们把机遇比作一匹飞奔而至的马，谁获得它的帮助，就能加快速度，到达职业光辉的成功点。要抓住机遇，个人必须具备三个条件：识马、敢于跃马和有能力驭马。

14）要专一。不求知道一切，只求发掘一件。在科学的道路上，我们不可能进攻所有领域。只有那些对某一学问作专一、持久研究的人才可能达到科学的光辉顶点。

15）注意合作研究，不要单打独斗。

16）功到自然成，敢于向诺贝尔奖的目标迈进。

17）因地制宜，选择合适的研究机构作为自己发展的舞台。

18）研究方向要与时代接轨。

19）我们任何时候都有机会。科学不是被年轻人独占的游戏，而是中年人可以同时演出的舞台。

20）科学知识积累不够，儒家文化的学以致用的实用主义价值观妨碍了中国人的思维，缺乏科学家群落等是中国向诺贝尔科学奖进军的短板。

（8）由中共中央组织部人才工作局编写的《百名专家谈人才》一书中，对大师问题也有一定的论述，如：

1）世界顶尖级人才的缺乏，是我国建设世界一流大学的瓶颈问题。

2）重大创新成果造就科学大师，而大成果产出必须要有一个学术气氛浓厚、宽松的环境，有一个静心搞学问的氛围。只有站在科技发展的最前沿，站在巨人的肩膀上才能出大成果。

3）从诺贝尔奖得主和我国两院院士的成长看这两类科技拔尖人才的培养主要是通过两段式（有"科教结合"的学习背景）、双通道（国内外两种学习经历）、长周期（从本科到博士生教育）、三因素并重（知识、能力、素质的综合品质）、五步法（"价值教育—通识教育—基础教育—专业教育—实验教育"的成长路线）等路线培养。

4）要站在世界一流起点，参与世界一流竞争，做出世界一流成果。

5）敢于做大学问，出大成果。

6）对基础研究人才的培养应该是少而精的精英式教育。

（9）许多院士的人生体会均从多种角度上揭示了大师成长规律，比如：

1）王梓坤的科学发现纵横谈。

科学发现无他，需要的是对人民的忠诚，不知疲倦的苦干和巧干。不谋私事谋国事，甘当孺子老黄牛。

2）李大潜的数学人生。

① 基础理论研究与应用问题研究同样重要。

② 科学和人文的双翅。

③ 做人做事做学问。

④ 向科学进军，要做到基础好、脑子好、品格好。

⑤ 成功的秘诀：诚、恒、学、问。

⑥ 老老实实做人，老老实实办事，老老实实做学问。

⑦ 聪明和才能都要靠积累，没有恒心，见异思迁，一曝十寒，天资再高的人也不可能有所成就。

⑧ 学习一是要打好基础，二是学习的最终目的是为了创造。

⑨ 不会发问，进不了科学大门。要问在点子上，问出水平来。

⑩ 志向高远，心志平和。

3）李政道的艺术情。

① 越往前走，艺术越是要科学化，同时科学也要艺术化。两人从山麓分手，又在山

顶会合。

②科学和人文相贯通，科学与艺术结合的学问之道。

③成才道路上的关键一步得益于青年时期文理相通的努力。将不同学术领域打通。

（10）我国多个著名人才学家均对我国高层次人才问题有较深入的研究，比如：

1）中国人才研究会学术委员会副主任、华东师范大学叶忠海教授通过对上海市近300位学术技术带头人的深入调查，对科技领军人才成长的一些规律性得出了一些重要结论。

科技领军人才成长过程相对于一般人才成长过程具有两个特点：一是多次性，二是曲折性。

领军人才的成长遵循人才源—准人才—潜人才—显人才—领军人才这样的基本过程。科技领军人才成长不是直线、平坦的发展，而是迂回曲折、高低起伏的。

2）中国石油大学原党委书记郑其绪教授认为，培育出一代代学术大师是我们的历史责任。学术带头人是既有学术造诣又有组织领导才能的人。学术带头人是人才链上的顶级人才，即领军人才。因此，学术带头人既要学术一流，又要境界高尚。学术带头人的基本条件应有：

第一，精深的学术造诣，即必须在学术领域里具有战略眼光，包括能把握其研究领域的全局，及时掌握最新、最前沿的信息；能占领制高点，登高望远，科学规划学科的发展；必须具有标志性成果，尤其是拥有几项标志性的、在一段时间内不可取代的成果；必须具有良好的学术风气和严谨的治学态度。

第二，善于带队伍，包括具有带队伍的意识，具有带队伍的能力，具有带队伍的资格。带队伍应该是一个学术带头人应该具备的最重要的素质。

第三，科学的思想方法，主要表现在实事求是、辩证思维、把握适度等方面。①

3）赵永乐教授认为，高层次人才往往处于各个领域的专业前沿，素质高、能力强、贡献大、影响广。高层次人才成长过程既有普通人才的成长规律，又有自身的成长特点。其自身成长的特点是具有资本性、自主性、创新性、团队性和风险性等成长特点。其中，资本性成长指高层次人才的人力资本投入均比一般人才的人力资本投入大甚至大很多。②

（11）大师级人才成长与创新息息相关，没有创新就没有人才，更没有大师人才。故创新规律也是大师人才成长必须遵循的规律。

胡灵敏等在《创新人才培养》一书中提出了影响创造力发展的外因因素主要有文化、教育等因素。

文化因素：人的创造能力是最容易受文化影响的能力，也是最容易受到压抑和挫伤的能力。包括文化传承、政治制度、社会生活在内的文化环境与创造力之间存在着密切关

---

① 郑其绪：《英才之路》，党建读物出版社2014年版，第117页。
② 赵永乐：《求索中国特色人才路》，党建读物出版社2014年版，第310－311页。

系。文化环境的开放性和进取性是激发创造力的先决条件。落后保守、不合时宜的文化观念、政治制度、民族习俗对创造力的发展有巨大的束缚力量。为了促进创造力，我们必须要准备好适宜于创造力的气候，即优良文化：包括创造基因的文化与具有潜在创造性的个人相结合，才会产生创造力。

教育因素：联合国教科文组织指出，教育既有培养创造精神的力量，也有压制创造精神的力量。教师的教育观念不同，其所鼓励、赞赏的行为也各不相同，有的强调独立思考、好奇心、冒险性、尝试探索、自信、果断，有的强调勤勉、礼让、循规蹈矩、自谦、服从。在这两种教育环境中，受教育者的创造力水平是不同的，前者明显高于后者。不同的教学行为，如教学态度民主、尊重学生意见、允许大胆思考、鼓励学生提问、注意因材施教、言语幽默的教师以及创造性的教学方法，更能培养出有高度创造性的学生。[1]

在当代，落后的教育从根本上影响了国民素质的提高，因而也制约了民族创造力的发展。具体来说，一是义务教育起步较晚；二是高等教育发展滞后；三是人才培养目标存在偏差。[2]

该书还认为，杰出的创造性人才是教育、培养的结果，唯有创造力极强的人，才具有获得诺贝尔奖的潜质，创造力的开发是突破传统教育模式的关键，而创造教育的关键是创新型教师。创新型教师必须具有创新素质，创新素质是教师在创新教育中所表现出来的创新理念、创新知识和创新人格，是教师的个性素质、教育理念、知识素质和智能素质的综合反映。其中个性素质包括创造激情、创造兴趣和创造意志；教育理念包括更新教师角色，更新教育目标，更新教育方法；知识素质包括数量、质量和结构体系；智能素质包括稳定的注意力、敏锐的观察力、深刻的思维力和丰富的想象力，特别是教育信息的加工能力和从事教育科研的能力。

要重视教师创新素质的培养，具体有：
1）努力创设有利于创新型教师成长的外部环境。
2）树立创新教育的理念，激发教师的创新动机。
3）努力开展教育科研，培养教师的创新能力。

良好的环境有两个特点：
一是能高度宽容、支持言论自由和社会标新立异。
二是能让人感到身心安全和身心自由。

只有这样的环境才能鼓励教师去思考、去探索、去假设、去发现，才能鼓励教师去自由地表达自己的独到见解，通过反复讨论取得创造性的成果。[3]

---

[1] 胡灵敏等：《创新人才培养》，郑州大学出版社2015年版，第54至56页。
[2] 胡灵敏等：《创新人才培养》，郑州大学出版社2015年版，第74页。
[3] 胡灵敏等：《创新人才培养》，郑州大学出版社2015年版，第118至127页。

笔者在《创新人才学概论》一书中，提出了创新的若干主要规律和特点：
1) 创新与人才紧密联系。
2) 先继承后创新。
3) 人人都可以创新。
4) 既异想天开又实事求是。
5) 创新能力与学历不成正比关系。
6) 创新是创意加行动。
7) 不满往往是创新的起点。
8) 课题确立合适是重大创新关键。
9) 创新机遇往往发生在日常平凡和细节里。
10) 条件限制创新。
11) 各类智力成果和生产力发展实现良性循环。
12) 创新的不确定性。
13) 尊重知识产权等。
(12) 全面贯彻"大知识观"（即掌握知识、应用知识和创造知识相统一）的规律。
(13) "得"与"失"对立统一规律。

要想干成大事业，要想攀登新的科学高峰，这是"大志"，其成功了就是"大得"。而"得"往往是与"失"相伴的，没有"失"就没有"得"，要"大得"往往先要付出"大失"的代价。爱迪生一生有2000多项发明（包括他的团队所创造的），令人羡慕，但他的勤奋程度也是远超过普通人的，甚至他在婚礼途中也突然跑去实验室了；马克思为了创立马克思主义，牺牲了他和他的妻子燕妮的许多幸福；鲁迅一生奋斗，经常连喝咖啡的时间都用在了工作上。当年"两弹一星"的功臣们无条件服从国家的需要而奔赴荒凉的戈壁滩……就是在今天，马云在创立阿里巴巴的过程中，也曾"失"了很多。

在攀登事业高峰的过程中，往往失败多于成功，甚至有"失败"是常态，成功是偶然的说法，这就更增加了"失"的分量，即"失"大于"得"甚至"失"也不一定有"得"。当然，我们要尽量避免失败，理智选择科研项目和奋斗目标，有所不为有所为，不打无准备之仗，不打无把握之仗，尽量提高成功率，尽量争取事半功倍。

中国科学院院士、控制论与系统科学家郭雷曾说过："'世人都晓大师好，唯有世俗脱不了'，许多人都想着做出不平凡的成果，但是在生活上却不舍得放弃常人普遍都在追求的表面的东西，不愿表现出一点不平凡。无数事实证明，只有不平凡的行动才能孕育出不平凡的科学成就。"如果没有"失"的心理准备、没有自我牺牲的精神、没有个人服从组织的全局观念，往往很难成功，更很难成为大师。如屠呦呦所取得突出成果的科研项目是当年国家的重点科研项目。

案例一

"袖珍超级大国"是如何炼成

以色列国土面积约 2.5 万平方公里，人口 800 万左右，年降雨量不足 200 毫米。自然资源贫乏，1948 年建国后在强敌环伺的中东地区迅速崛起，在电子通信、生物技术、军事、化工等领域居于世界领先地位，并涌现了 5 个诺贝尔科学奖得主和 2 个诺贝尔文学奖得主，堪称"袖珍超级大国"，赢得世界各国的赞誉。以色列能取得如此辉煌的成就，与其高度重视创新密不可分。

尤其在教育、创新文化和投入等方面。

1. 别具一格的教育模式

创新驱动的发展本质上是人才驱动的发展，而教育为创新发展提供了不竭的源泉。在以色列的教育理念中，孩子提出问题的能力比解决问题的能力更重要，越是一般人认为不可能做的事情，就越有创新的机会和可能。以色列中小学教育关注孩子的天性，注重寓教于乐，在游戏中培养孩子的参与感、规则意识与竞争意识，从而提升其表现自我的能力。以色列的课程设计多以"解决问题方案"为主，教师引导学生提出目标、组成团队，共同寻找解决问题的方法和技巧。以色列的大学教育注重对学生创新创业能力的培养，支持每个大学成立孵化器并进行资金资助。在教学中采取灵活的学分制，学生可以根据自己的需求，缩短或延长学习时间，因而大学生创业热情很高。

2. 包括失败的创新文化

创新创业是艰难的历程，最终脱颖而出获得成功的终究是少数。虽然以色列的创业者比例在全球位列前茅，但并不意味着其能完全规避失败的风险。在以色列投资者看来，如果不能包容相当数量的失败，真正的创新也就不可能实现。由于以色列实行普遍义务兵役制，培养了以色列人敢于质疑、挑战权威、不怕犯错误的精神，大家对失败采取一种宽容的态度，注重强调检讨创新过程中的不足，而非追究失败者的责任。因而以色列社会各界对创新非常包容，没有人会因为创业者的失败对其冷嘲热讽，反而对这一群体非常尊重。从某种程度上说，正是因为对创新失败的包容，以色列年轻的创业者们不存在任何后顾之忧，敢于求新求异，不断提出新观点、新创意，一大批创新型产品得以问世，进而改变了整个世界。

3. 持续稳定的研发支出

研发支出占 GDP 比重是衡量一国重视创新与否的重要参考指标。从 20 世纪 60 年代开始，以色列就加大了对研发的支持力度，投入大量资金进行科技创新与技术研发。

以色列政府的研发投入主要来自教育部、科技部和工贸部。教育部主要投入基础性、前沿性、具有"公共产品"属性的研发项目。科技部重点支持国际科技的交流与合作。工贸部则侧重于促进以色列经济发展的技术产品研发以及支撑以色列高技术产业的知识研究。当然,企业自身的研发和投资也非常重要,以色列企业在研发方面的投资也是全球排名第一。正是得益于高强度的研发支出,以色列才能厚积薄发,在通信技术、生命科学、计算机软件、医疗器械等高新技术领域创造出世界一流的科技成果,其高科技产品占全国出口额的70%以上,引领世界创新潮流,是典型的"小国大创新"。

案例二

大师之家

梁启超是近代中国戊戌变法的主要人物之一,又是著名的国学大师。但难能可贵的是,他不仅自己成为了杰出人物,而且很重视对子女的教育,培养了多个大师级子女,如儿子梁思成是建筑学大师,儿子梁思永是考古学大师,儿子梁思礼是航天火箭方面的大师,女儿梁思庄是我国著名图书馆学家,儿子梁思远又是著名经济学家。而梁思成的儿子梁从诫又是历史学家和环境保护专家。梁启超的家庭,成了"大师之家"。

梁启超共有子女十人,长大成人的有思顺(女)、思成、思永、思忠、思庄(女)、思达、思懿(女)、思宁(女)、思礼九人,多人就读过世界名校,其中梁思顺毕业于日本女子师范学校;梁思成毕业于美国宾夕法尼亚大学;梁思永毕业于美国哈佛大学(硕士);梁思忠毕业于清华大学后到美国留学,先后就读美国弗吉尼亚军事学院和西点军校;梁思庄在加拿大读中学,毕业于美国哥伦比亚大学;梁思达是南开大学硕士研究生毕业;梁思礼毕业于美国普渡大学。在梁启超九个子女中,除了梁思成、梁思永、梁思礼是中国科学院院士之外,其他也很出色,比如,梁思顺是诗词研究专家;梁思忠原是国民革命军十九路军炮兵上校,在"一·二八"淞沪抗战中表现出色,后因医疗事故不幸英年早逝,年仅25岁。梁思懿是中共党员,著名社会活动家,曾就读燕京大学历史系,是"一二·九"运动的学生领袖,被誉为"燕京三杰"之一,后到美国学习,中华人民共和国成立前夕回国参加社会主义建设;梁思宁也是中共党员,曾就读南开大学,后投身于革命参加了新四军,在陈毅手下工作。他们在抗日战争期间,多人走上了抗日战场,共赴国难。多人在中华人民共和国成立前夕回到祖国并为建设祖国做出了突出贡献。

梁启超在培养子女的过程中尊重子女的专业选择,重视兴趣在成才中的重要作用,认为每个人除了要在自己的学业、职业中找到乐趣,还要在生活中寻找乐趣。他积极创造条件让子女到国内外名校接受良好教育;同时,通过多种形式培养子女的爱国心。他认为,让子女接受教育的目的就是为了国家的振兴和子女有更好的前程,在他一生的奋斗中,脑中从未忘一"国"字。

梁启超培养子女的成功密码,集中反映在《梁启超家书》一书上,该书与《曾国藩家书》《傅雷家书》一起,被誉为中国20世纪三大家书。

案例三

新时代中国知识分子的楷模

黄大年（1958—2017），男，广西南宁人，1975年10月参加工作，著名地球物理学家，国家"千人计划"专家，吉林大学地球探测科学与技术学院教授，博士生导师，全国优秀共产党员，新时代我国归国留学人员的杰出楷模，广大知识分子的优秀代表。习近平总书记还专门作出批示，号召全国人民特别是知识分子向黄大年同志学习。

黄大年出生于知识分子家庭，"文革"期间随父母下放到广西贵县等地，青年时期就立下了"振兴中华乃我辈之责"的宏大志向。1977年恢复高考时，黄大年以广西容县杨梅公社考生第一名的成绩考入长春地质学院应用地球物理系（现吉林大学地球探测科学与技术学院），在该校本科毕业后留校任教，并在该校继续攻读硕士学位，1991年破格晋升为副教授。1992年公派去英国利兹大学地球科学系攻读博士学位，是同批留学生中唯一来自地学领域的博士生。1996年12月以优异成绩获得该校博士学位，为了追赶世界科技发展潮流，他获得博士学位回国后再次到英国从事非常前沿的科研工作——地球深部探测技术，几年后成长为国际著名航空地球物理探测技术专家。他秉持"祖国的需要就是最高需要"的人生信条，2009年毅然放弃了国外优越条件，谢绝了许多国际友人的挽留，作为国家"千人计划"人才回到了祖国。回国后他以强烈的报国之志和拼搏精神，争分夺秒，取得了一系列重大科技成果，填补了多项国内技术空白，引领中国在多个科研领域跻身于世界前列。他还首创了我国高校第一个新兴交叉学科学部，对培养国家高精尖人才也有强烈的紧迫感和使命感。黄大年认为："世界科技的竞争，往往没有第二，只有第一。"他经常勉励学生"一定要出去，出去了一定要回来；一定要出息，出息了一定要报国""要树立远大理想和家国情怀，不能只做国内的佼佼者，应视发达国家一流大学的学生为对手"。黄大年最想做的，就是带出一批像样的年轻人，在地球物理研究的国际舞台上，站得住脚，有话语权，让中国的脊梁挺起来。他还认为莘莘学子学成归来，报效祖国，才是最大的成功，才是人生最大的价值。

第六章　大师级人才的培养

第一节　大师级人才的培养意义和特点

一、大师级人才的培养意义

大师级人才是"四两拨千斤"的人才，是各领域攻坚克难的领军人物。实现中华民族伟大复兴的"中国梦"，关键是人才，特别是大师级人才。而教育是培养人才的主要途径。尽管我国教育事业有了巨大发展，在校大学生已经跃居世界第一，但数量上去了，质量仍有一定的差距，离建设人才强国、科技强国的目标还有相当的距离，我们还很缺乏国际级大师人才和各行各业的大师人才，以致著名的"钱学森之问"应该经常给我们警醒。"高端引领"也是我国建设人才强国的重点之一。

二、大师的一些特点和成长条件

大师就是与一般人才相比能取得大成果、有大学问和大智慧、能解决大难题的人，其具有一般人才不同的特点，如特别有志气，特别勤奋，有较强的学习力和创造力，有的小时候就显示出特别聪颖，等等。其成长必须具备一般人才成长的共性条件，也有自己的特殊条件，如实验室条件、经济条件、出国留学和国际学术交流条件、思维条件、正确确定奋斗目标和百折不挠的毅力等条件。

大师的一些特点和成长条件详见第二章第四节。

第二节　教育是培养大师级人才的主渠道

教育是培养大师级人才的基础，是从娃娃学步到逐步"站到巨人肩膀上"的过程。教育的内容很多，如：

（1）按功能来分，可分为学校教育、家庭教育、社会教育和自我教育。

（2）按人生各阶段接受教育的性质来分，可分为学前教育、基础教育、高等教育（或职业技术教育）、终身教育。

其中，高等教育包括专科、本科、硕士研究生、博士研究生的教育和博士后工作站的研究工作经历。高等教育不仅是专业性教育，也包括出国留学。

（3）按是否是学历教育来分，可分为学历性教育和使用性培养（终身教育）。

高等教育是大师成长的关键阶段，许多大师在这个阶段确定了专业发展方向和人生发展方向。不仅掌握了丰富的知识，而且懂得了"渔"的基本方法，还结识了终身受益的导师并建立了自己事业发展的初步人脉关系。

培养大师级人才，就是在各类教育或教育的各环节上都要有利于各类未来大师的成长，比如在幼儿园阶段就开始进行创造力开发活动，培养好人的基本能力如语言能力、记忆能力、观察能力、想象能力和好奇心等，在中小学教育阶段巩固和发展好这些能力，并在掌握知识的同时，注意德智体美全面发展。有的学校从本科阶段就设立导师制，有的学校在招生环节上采取灵活政策，有的学校适当缩小必修课的课程范围，扩大选修课范围等，保持一定的淘汰率，真正做到宽进严出。

图书馆在人才成长中具有十分重要的作用。有的大师级人才在学生时代不一定很喜欢学校所安排的课程甚至自己所学的专业，但却通过阅读学校图书馆所提供的丰富书籍、通过学校实验室所提供的实验条件而走上大师的道路。一些大师的学历有高有低，但爱读书、爱学习、爱思考是共同的特点。故无论是学校图书馆还是社会图书馆均会在这方面起到重要作用。

外语的听说读写译能力是大师成长的必要条件。有的大师还熟悉多国语言。英语是国际语言，许多科技信息和出版物都是用英语表达的，如果不熟悉英语，就无法及时了解到国际上的新信息，也很难与国际竞争。北京大学王选之所以能在新的印刷技术革命中做出突出贡献，与他能熟练阅读国际科技信息很有关系。

习近平总书记曾说过，人的成长首先要将"第一粒纽扣"扣好。这个"第一粒"纽扣我认为就是志气和价值观。教育的主要职能就是帮助受教育者自由而充分地发展，将自己的潜力充分释放出来，将做事和做人统一起来。而树立大志气和正确的价值观是最重要的。如果一个人从小就树立了"以学术为己任""以天下兴亡为己任""以做大事、取得大成就为己任"的价值观，他就会有不断克服困难、努力攀登高峰的强烈上进心和内驱力。如袁隆平1953年毕业于西南农学院，并分配到湘西怀化地区洪江市安江镇的安江农校任教。在教学当中，袁隆平不满足于仅当一名合格的中专老师，还想在农业科研上搞出点名堂来……希望自己的人生有所作为，这是袁隆平人生的"第一粒纽扣"。

大师级人才的成长，还要肯钻研、有毅力和讲究方法等。没有钻研精神，就提不出有价值的问题，也不能发现前人没有解决好的问题。

培养人才，不仅要培养受教育者德智体全面发展，培养他们具有丰富的知识，更重要的是培养他们立志成为大师级人才的志向、百折不挠的毅力以及创新意识和创新能力。

学习力、就业力（专业力）和创新力是成为大师级人才的最重要的能力。大师级人才的培养应重点聚焦在如何提高这三种能力上。

要培养大师级人才，一定要重视通过科研培养人才。而要搞科研，必须要有项目。

科研项目主要有：

（1）国家级科研项目。如屠呦呦当年从事青蒿素的研究以攻克疟疾，就是国家级科研项目。

（2）地方级科研项目。钟南山院士所在的广州医学院呼吸道研究所，原来很多科研项目都是属于地方级科研项目。

（3）横向合作科研项目。如大学与企业合作的科研项目。

（4）自选科研课题项目。法拉第、爱因斯坦等所进行的很多科研项目都是自选科研课题项目。

只要教育的每个环节都切实做好，准大师级人才就可以大批涌现。而在众多教育中，自我教育和实践具有关键作用。在大师队伍中，有一批自学成才的大师，他们的学历并不高，关键是他们有较强的学习力和创造力。故现代大师的成长道路应该是较高的学历+较强的（自学能力+创造能力+实践能力），其中思考力包括在创造能力内。

第三节　遵循大师成长规律

任何人才的成长必须遵循人才成长规律和社会主义市场经济规律，才能事半功倍。大师级人才的成长除了必须遵循人才成长一般规律之外，还必须遵循大师成长的特殊规律，其中每类大师又有不同的特殊规律。大师人才成长规律详见第五章第七节。

对于经营大师的成长规律，不少专家学者也进行了研究，比如，赵永乐教授认为，新型产业的领军人才（经营大师）应具备如下10个方面的素质。

（1）必须拥有广博而扎实的基础知识和精深而领先的专业知识。不仅如此，还应具有很强的学习能力，及时更新陈旧知识，吸纳最新最前沿的科研成果，不断推出具有自主知识产权的新知识，构建自己特有的一流知识体系。

（2）必须掌握科学而系统的思维方法和研究方法。不仅如此，还要具有创造性的个性，很强的探索意识和动手能力，不管是个体还是群体，非此都不能进行科学探索、研究创新和实施应用。

（3）必须具有战略眼光。能洞察并把握相关科技和产业领域发展前沿的动态和趋势。要带领一个团队去从事相关专业领域的开发研究，就必须知道这个领域在哪里，已知领域有多大，近年来发展的趋势是怎样的，今后发展的态势如何、前沿在哪里，怎样才能攻克……不仅如此，还应掌握内外环境的分析方法和相应的预测技术。

（4）必须有强烈的事业心和锲而不舍的追求精神，敢冒风险。不怕失败。科学研发和企业经营是一种充满未知因素的特殊事业。这种事业的成功是在屡经挫折和多次失败的基础上建立起来的，没有坚强的意志和毅力就难以为继。科学家和企业家都是冒险家，终生与风险打交道。要能够在挫折面前认真总结经验教训，耐心解决各种问题。

（5）必须能化远景为现实，善于将奋斗目标变为行动计划。找出突破口或关键点，策划并组织攻关。要能化个人意志为众人行动，善于带领大家共同奋斗，实施计划，实现目标。

（6）新兴产业领军人才是一项事业的经营者，所以应有经济学头脑，要有很强的产业意识、成本意识和时间意识，还要善于经营和运作。既要讲求产出和效率，也要把握规范和流程。特别是在创业的过程中，还要有市场意识和客户意识，讲究质量和服务。

（7）要有惊人的个人魅力，拥有一批铁心的追随者。即使在事业的低谷时期，也能获得这些追随者死心塌地的拥护。还要严于律己，宽以待人，善于用人，能调动属下的积极性，充分发挥每一个成员的作用，有效地控制团队和局面。

（8）善于进行上下左右内外的沟通协调，建立各种性质的合作同盟关系，使内部资源一致化，外部资源内在化，各种资源配置优化。此外还要珍惜自己的"名片"，言必行，行必果，信守承诺，量力而行。

（9）要能缔造积极、健康的创新性企业文化，不仅能实现以目标领军，更重要的是能实现以价值观领军。要善于将自己的理念转化为群体的意识，为全体成员所接受和认可。对大家既起到激励作用，又起到约束作用。

（10）要有健康的体魄和心态。经得起劳累，耐得住寂寞，承受得了压力。

其中第一至第五点属于专家素质，是经营大师的基础；第六至第九点属于领军素质，是经营大师的关键；第十点属于个人身心素质是经营大师的前提条件。要成为经营大师，必须经过三个环节，即教育和学习阶段（第一至第二点）、专家实践阶段（第三至第五点）和领军实践阶段（第六至第九点）。而个人身心素质贯穿于成长的全过程。①

综上所述，大师成长的过程就是胸怀大志、德才兼备、面向世界一流、面向大成果而脚踏实地学习、实践和创新的过程，就是个人和团队相结合尽快走到本领域前沿并早日有所突破的过程，也是持续出创新成果并逐步成为某领域领军人物的过程。在这个过程中能取得世界级创新大成果的就是世界级大师，能取得国家级创新大成果的就是国家级大师，能取得地方级创新大成果的就是地方级大师。

---

① 赵永乐：《求索中国特色人才路》，党建读物出版社2014年版，第310-311页。

第四节　抓紧培育更多的大师级人才

抓紧培育更多的大师级人才，这是实现"中国梦"的迫切需要。

大师级人才一靠引进，二靠培养。从根本上来说，引进是为了更好的培养，培养重于引进。各行各业许多掌握核心技术的大师级人才必须主要靠自己培养；我国的大学如果培养不出世界一流的人才，也很难成为世界一流大学。

要培育更多的大师级人才，首先是教育部门要不断深化改革。邓小平对教育所提出的"面向现代化，面向世界，面向未来"的战略要求，应该继续切实贯彻好。其中"面向世界"的重点要"面向世界一流"，"面向未来"的关键是"面向创新"，特别要重点办好中国科学院和研究型大学，使我国早日有更多的高校进入世界一流大学的行列，并使各类教育协调发展。在这方面，国家有关主管部门和有关高校均有自己的发展战略和许多有力的措施。其他高校也要主动作为，根据自己的长处培养更多的大师级人才。如杭州师范学院培养了马云，西南农学院和湖南怀化地区的安江农校培养了袁隆平，这些都说明了地方院校也可大有作为。

在校大学生应该树立大知识观，即掌握知识、应用知识和创造知识的统一。美国等西方国家在教育方面比较重应用知识和创造知识而相对"轻"掌握知识，而我国的教育传统则是重掌握知识而"轻"应用知识和创造知识。这应是我国科学大师与西方国家之间的差距在教育方面的重要原因。作为各类在校大学生要充分发挥自己的主观能动性，打破大师神秘感，从小立志成为大师级人物，并在各方面严格要求自己，注意全面发展，重点培养自己的学习力、实践力和创造力。如果我们的大学生连"人心向学"都成了问题，就难以造就大师级人物了。历史上许多大师均有苦难的童年，与历史上许多大师级人物相比，我们今天的条件不知道要好多少倍了。在校大学生特别要向许多自学成才的大师级人物学习，努力提高自己的自学能力，永远卧薪尝胆、笨鸟先飞、加倍努力，力争使自己的人生早日取得大的成果。

中山大学近年来将人才培养目标具体确定为"德才兼备，领袖气质，家国情怀"。并围绕这个目标采取了许多有力措施。在这过程中不少著名教授提出了许多精辟思想，如地质学家张培震院士认为，"领袖"可以理解为"各界的精英和帅才"。领袖一定是追求卓越之人，担当奉献之士；领袖一定视野广阔、胸怀豁达、理想远大；领袖一定具备舍我其谁的气概、脚踏实地的刻苦、百折不挠的毅力。如何培养"领袖气质"？他认为，在学生时代，最重要的是怀揣理想，规划好个人发展目标，并努力去实现。但是，理想不等于空想，理想与现实结合，要通过脚踏实地的努力奋斗才能实现。著名化学家计亮年院士认为，优秀的学生都具有如下品格：德才兼备、以德为先、团结助人、以身作则、爱专业爱家园爱祖国。勤奋、认真、毅力和机遇,这些都是优秀人才不可或缺的重要条件。著名语言文学家黄天骥教授认为,要成才就要创新,要思考,要懂得怀疑。"尽信书不如无书",同样,"尽信师不如无师"。我们要用审视的态度来对待学问。孙中山先生说,学生要立志做大事,不要立志做大官。"领袖的气质"就是做大事的能力。我们的同学要成长为有干大事本领的学生,有引领群雄能力的学生。我们必须志存高远,超越自己,超越前人……

除此之外,中国农业大学校长提出办好一所大学关键是"大师、大策和大楼";华中科技大学贯彻建设"学生、学者与学术的大学"的教育思想,秉承"育人为本、创新是魂、责任以行"的办学理念;厦门大学多次举办院士讲座,引导学生们努力向院士学习,积极营造良好的大师氛围。这些大学大力培养具有领袖气质创新型人才的做法,是我国许多高校大力培养各行各业大师级人才的一个缩影。

各行各业都有大师级人才,也都迫切需要大师级人才。创新就是领先,领先是成为大师的重要条件。各行各业的有志人士都要积极投身到创新驱动的洪流中去,特别是热爱研发,立志成为创新型人才,在"大众创业、万众创新"和转型升级中早日取得大的创新型成果。

案例一

伟大的犹太人

智慧创造财富，影响世界历史进程的犹太名人，历经劫难却越挫越勇。整个人类文明和历史中，犹太人在科学、思想、政治、文化和艺术等众多领域中，都闪烁出非凡的智慧之光，这与犹太人的文化传统很有关系。

犹太人比较热爱奉读的《塔木德》多次提到了要重视教育，重视学习，珍惜时间。犹太民族人才辈出，应该和他们勤奋学习的精神很有关系。

要有所建树，就需要思想家有批判精神，敢于否定前人的、权威的理论成果。犹太民族确实诞生了许多思想家。

对教育的重视，对知识的批判精神，对智慧的崇拜，从而造成了他们善于学习、善于接受各种挑战的性格。而这些性格，都使他们开阔了视野，接受最先进的各种理论，这都给他们在艺术领域的创作提供了文化底蕴。

严格的家庭教育，其智慧与其传统相关，但更为重要的是环境和时代使然。

他们影响着昨日的世界，他们改变着今日的世界。

越是具有坚定的信仰意志，并且越是受到迫害的种族，便越会诞生伟大的人物。在人类族谱中，犹太人显然属于最出类拔萃者，这个充满智慧的民族产生了上百位诺贝尔奖获得者，影响着今日世界的诸多领域。

在经济方面，全世界最有钱的资本家中，犹太人占了一半。美国排名前400的富豪中，四分之一是犹太人，华尔街的金融精英中50%是犹太人。罗斯柴尔德家族曾控制欧洲经济命脉长达200年。

在政治方面，犹太人凭借强大的经济实力，通过长线投资，很容易进入西方国家的政府机构。随着现代以色列国的崛起，犹太人对世界政治的影响力越来越大。

在科学方面，爱因斯坦、马克思、弗洛伊德是最杰出的代表，他们所创造的理论体系分别象征了人类在自然科学、社会科学和心理科学这三大领域中的思想最高峰。

在文化方面，海涅、门德尔松、毕加索的作品让人惊叹于天才与普通人是如何的不同！在当代美国的一流作家中，犹太裔作家占了60%以上。犹太人控制了美国的《纽约时报》《时代》《新闻周刊》《华尔街日报》等主要报纸杂志和三大电视网ABC、CBS、NBC。在好莱坞，犹太人制片、编剧、导演、演员占统治地位。

犹太人的惊人财富，犹太人的聪明能干，犹太人的杰出成就，让世人惊叹不已。我们要向犹太民族学习，努力把握自己的人生，实现自我，追求卓越，在物质和精神的富足中过好自己的一生。

案例二

喜好读书促使他获得成功

朱尔斯·包尔德特是比利时著名微生物科学家，1919年诺贝尔生理学和医学奖获得者。

1870年6月，包尔德特出生于比利时布鲁塞尔西南的索格尼市一个富裕的知识分子家庭。父亲爱好读书，也喜欢藏书。他父母认为，一个没有藏书的家庭好似一个没有灵魂的躯体。所以，他父母购买了许多书籍，连同祖父留下来的书籍，他家就像一个小图书馆。

他家每一个房间都放有书架，书架上的书都是摆得满满的。这种家庭生活环境，使包尔德特从小就特别喜欢读书，常常达到入迷的程度。家里人都管他叫"小书迷"。

父母看到儿子喜欢读书，非常高兴。他们非常关心包尔德特的学习，只要是儿子需要的书，无论价钱有多贵，父母都舍得拿钱给他买。要是发现更好的书，本市买不到，父母一定托人到国内其他地方去买，甚至不惜托人到国外去买。每逢重大节日或家里人喜庆的日子，父母总是要给他一些钱。包尔德特从小懂得，这些钱不是给他买糖果的，也不是买新衣服的，他拿这些钱去买回一些新出版的书籍，充实家里的书库。

包尔德特在读书学习中逐渐成长为英俊少年。他爱好读书的兴味，也随着年龄的增长而变得更加浓厚。在往返首都和索格尼的公共汽车上，乘客常常可以看到他坐在车上的角落里，专心致志地看书。有时也有一些漂亮的姑娘故意去挑逗他，他也从不为之所动。由于看书入了迷，他常常到了站也不知道下车，总是要服务员提醒他，他才恍然大悟。

经过十多年的勤奋努力，包尔德特掌握知识的进度大大超过他的同龄人。当别人还在布鲁塞尔各中学念书时，他已经是布鲁塞尔大学医学院里的高才生了。22岁那年，包尔德特就取得了医学博士学位……

高尔基说过："书籍是人类进步的阶梯。"家长对孩子进行智力投资，最有效的投资是购买书籍。包尔德特后来的成功，应当说得益于家长在他小时候所创造的读书的环境和条件。

案例三

数学大师的"安专迷"

华罗庚是杰出的数学家，虽仅有初中学历，但其一生发表数学研究论文200余篇，专著和科普性著作数十种，为我国数学科学的发展和普及工作做出重要贡献。有人说他是数学天才，他认为：天才出于积累，聪明在于勤奋。

华罗庚从小家境贫寒，初中毕业后，在上海上了一年职业学校。因交不起学费，只好辍学回家帮父亲料理小杂货店。但他并没有屈从于命运的安排，毅然开始自学生涯。他每天坚持自学10个小时以上，没有纸，就用包棉花用的废纸写字、演算。他明白，求学问必须循序渐进，持之以恒。要学到真本领，就要花大力气，绞尽脑汁，付出辛勤的劳动。

日复一日，华罗庚沉醉在数学王国中。有时候顾客要买东西，喊他听不见，问他答非所问。顾客要买香烟他拿来了火柴，要买棉花却给了灯草。因此被人称为"罗呆子"。5年间，他自学了高中和大学初年级的全部数学课程。

华罗庚在《科学》上发表的文章引起了清华大学熊庆来教授的重视。1931年，他被调到清华大学数学系任助理员，从此踏上了一条通往学术的征途。在清华大学人才济济的环境中，华罗庚立下了一个宏愿：以过人的努力，追求自己的成就。他的座右铭是："见面少叙寒暄话，多把学术谈几声""人家受的教育比我多，我必须用加倍的时间以补救我的缺失，所以人家每天8小时工作，我要工作12小时以上才觉得心安"。后来当被问及成功的秘诀时，他认为"勤能补拙是良训，一分辛劳一分才"。基于勤奋与努力，他在清华大学只用了5年时间，就从助理员、助教进而到英国剑桥大学研究深造。在进修期间他一心只求学问，两年里写了10多篇论文，深得著名数学家哈代的赞誉。

1938年，华罗庚放弃攻读博士学位的机会，回国后在西南联合大学任教。学校召开资格审查委员会会议，全体一致通过了他的教授资格。他在旧民居用香烟筒自制油灯的艰苦环境里，历时2年完成了有名的专著《堆垒素数论》。1946年他应邀赴美，历任普林斯顿数学研究所研究员、普林斯顿大学和伊利诺伊大学终身教授。中华人民共和国成立后，他更是为祖国数学事业的发展做出了杰出贡献。

第七章 中国大师涌现的主要历史时期

中国是世界四大文明古国之一。在中华民族几千年的发展史上，涌现出众多中华民族文化的杰出代表，而且为人类文明做出了重大贡献。

第一节 春秋战国至南北朝时期

一、春秋战国时期（公元前770—公元前221）

春秋战国时期是中华民族历史上百家争鸣、圣人辈出的时代，涌现出众多大师，如大哲学家、思想家、道家学派创始人老子，大思想家、大教育家和政治家、儒家学派创始人、世界十大文化名人之首的孔子，著名思想家、教育家、仅次于孔子的儒家学派创始人孟子，著名思想家、哲学家、文学家庄子，著名思想家荀子，著名思想家、哲学家、教育家、科学家、军事家、墨家学派创始人墨子，著名军事家孙子，著名哲学家、法家思想集大成者韩非子，著名政治家、思想家商鞅和著名发明家鲁班，等等。

二、秦汉朝时期和三国时期（公元前221—公元280）

秦汉时期是中国历史上第一个大一统时期，也是统一多民族国家的奠基时期。

三国时期是兵荒马乱但也是人才辈出时期。

在这个历史时期，科学技术和文学艺术均得到进一步发展，并取得不少领先于世界的成就，如一贯为中国古代人们所重视的天文历法、算学、医药学，又有了新突破。造纸术的发明与改进，更具开创性，它对人类文明发展的影响巨大而又深远。另外，佛教传入、道教始创，对中国古代传统文化有着深刻的影响。

著名的"丝绸之路"即"陆上丝绸之路"和"海上丝绸之路"均开端于秦汉时期。

这时期的大师主要有著名哲学家、思想家和政治家董仲舒，其改造了儒家思想，确定了儒学的统治地位；我国出现第一个女史学家班昭；著名史学家、文学家和思想家司马迁写出了我国第一部通史巨著《史记》；史学家、文学家班固；著名哲学家王充，其专著《论衡》是中国历史上一部不朽的无神论专著；这个时期的著名思想家、玄学家有何晏、王弼等，其中王弼只活了24个春秋，但在玄学方面的贡献很突出。在天文学、地震学等多方面取得杰出成就、被誉为"科圣"的著名科学家张衡,其发明的地动仪,比西方国家用仪器记录地震的历史早1000多年;著名数学家刘徽,其所编著的《九章算术》是我国第一部数学专著,并形成了我国古代算学的完整体系,也是世界数学名著。在这个时期,中医药理论体系初步形成,表现在成书于汉朝、反映中医药学早期成就的两部著作:《黄帝内经》是中国古代长期以来由多人反复修订补充而到汉朝才编定,形成了中医的基础理论;《神农本草经》是我国现存最早的药物学专著,全书录有3000多种药物,并均有详细说明。另外,东汉末年杰出的医生华佗,以外科手术著称于世。华佗发明麻沸散,是世界外科麻醉术的首创。东汉"医圣"张仲景,他的名著《伤寒杂病论》,主要是诊断中的辨症方法和切合病情的多种治法与方药。张仲景的学术思想和有关病症的论述,为中医临床的辨症施治奠定了基础。

另外,秦始皇嬴政,秦国政治家、文学家和书法家、丞相李斯,汉朝时期的刘邦、项羽以及张良、韩信、萧何、范增等,三国时期的曹操、刘邦、诸葛亮、孙权等群雄,也是这个时期的杰出人物。其中,秦始皇还被誉为"千古一帝"和世界百名杰出人物之一等。

中国四大发明之一的造纸术的主要贡献者、湖南籍的蔡伦(63—121年)是这个时代的人物。

三、晋朝、南北朝等时期(公元281—公元580)

这个时代也有一些杰出人物,比如:

炼丹家和医药学家葛洪(284—345),江苏人,东晋时期著名的道教领袖,他学贯百家,思想渊深,著作弘富,不仅对道教理论的发展卓有建树,而且学兼内外,于治术、医学、音乐、文学等方面亦多成就,同时又是预防医学的倡导者。著有《肘后方》,书中最早记载一些传染病如天花、恙虫病症候及诊治。"天行发斑疮"是全世界最早有关天花的记载。其在炼丹方面也颇有心得,丹书《抱朴子·内篇》具体地描写了炼制金银丹药等多方面有关化学的知识,也介绍了许多物质性质和化学反应的可逆变化,是我国化学发展的先驱。

陶渊明(352—427),东晋著名诗人,田园诗鼻祖,其成就可与后来的李白、杜甫、苏轼等比肩。

著名数学家祖冲之(429—500)是南北朝时期的人。

著名地理学家郦道元(470—527),河北涿州市人。从少年时代起就有志于地理学的研究。他喜欢游览祖国的河流、山川,尤其喜欢研究各地的水文地理、自然风貌。足迹遍及今河北、河南、山东等地,调查当地的地理、历史和风土人情等。他阅读了大量古代地理学著作,积累了丰富的地理学知识。《水经》是三国时代桑钦所著的一部地理学著作,郦道元利用自己掌握的丰富的第一手资料,在《水经》的基础上加以完善和整理,完成了《水经注》。其著作奠定了地理、水文等学科研究的基础。

第二节 隋唐时期

隋唐时期是从公元 581 至公元 907 年。

隋朝（581—618），尽管只有 37 年，但却是中国历史上经历了魏晋南北朝 300 多年分裂之后的大一统王朝。也为唐朝的全盛发展奠定了基础。其中，科举制度、大运河等均为这个时期的杰作。

唐朝（618—907），是中国历史上继隋朝之后的大一统王朝，也是中国历史上最强盛的朝代之一。共历 21 帝，享国 289 年。

唐代科技、文化、经济、艺术具有多元化特点，在诗、书、画各方面涌现了大量名家。唐朝文化兼容并蓄，接纳海内外各国民族进行交流学习，形成开放的国际文化。

这个朝代涌现了大量的杰出思想家、文学家等，如著名思想家、文学家韩愈、柳宗元位于唐宋八大家之首，中国历史上第一个状元、三元及第，都诞生于唐朝。

唐朝最令人瞩目的文学成就是唐诗。自陈子昂和"初唐四杰"起，唐朝著名诗人层出不穷，盛唐时期的李白、杜甫、岑参、王维，中唐时期的李贺、韩愈、白居易，晚唐时期的李商隐、杜牧是其中的几个代表。其中李白被誉为诗仙，杜甫被誉为诗圣，他们的诗作风格各异，既有对神话世界的丰富想象，又有对现实生活的细致描写，既有激昂雄浑的边塞诗，亦有沉郁厚重的"诗史"，还有清新脱俗的田园诗。这些诗作共同构成了中国文学成就的杰出代表。后世宋、明、清虽仍有杰出诗人出现，但律诗和古诗的总体水平都不如唐朝诗人，使得唐诗成为了中国古诗不可逾越的巅峰。《全唐诗》收录数量最多的大城市为长安、洛阳。

唐朝的文化、制度、社会特点几乎全部承袭隋朝，唐朝在一定程度上是隋朝的伸展，故历代史学家常把它和隋朝合并成"隋唐"。

唐朝的美术家、雕刻家、书法家也大量涌现，如唐朝的壁画事业特别发达。莫高窟与墓室壁画都是传世精品。唐朝的雕刻艺术同样出众。敦煌、龙门、麦积山和炳灵寺石窟都是在唐朝时期步入全盛。龙门石窟的卢舍那大佛和四川乐山大佛都令人赞叹。其中，雕刻家杨惠之被称为塑圣。欧阳询、虞世南都是初唐著名书法家。颜真卿和柳公权是唐朝中后期的著名书法家。世人称颜柳二人书法为"颜筋柳骨"。张旭和怀素则是草书大家。

玄奘（602—664），唐朝著名的三藏法师，河南人，世称唐三藏，意为其精于经、律、论三藏，熟知所有佛教圣典。他是汉传佛教史上最伟大的译经师，中国佛教法相唯识宗创始人，也是中国著名古典小说《西游记》中心人物唐僧的原型。

在科学技术方面，天文学家僧一行在世界上首次测量了子午线的长度；药王孙思邈的《千金方》是不可多得的医书；公元 868 年，中国《金刚经》的印制是目前世界上已知最

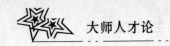

早的雕版印刷。中国的造纸、纺织等技术通过阿拉伯地区远传到西亚、欧洲。

第三节 宋朝时期

宋朝（960—1279）是中国历史上上承五代十国下启元朝的朝代，分为北宋和南宋两个历史阶段，其中北宋167年（960—1127），南宋152年（1127—1279）共18帝，享国319年。

宋朝是中国古代历史上商品经济、文化教育、科学创新高度繁荣的时代。

宋朝的经济繁荣程度可谓前所未有，农业、印刷业、造纸业、丝织业、制瓷业均有重大发展。航海业、造船业成绩突出，海外贸易发达，和南太平洋、中东、非洲、欧洲等地区50多个国家通商。南宋时期对南方的开发，促成江南地区成为经济文化中心。

宋代大兴水利，大面积开荒，又注重农具改进，农业发展迅速。糖已经成广泛使用的食品，出现世界上第一部关于制糖术的专著：《糖霜谱》。

宋朝的丝、麻、毛纺织业都非常发达。西北地方流行毛织业，四川、山西、广西、湖北、湖南、河南等地麻织业非常发达。到了南宋时期，广东雷州半岛地区和广西南部成为棉纺织业的中心。两浙和川蜀地区丝织业最发达。而相关的印染业也因此发达起来。

宋朝也是海上丝绸之路的起始朝代和中国古代四大发明之三大发明（火药、指南针、活字印刷术）的产生朝代。其中活字印刷术的发明人毕昇（约970—1051），汉族，北宋蕲州（今湖北英山县人）。初为印刷铺工人，专事手工印刷。毕昇发明的胶泥活字印刷术，被认为是世界上最早的活字印刷技术。宋朝的沈括（1031—1095）所著的《梦溪笔谈》记载了毕昇的活字印刷术。

宋朝官窑、民窑遍布全国。时有河北曲阳定窑、江西景德镇景德窑等七大名瓷窑，和分布在各地的许多大小瓷窑，所产宋瓷通过海上丝绸之路远销海外。

宋朝时期，主要的造纸材料包括丝、竹、藤、麻、麦秆等。四川、安徽、浙江是主要的造纸产地。纸张的大量生产与活字印刷术为印刷业的繁荣提供了基础。

宋朝造船技术水平是当时世界之冠。宋朝的主要造船厂分布在江西、浙江、湖南、陕西等地区。虔州、吉州、温州、明州都是重要的造船基地。唐太宗时期，全国每年造船就达到3300余艘。到了南宋，由于南方多水加上海上贸易日益发达，造船业发展更快。南宋时代还出现了车船、飞虎战船等新式战舰。

两宋时期，在整个社会经济、文化全面发展的推动之下，科学技术也得到了长足的进步。两宋的科技成就，不仅成为我国古代科学技术史上的一个高峰，而且在当时的世界范围内也居于领先地位。如沈括及他的《梦溪笔谈》；在数学方面，两宋时期可谓在中国古代以筹算为主要计算工具的传统数学的发展过程中，达到了登峰造极的地步，在许多方面都取得了极其辉煌的成就。

这些成就都远远超过了同时代的欧洲。如高次方程的数值解法比西方早了近 800 年，多元高次方程组解法和一次同余式的解法要比西方早 500 余年，高次有限差分法要比西方早 400 余年，等等。贾宪、秦九韶、杨辉等数学家，堪称中国数学发展史上的杰出代表人物。其中秦九韶、李治、杨辉、朱世杰并称宋元数学四大家。至于天文、物理、化学，等等，两宋的成就也令人瞩目。其中，沈括被著名的李约瑟博士誉为"中国整部科学史中最卓越的人物"，而他的《梦溪笔谈》则是"中国科学史上的坐标"。

宋朝时期所涌现出来的杰出人物还有以下：

（1）被誉为唐宋八大家的另外 6 位著名文学家——苏轼、苏辙、欧阳修、王安石、苏洵、曾巩。

（2）北宋著名哲学家、理学派开山鼻祖周敦颐以及程颢、程颐、邵雍、张载号等著名哲学家和易学家。

（3）宋朝著名理学家、思想家、哲学家、教育家、诗人以及儒学集大成者朱熹。

（4）南宋杰出的哲学家、教育家陆九渊。

（5）南宋四大诗人：尤袤、杨万里、范成大、陆游。

著名史学家陈寅恪曾说过："华夏民族之文化，历数千载之演进，造极于赵宋之世。"而西方史学界也有些学者对宋朝给予高度评价，认为是中国历史上的文艺复兴与经济革命。

第四节 元、明朝时期

一、元朝时期（1271—1368）

元朝著名的天文学家、数学家和水利工程专家郭守敬（1231—1316），汉族，河北省邢台县人。著有《推步》《立成》等 14 种天文历法著作。

黄道婆（1245—1330），元代棉纺织家。其感人事迹在江浙一带民间中广泛流传，中华人民共和国成立后，建有黄道婆纪念馆。

二、明朝时期（1368—1644）

明朝定都南京，历经 12 世，共 16 位皇帝，享国 276 年。明朝手工业和商品经济繁荣，出现商业集镇和资本主义萌芽，科学技术和文化艺术有了相当发展。在文学、戏曲、书法、诗文、绘画等方面达到了相当高度的艺术成就。如四大文学巨著中的三部——《西游记》《水浒传》《三国演义》与小说《金瓶梅》均出自明朝。在科技方面，特别在天文、气象、数学、物理、化学、医学、农学等方面也取得突出成就。比如，在14世纪中叶的《白猿献三光图》载有132幅云图，并与天气变化联系起来，绝大部分与现代气象学原理相一致。而欧洲到1879年才出版只有16幅的云图。1383年南京设京师观象台，1439年造浑天仪并安置在北京。1442年北京设观象台。1634年正式安装中国第一架天文望远镜。

从1405年到1433年，明朝派郑和七次下西洋，访问过亚非30多个国家和地区，最远到达红海沿岸和非洲东海岸地区，加强了明朝同世界各国的经济政治上的往来，为中国走向世界做出了贡献。

从明朝开始，中国开始与西方国家接触，如16世纪，新航路开辟以后，葡萄牙人于1511年占领了马六甲。1513年，葡萄牙国王派出一支对华使团前往中国，并在广州登陆，希望与明政府建交。明朝皇帝同意葡萄牙人在澳门开设洋行，修建洋房，并允许他们每年来广州"越冬"。这是西方国家第一次正式登陆中国并接触中国。

明朝的大师级杰出人物主要有：著名哲学家、思想家、政治家和军事家王守仁（王阳明），著名思想家、文学家李贽。另外思想家、史学家、地理学家、天文历算学家和教育家黄宗羲，思想家、史学家、语言学家顾炎武和思想家、哲学家、史学家、文学家王夫之被誉为明末清初的三大思想家，其中，王夫之还是世界最著名的思想家之一。

此外还有《西游记》作者吴承恩，《水浒传》作者施耐庵，《三国演义》作者罗贯中，人物画家吴彬、丁云鹏、陈洪绶、崔子忠、曾鲸和花鸟画家陈淳等。

在科技方面，《本草纲目》作者李时珍、《天工开物》作者宋应星、《农政全书》作者徐光启、《徐霞客游记》作者徐霞客、《针灸大成》作者杨继洲、《外科正宗》作者陈实功等，均是具有很大影响力的大师级人物。

第五节 清朝时期

清朝（1644—1911）是中国历史上第二个由少数民族建立的大一统王朝，也是中国最后一个封建帝制国家，对中国历史产生了深远影响。清朝前期，统一多民族国家得到巩固，基本上奠定了我国版图，同时君主专制发展到顶峰。1840年鸦片战争后进入近代，多遭列强入侵，主权严重丧失。1894年，中国国民党的前身——兴中会成立，中国国民党是孙中山所创建的，曾是中国第一大政党，也是中国历史上第一个资产阶级政党。在国民党和孙中山的领导下，经过了多次武装起义，特别是1911年，辛亥革命爆发，清朝统治瓦解，从此结束了中国两千多年来的封建帝制。

清朝时期尽管有12个皇帝，长达268年，但主要可分为四个阶段：康熙时期、雍正时期、乾隆时期、道光时期和1840—1911年。其中到18世纪中叶，清朝时期的经济发展

第七章 中国大师涌现的主要历史时期

到一个新的高峰,史称"康乾盛世"。如 1685 年,清朝政府设立江、浙、闽和粤四个海关。1758—1837 年,仅停泊在广州黄埔港的外国商船就达 5107 艘,1783 年左右,瑞典"哥德堡号"商船、美国"中国皇后号"商船以及俄罗斯、澳大利亚等国的商船均一次或多次到达过广州黄埔古港,这充分说明了当时对外贸易的繁忙景象。清代人口到 18 世纪后期,已达到 3 亿左右。清朝时期,统一了台湾和新疆,巩固了中国多民族国家的统一,奠定了现代中国的版图,增强了中华民族的团结力和凝聚力。在文化上,康乾时期编纂了几部集大成之作,像《四库全书》《古今图书集成》等,对清理和总结中国历史文化遗产做出了重大贡献。清朝时期在小说、京剧、绘画、医学、地理、农学、建筑、铁路等方面取得一定进步,如清代著名画家、书法家郑板桥等。但就在这个时期,英国完成了资产阶级革命和第一次工业革命。1840 年以后,面对日益深重的民族危机,以林则徐为代表的先进的中国人提出"睁眼看世界""师夷长技以制夷"等正确主张,清朝政府派出留学生出国留学,开展了洋务运动等。但由于不触及腐朽没落政治制度的改革,严重制约了资本主义的发展,又轻视科学技术和闭关锁国,导致中国的生产力特别是科学技术逐渐极大落后于西方,使中国逐步沦为半殖民地半封建社会,清朝统治最终被推翻。

清朝时期在文学和科学技术方面所取得的杰出成就主要有:

(1)清朝小说杰出者众。如曹雪芹(1715—1763)著的《红楼梦》被认为代表着中国古典小说最高水平;蒲松龄(1640—1715)著的《聊斋志异》、吴敬梓(1701—1754)著的《儒林外史》均有很大影响。

(2)清朝科技虽有成就,但是从清初渐渐落伍。也没有让科技知识对中国经济社会发展起什么作用。

(3)在医学方面,乾隆时官修的《医宗金鉴》90 卷,征集了不少新的秘籍及经验良方,并对《金匮要略》《伤寒论》等书作了许多考订,是一部介绍中医临床经验的重要著作。清代名医王清任在医学上有突出的成就,著有《医林改错》一书。他强调解剖学知识对医病的重要性,并对古籍中有关脏腑的记载提出了疑问。他通过对尸体内脏的解剖研究,绘制成《亲见改正脏腑图》25 种,改正了前人的一些错误,为祖国解剖学的发展做出了有益的贡献。

(4)在地理方面,康熙时期,曾组织人力对全国进行大地测量,经过 30 余年的筹划、测绘工作,制成了《皇舆全览图》。这部地图"不但是亚洲当时所有的地图中最好的一幅,而且比当时所有的欧洲地图都更好、更精确"。(李约瑟,《中国科学技术史》)最后在《皇舆全览图》的基础上,根据测绘的新资料,制成了《乾隆内府皇舆全图》。在这份地图里第一次详细地绘出了我国的新疆地区。这两份地图,至今仍有很大的参考价值。

(5)在建筑方面,清代的园林建筑在世界上是享有盛名的。如北京西郊的圆明园、承德的避暑山庄和外八庙、北京的雍和宫等。

(6)在农学方面,清代的农书约有 100 部,尤以康熙、雍正两朝为繁盛。有《钦定授时通考》《广群芳谱》《补农书》等著作。其中,大型综合性农书《钦定授时通考》,

是乾隆二年（1737年），由乾隆帝弘历召集一班文人编纂的。全书规模比《农政全书》稍小。因是皇帝敕撰的官书，各省大都有复刻，流传很广，国际上也颇有声名。

（7）在铁路方面，清朝末年，中国的交通事业有所发展。京张铁路是中国人利用自己的技术力量修成的，在中国铁路史上写下了光辉的一页。

（8）编辑《寿人传》共录自远古至清代的中外天文、数学家316人。这是中国历史上第一部专为科学家立传的著作。

（9）清代科学家在数学等方面也取得了世界领先、世界同步或中国独创的成果。如勇于创新的数学家明安图，在数学方面和地理方面取得世界领先成果分别为2项和1项。在明末清初，中国和欧洲在数学、天文学等方面，已经没有明显差异。

（10）在化学方面，我国系统地介绍西方近代化学基础知识大约始于19世纪60年代。在这一方面，徐寿（1818—1884）做了许多重要的工作，被誉为我国近代科学技术启蒙和杰出先驱。

（11）容闳（1828—1912），广东珠海人，从小在澳门读书，后家里人送他去美国耶鲁大学读书，成为毕业于美国大学的第一名中国留学生，被誉为"中国留学生之父"，清朝政府1872年向西方国家选派了30名幼童赴美留学，受清朝政府委托，由容闳带队。当时仅有12岁的詹天佑（1861—1919）是其中之一。詹天佑到了美国后考入美国耶鲁大学，学成回国后为国家做出了很大贡献，如组织修建了中国第一条由中国人自己设计、建造的铁路，被誉为"中国铁路之父"和"中国近代工程之父"。

（12）尽管清朝末期总体上是腐朽没落的，但也涌现出众多杰出人物，他们积极主张政治（革命）救国和教育救国，主要有：

1）魏源（1794—1857），近代启蒙思想家，主张"师夷长技以制夷"，著有《海国图志》等著作。

2）马相伯（1840—1939），复旦大学创始人。

3）盛宣怀（1844—1916），教育家、实业家，创造了11项"中国第一"：如中国第一个电报局、第一家银行、第一条铁路干线京汉铁路、第一所大学——北洋大学堂（天津大学）、第一所高等师范学堂南洋公学（上海交大等）、第一座公共图书馆，创办了中国红十字会，等等。

4）严复（1854—1921），清末很有影响的资产阶级启蒙思想家、翻译家和教育家，是中国近代史上向西方国家寻找真理的"先进的中国人"之一。

5）梁启超（1873—1929），与康有为一起是著名的"戊戌变法"主要人物之一。

6）张伯苓（1876—1951），清朝和中华民国教育家，南开大学创办人。

另外，我国第一所现代大学——天津大学1896年诞生，上海交通大学1896年成立，北京大学1898年问世，南开大学1904年诞生。

第七章 中国大师涌现的主要历史时期

第六节 民国时期

中华民国（1912—1949）共 38 年。这 38 年共分为四个阶段：

第一阶段是 1912—1927 年。

广东恩平籍的飞机设计师冯如（1884—1912）被誉为"中国航空之父"，在美国莱特兄弟首飞的飞机试验成功的影响下，他创办了中国第一家飞机制造公司，独立设计了多架飞行成功的飞机，其飞机性能比美国莱特兄弟的首飞试验飞机还要先进。他的奋斗精神和成就得到了孙中山的高度评价。

民国聘任蔡元培为首任教育总长。并于 1916 年到 1927 年聘任其为北京大学校长。蔡元培任北京大学校长期间，提倡"思想自由，兼容并包"和"民主办学，教授治校，学术自由"，他认为"大学者，研究高深学问者也"，他始终把延聘名家大师摆在首位，聘请了陈独秀、胡适等一大批优秀学者，允许马克思主义等学说在北京大学传播；他倡导学生们潜心学术、刻苦钻研，以研究学术为天职，从而使原来比较落后的北京大学在师资力量、学术水平等方面很快居于国内领先地位。北京大学后来能成为五四运动和中国共产党的发源地，从而为中国革命做出了突出贡献，无疑与蔡元培所提倡的办学理念分不开。

1921 年 7 月，中国共产党诞生。

1924 年召开的国民党第一次全国代表大会上，孙中山重新解释了三民主义，确立了联俄、联共、扶助农工的三大政策，国共第一次携手合作反帝反封建并且取得北伐战争的伟大胜利，1924 年，孙中山还亲手创办了"一文一武"大学即黄埔军校和广东大学（后更名为中山大学），1925 年孙中山在北京逝世，1927 年国共分裂，蒋介石大肆屠杀共产党等。这使中国革命遭到重大挫折，但中国共产党并没有被吓倒，而是走上了独立领导武装斗争和探索中国革命的正确道路。

我国大部分全国重点大学（如北京大学、清华大学、南开大学、复旦大学、浙江大学、南京大学、东南大学、厦门大学和武汉大学等），都是在这个时期诞生或得到较快发展。

第二阶段是 1927—1937 年。

以蒋介石为首的国民政府在领导全国人民迈向建设现代国家的发展道路上取得一定的成绩，1936 年成为民国时期经济发展状况最好的一年。

1927 年 5 月 9 日，南京国民政府决定成立中央研究院，1928 年任命蔡元培为中央研究院院长一直到 1940 年。

当时中央研究院聘请了有关学科的中国最顶尖人才作为研究员，他们分别是：

物理：丁西林、李书华、姜立夫、叶企孙

化学：庄长恭、吴宪、侯德榜、赵承假
工程：周仁、李协、凌鸿勋、唐炳源
生物：王家楫、秉志、林可胜、胡经甫、谢家声、胡先骕、陈焕镛（后三人是植物学家）
地质：李四光、丁文江、翁文景、朱家骅
天文：俞青松、张云
气象：竺可桢、张其均
心理：汪敬熙、郭任远
社会科学：陶孟和、王世杰、何廉、周鲠生
历史语言：傅斯年、胡适、陈恒、陈寅恪、赵元任
考古：李济
人类：吴定良

这些人物，也是民国时期科学大师的杰出代表。

民国时期也涌现了像鲁迅（1881—1936年）这样的世界文学泰斗。

但1931年"九一八"事变时，蒋介石为首的国民政府面对日益膨胀的妄图吞并中国的日本帝国主义的野心没有给予坚决抵抗，而是实行"攘外必先安内"的政策，一方面倾尽全力对红军进行了多年"围剿"，另一方面却对日寇的得寸进尺一退再退，从而使日本帝国主义得以积蓄了力量最终在1937年发动了全面的侵华战争。

第三阶段是1937—1945年。

抗日战争全面爆发后，中华民族到了最危险的时候，国民政府最终实现了国共合作并号召全国人民共同抗日，"地不分东西南北，人不分男女老幼，都有守土的责任"，但由于政府军的片面抗战，尽管坚决抵抗并付出了巨大的牺牲，但最终抵御不了拥有飞机、大炮和坦克等现代化装备的日寇的武装侵略。据不完全统计，整个抗日战争期间，全国有940多座城市被日寇占领过，许多学校、图书馆、珍贵文物和企业等被毁于战火，中国军民伤亡达到3500万人。特别是南京沦陷后，日寇长达数周的大浩劫是人类文明史上最黑暗的一页。日本侵华战争无疑对中华民族是史无前例的重创。

在这过程中，涌现出许多抗日名将，如彭德怀、刘伯承、杨靖宇、赵尚志、陈赓、李宗仁、卫立煌、张自忠等。

在抗日战争最艰苦的时候，1938年3月4日，作为当时国民政府最高领导人的蒋介石在一次教育工作会议上说，现代国家的生命力，由教育、经济、武力三个要素所构成。教育是一切事业的基本，亦可以说教育是经济与武力相联系的总枢纽。所以，必须以发达经济、增强武力为我们教育的方针。

我们教育上的着眼点不仅在战时，还应当看到战后，我们要估计到我们国家要成为一个现代的国家，那么我们国民的知识能力应该提高到怎样的水准。

基于国民政府对于教育和科学地位的高度认识，在北平、天津、上海、南京等重要城

市沦陷前,国民政府还是能优先考虑并有效组织高校外迁,从而尽最大可能保存了中华文化和教育科技实力。特别是由北京大学、清华大学和南开大学合办的西南联合大学,在抗日战争期间,坚持教育救国和科学救国,坚持"独立之精神,自由之思想",在十分困难的条件下为国家培养了2000多名毕业生,这些毕业生战后多活跃于国内外各学科领域的前沿。不少人被评为中国科学院院士和中国工程院院士。当时华罗庚有句名言:"科学绝不是太次要的问题,我们绝不能等待真正需要科学的时候,再开始研究科学。"

民国时期还很重视留学教育。杨振宁、李政道、钱学森等一大批后来成为我国著名科学家的当年学生能够顺利出国留学,当时国民政府的留学教育政策是重要条件。

1937年,中国有3个留学生到剑桥大学留学,并到英国著名学者、英国皇家学会会员李约瑟所在的生物化学实验室工作,留学生之一的鲁桂珍在工作之余向李约瑟介绍了中国悠久的科学发明和医药学,给身处"西方中心论"环境中的李约瑟带来很大的心灵震动,使他形成了一个"宝贵的信念":中国文明在科学技术史中曾起过从来没被认识到的巨大作用。从此之后,李约瑟对中国科学技术史发生了极大兴趣,开始学习汉语,立志深入研究……这是李约瑟28卷册的《中国科学技术史》巨著的由来。也说明了当时国民政府留学政策对国家所带来的好处。

黄埔军校在抗战结束时与美国西点军校、苏联伏龙芝军事学院、英国桑赫斯特皇家军事学院一起成了世界四大名军校。

第四阶段是1945—1949年。

1945年全国专科以上学校141所,其中大学和独立学院89所,在校生达到83498人。1947年是民国时期高等教育发展的高峰,当时全国高校总计207所,学生155036人,其中大学55所、独立学院75所、专科学校77所。

由于中华民国还是比较重视教育与科学,重视知识分子,鼓励出国留学,在教育和科学方面制定了比较正确的政策,使民国时期培养的大学毕业生涌现出许多大师,他们为后来中华人民共和国的教育科学文化的迅速发展和走向现代化做出了杰出的贡献。他们中间,有的是诺贝尔科学奖获得者,有的是中国科学院院士和中国工程院院士,有的是"两弹一星"卓著功勋者,有的是某现代学科在中国土地上的开拓者。

民国时期还涌现了多个著名大学校长,如北京大学除了蔡元培之外,还有蒋梦麟、傅斯年和胡适等,清华大学著名校长梅贻琦,中山大学第一任校长邹鲁,东南大学(南京大学的前身)第一任校长郭秉文,等等。

在清末和民国时期,我国文坛也涌现了像茅盾(1896—1981)、巴金(1904—2005)、萧红(1911—1942)、沈从文(1902—1988)等文学大师;涌现出多个杰出艺术家,如音乐家聂耳(1912—1935)、冼星海(1905—1945)、贺绿汀(1903—1999);被誉为四大名旦的京剧大师梅兰芳(1894—1961)、程砚秋(1904—1958)、尚小云(1900—1976)和荀慧生(1900—1968);美术家徐悲鸿(1895—1953)、齐白石(1864—1957)、张大千(1899—1983)和电影表演艺术家赵丹(1915—1980)等。

民国时期是中国近代以来走向民族复兴的重要阶段，其中许多历史文化遗产值得我们尊重和借鉴，其中相对比较盛产大师这种现象，也很值得我们去深入研究，至少有这几个符合人才成长规律的特点值得我们去传承：

（1）家风家教打基础。

重视家风家教，《曾国藩家书》等对民国有重要影响，著名的"宋家三姐妹"是民国时期重视家风家教的一个缩影。

（2）重视教育、重视知识分子、鼓励出国留学。

1）重视正规教育，有条件的家庭，均会送子女去读书。

2）知识分子的待遇始终比工人农民的高。

3）各类学校的师资讲究师资条件，如西南联合大学的师资，不少是毕业于世界名牌大学。

4）鼓励出国留学，向西方学习。许多大师均有留学欧美等发达国家的经历。由于出国留学特别是到世界一流大学留学，不仅扩大了视野，接触到当时世界最先进的科学技术，而且争取到世界级名师的指导。比如叶企孙在美国的导师是诺贝尔物理学奖获得者珀西·布里奇曼等。

（3）注意文理兼顾。

如中国"两弹"元勋邓稼先，其父是著名的美学家和美术史家，在清华和北大教授哲学。邓稼先5岁入小学，经父亲指点，读史读文，基础厚实。邓稼先长大后在西南联大物理系毕业，先任教北京大学，后赴美国普渡大学获物理学博士学位，文理兼优是邓稼先能作出突出贡献的重要原因。

（4）不拘一格使用人才。

不唯学历，大胆使用人才，用人单位主要负责人有充分的用人自主权。如没有学位但知识渊博的陈寅恪被聘为清华大学国学研究院导师，只有高中学历但有专长的梁漱溟被聘为北京大学教授，只有初中学历的华罗庚可以进入清华大学工作。从国外大学特别是名牌大学留学回来后在一些大学就可以直接聘为教授了，这些现象固然与当时比较缺乏合适人才有关，也与当时可以灵活用人的政策有关等。

第七节　中华人民共和国成立以来

中华人民共和国1949年诞生以后，经过了近70年的努力，尽管遇到不少挫折，但所取得的成就还是巨大的，我们彻底解决了中华人民共和国成立之初西方国家曾认为很难解决的中国几亿人口的吃饭问题，我们建立了一个比较完整的独立的国民经济体系，我国教育和科技事业也发展迅速，我国与世界发达国家的差距明显缩小，有的领域还成为了并跑

第七章 中国大师涌现的主要历史时期

者甚至领跑者。

中华人民共和国成立后,以钱学森为代表的一大批留学海外的杰出科学家毅然回国为祖国服务,1956年党和政府提出"向科学进军",全面建设社会主义,并专门召开了知识分子会议,重组并兴办了不少新的大学,如华南理工大学、华南农业大学、华中科技大学、中国科技大学、哈尔滨工业大学等。同年召开的党的八大也明确提出我国的主要矛盾已转变为先进的社会制度和落后生产力之间的矛盾,大力发展经济和文化,已经是我们的主要任务。周恩来总理在1956年全国知识分子工作会议上,不仅宣布我国知识分子已经是工人阶级的一部分,而且认为,面对已经将我们抛在后面很远的世界科学技术发展潮流,我们应该"急起直追"。通过有效制定和落实多个我国科学事业发展五年规划纲要,我国教育、科技、文化也确实取得了许多成就。如"两弹一星"等。如果按照这个方向一直干下去,我国的科学大师将更多涌现。由于历史的原因,从而导致社会主义中国走过了一段不短的弯路。党的十一届三中全会前后,通过拨乱反正,采取果断措施恢复高考,召开全国科学大会,重新肯定了知识分子的重要地位,明确教育和科学技术在现代化发展过程中的关键地位,坚定不移地实行改革开放。后来又提出"人才强国""科教兴国"和"创新驱动"等发展战略,通过"送出去""引进来"等措施,有力地促进了我国教育科学文化事业的发展,新兴学科和交叉学科如雨后春笋,并涌现出一大批走在世界前列的科学大师、艺术大师和经营大师等。

进入21世纪,面对第四次工业革命的到来,阿里巴巴创始人马云、中国腾讯公司创始人马化腾、微信创始人张小龙等以及"无人机""机器人"等行业,走在了世界的前列。2013年,我国终于实现诺贝尔奖零的突破,2015年实现诺贝尔科学奖零的突破。最近,党和政府又明确提出到2050年我国要建成世界教育强国和科技强国。而这些目标的实现,关键还是人才特别是世界一流人才。"钱学森之问"值得我们永远警醒。

由于中华人民共和国教育和科学文化事业所遇到的曲折,中华人民共和国所培养的人才能成为像袁隆平这类世界级大师的不多。"大师"是实现"中国梦"的重要条件,大师的出现是一个长期积累的过程,也需要一定的物质条件和精神条件,最重要的条件是政治路线正确、社会稳定和大力发展教育科学事业。我国要达到大师特别是世界大师不断涌现的水平,仍有相当的路程要走。只要我们坚定信心,坚持不懈,扬长避短,我国一定可以早日成为世界上大师云集的国家和新的世界科技中心。

大师级人才队伍主要包括科学大师、技能大师、艺术大师和经营大师(财富家)等。中华人民共和国成立后,我国大师级人才队伍主要包括:

1. 世界级和国家级大师

(1) 杨振宁、莫言、屠呦呦等诺贝尔奖获得者。

(2) 世界某些学科或领域的最高奖。如中国科学院外籍院士丘成桐是世界数学最高奖"菲尔兹"奖获得者,中国科学院资深院士姚期智是2000年世界信息科学最高奖"图灵奖"得主,美国夏威夷大学教授、南京信息工程大学大气学院海外院长王斌教授是

2015年国际大气科学界最高奖"罗斯贝奖"得主。

（3）吴文俊、叶笃正、王选等我国科学技术最高奖得主。

（4）中国科学院院士、中国工程院院士（包括外籍院士）以及中国社会科学院的有关院士。

（5）各大学特别是研究型大学的著名教授、第一任校长、第一任系主任和某学科的开拓者。如姜立夫是中山大学一级教授，马思聪是中国音乐学院首任院长，清华大学施一公教授是我国结构生物学的开拓者，等等。

（6）各种国家级奖励获得者或在国际舞台上获得大奖的主要贡献者，如邓稼先等"两弹一星"功勋奖章获得者。

（7）各领域被誉为"之父"的开创者，如吴大观被誉为我国"航空发动机之父"，蒲蛰龙院士被誉为"南中国生物防治之父"。

（8）柳传志、董明珠、任正非、王健林、张瑞敏等具有较大影响力的我国著名企业特别是跨国企业的主要创办人。

（9）被誉为"大国工匠"的技能型人才。

（10）众多世界闻名的国家级品牌、历史文化遗产的创立者和不断开拓者。如北京烤鸭和北京同仁堂的创立者和技艺精湛者。

2. **地方级大师**

（1）各科研机构、大学、职业技术学院特别是研究型大学各学科的开拓者，如第一任系主任、第一任院长、第一任实验室主任等。

（2）具有相当影响力的地方企业的主要创办人。

（3）地方艺术的主要开拓者和传承人。如罗家宝是粤剧大师。

（4）各领域一些品牌的主要创办人，如具有近百年历史的"广州月饼"的主要开创者等。

（5）具有较高水平的技能型人才。

3. **中华民族的大师**

中华民族的大师包括香港、澳门、台湾和遍及世界各地的华人华侨涌现出来的杰出人物。如李政道、李远哲、崔琦、钱永健、高琨等华裔诺贝尔科学奖得主，美籍华人的沃尔夫奖得主吴健雄、陈省身、丘成桐、邓青云等，泰勒环境成就奖得主、我国台湾地区的张德慈，罗斯贝奖得主的美籍华人郭晓岚，香港的何梁何利奖得主，王永庆、李嘉诚等著名经营大师等。

第七章　中国大师涌现的主要历史时期

案例一

胡耀邦"五子登科"为科技人员解忧

1975年7月，胡耀邦受中央和国务院的委派，到中国科学院工作。知识分子在"文化大革命"中被污蔑为"臭老九"，成为"全面专政"的对象，他们不仅在政治上承受着很大的压力，在生活上也遇到很多困难。

在科学院，后勤工作如同科研工作一样，秩序混乱，处于停顿、半停顿状态。科技人员的生活困难问题相当突出，主要表现为住房困难、工资低、夫妻两地分居、孩子入托难、缺少做饭的煤气罐。胡耀邦在调研中了解到这些情况后，深表同情和关切。他想科技人员之所想，急科技人员之所急，把"房子、票子、妻子、孩子和炉子（指煤气罐）"问题概括为"五子"问题，并风趣地说，科学院要"五子登科"，以解除科技人员的后顾之忧。

胡耀邦深知，由于"文化大革命"以来欠账太多，要短期内解决这些困难绝非易事。例如，当时科学院的住房据粗略统计缺9万多平方米。为此，他要求党委、行政和后勤部门要关心科技人员的生活，采取积极步骤，通过多种方式，力所能及地解决存在的一些困难问题。一向善于做思想工作的胡耀邦对研究所领导班子提出要求说，在解决住房问题上，一要向科技人员说明情况，目前住房确实困难，对不起大家，对不起同志们。二要向科技人员表明，住房困难问题终究会一步步解决的。他还号召广大科技人员，学习列宁在茅草棚里写《国家与革命》的革命精神，经受生活困难的考验，在生活困难一时未能解决的情况下力争做出好成绩……

案例二

自学成才的爱迪生

托马斯·爱迪生（1847—1931），世界著名的发明家。但其成长阶段所接受的教育基本上是家庭教育和社会教育。

1855年，爱迪生8岁时开始上学，那所学校只有一个班级，校长和老师都是恩格尔先生。因为爱迪生有刨根问底的天性，在上课时经常问老师一些另类的问题，仅仅三个月的时间，就被老师以"低能儿"的名义撵出学校。

因为母亲南希当时是一家女子学校的教师，是一个富有教育经验的人，她不认为自己的孩子是"低能儿"，因此南希自己教授爱迪生。据南希平日留心地观察，爱迪生不但不是"低能儿"，而且时常显出才华。南希经常让爱迪生自己动手做实验，有一次讲到伽利略的"比萨斜塔实验"时，南希让爱迪生到自己家旁边的高塔上尝试，爱迪生拿了两个大小和重量不同的球并同时从高塔上抛下，结果两球同时落地，爱迪生觉得很神奇并兴奋地告诉母亲实验结果，这次实验也铭刻在爱迪生脑海里。

由于母亲良好的教育方法，使得爱迪生认识到书的重要性。他不仅博览群书，而且一目十行并过目不忘。爱迪生在母亲的指导下阅读了英国文艺复兴时期剧作家莎士比亚、狄更斯的著作和许多重要的历史书籍，爱迪生被书中洋溢的真知灼见所吸引，并一直影响他的一生。

1857年，爱迪生只有10岁就开始对化学产生了兴趣，他在自己家中的地窖按照教科书做实验，并且经常搞得事故频繁。1859年，爱迪生为了有足够的钱购买化学药品和实验设备，他开始找工作赚钱，经过一番努力他找到了在火车上售报的工作，每天辗转于休伦港和底特律之间，他一边卖报还一边捎带着水果、蔬菜生意，但只要一有空他就会去图书馆看书。

1861年，爱迪生用卖报挣来的钱买了一架旧印刷机，开始出版自己主编的周刊《先驱报》，创刊号是在列车上印刷的，他既是社长、记者、发行人，同时也是印刷工人和报童。在爱迪生工作的火车上有一间休息室由于空气不流通，所以没人去那休息成了空房间。因为爱迪生天天都在火车上奔波，每天很晚才回家，常常感到时间不够用，爱迪生认为如果把那间休息室改为实验室的话，在返回休伦港的途中，就可以做实验了，在征得列车长的同意后，那间无人的休息室便成为了爱迪生的实验室。虽然做实验方便了很多，但意外也时常发生，有一次他的实验室中的化学物品突然着火，造成了损失，列车长一气之下把他的实验器材扔出车外。

1862年8月的一天，15岁的爱迪生在火车轨道上救了一位男孩，而那个孩子的父亲是这个火车站的站长麦肯齐，对此非常感激，便传授爱迪生电报技术，在麦肯齐的指导下，爱迪生学会了电报技术并发出了他的第一份电报。

1863年，16岁的爱迪生经麦肯齐的介绍，担任了大干线铁路斯特拉福特枢纽站电信报务员，但没多久就被解雇了。在17岁和20岁之间，爱迪生在美国境内多个城市担任报务员，在这期间爱迪生换了10个工作地点，5次是被免职，另外5次是自己辞职。

1868年年底，21岁的爱迪生以报务员的身份来到了波士顿，同年他获得了第一项发明专利权，这是一台自动记录投票数的装置，也就是"投票计数器"，但国会却不需要。

1869年的深秋，22岁的爱迪生只身来到美国纽约寻找工作，但他在一家公司找工作时，恰巧碰到那里的一台电报机坏了，爱迪生很快就修好了那台电报机，受到了总经理的赏识，结果他成为了总电报技师，有了安定的工作环境和工资待遇，为他以后的发明提供了良好条件。爱迪生从此走上了发明和创业之路……

案例三

高起点、高水平、高目标

华南理工大学是我国南方著名的具有理工特色的综合性研究型大学，组建于1952年全国高等学校院系调整时期，其历史可追溯至1910年清政府创办的广东工艺局。经过60多年的建设和发展，华南理工大学成为以工见长，理工结合，管、经、文、法、医等多学科协调发展的综合性研究型大学。轻工技术与工程、食品科学与工程、城乡规划学、材料科学与工程、建筑学、化学工程与技术、风景园林学等学科整体水平进入全国前十位。化学、材料学、工程学、农业科学、物理学、生物学与生物化学、计算机科学7个学科进入国际ESI全球排名前1%。学校坚持高素质、"三创型（创新、创造、创业）"、具有国际视野的拔尖创新人才的培养目标，着力培养创新型、复合型人才。建校60多年来，学校为国家培养了高等教育各类学生29多万人，其中以李东生等为代表的许多校友成为了我国各条战线的大师级人物。

华南理工大学坚持学术立校、人才强校，特别是十分重视大师级师资队伍建设，目前该校仅"两院院士""双聘院士""国外院士"和"千人计划"这4类顶尖人才就达到60多人，在我国高校中处于相当先进的行列。

目前，华南理工大学在世界大学学术排名中位于300强内，工科排名位居全球第22位。

2017年3月，由教育部、广东省、广州市和华南理工大学四方共建华南理工大学广州国际校区正式启动。该校区采用"中方为主、国际协同"的新机制，实现与英国剑桥大学、美国哈佛大学、新加坡南洋理工大学等强强合作。围绕高端装备制造、量子通信、脑科学与人工智能等新兴学科和交叉学科领域，开展拔尖创新人才培养、国际前沿科学研究、高水平科技成果转化等。该校区的建立，是多方合作建设世界高水平大学的一次有益尝试，必将明显促进广东省大力实施创新驱动发展战略，也必将有力推动华南理工大学建设世界一流大学、世界一流学科的步伐。

高起点、高水平、高目标，努力建设一所国际化、研究型、理工特色的世界一流大学，是该校的奋斗目标。

华南理工大学的发展，是我国各类大学加快培养更多创新人才特别是大师级人才前进步伐的一个缩影。

第八章 西方大师涌现的主要历史时期

西方大师成长的历史主要分为古代希腊,古代罗马,中世纪时期,文艺复兴时期,启蒙运动时期,第一、二、三次工业革命时期,目前处在第四次工业革命初期。

第一节 古代希腊和古代罗马时期

世界四大文明古国是中国、印度、埃及和巴比伦,其中埃及和巴比伦的文化对古代希腊有相当的影响。

一、古代希腊时期(公元前800—公元前146)共650多年

古希腊时期被誉为欧洲历史的开端。其大师级人物主要有思想家、著名诗人荷马(公元前873—公元前803),思想家、哲学家、数学家、科学家毕达哥拉斯(公元前570—公元前490),哲学家苏格拉底(公元前470—公元前399),著名哲学家柏拉图(公元前427—公元前347),著名哲学家、科学家和教育家亚里士多德(公元前384—公元前322),数学家欧几里得(公元前325—公元前265),哲学家、数学家和物理学家阿基米德(公元前287—公元前212)。其中,苏格拉底、柏拉图和亚里士多德被誉为"西方哲学的奠基者",毕达哥拉斯和欧几里得均被誉为世界十大数学家之一。

希波克拉底(公元前460—公元前377),为古希腊伯里克利时代的医师,西方医学奠基人,他的医学观点对以后西方医学的发展有巨大影响,被誉为"医学之父"。

阿里斯托芬(公元前446—公元前385)被誉为文学喜剧之父。

二、古代罗马时期(公元前753—公元395)共1149年

古代罗马时期大师级人物主要有古罗马杰出军事统帅盖乌斯·凯撒大帝(公元前102—公元前44),古罗马哲学家、政治家马库斯·图利乌斯·西塞罗(公元前106—公元前43)以及盖伦(128—216)。

盖伦是古罗马时期最著名最有影响的医学大师,他被认为是仅次于希波克拉底的第二个医学权威。盖伦是最著名的医生和解剖学家。他一生致力于医疗实践解剖研究、写作和各类学术活动。他也被誉为"西方医学之父"。

第二节 中世纪时期

中世纪时期（约 476—1640）即从西罗马帝国灭亡到东罗马帝国灭亡的时期。虽然这个时期被欧美国家认为是黑暗时代，但在这个时期，世界第一所大学——意大利的博洛尼亚大学于 1088 年诞生，英国的牛津大学于 1167 年成立，西班牙的萨拉曼卡大学于 1218 年问世，法国的巴黎大学于 1261 年诞生。这四所大学被誉为欧洲四大文化中心，其中牛津大学还被誉为欧洲大学之母。另外英国的剑桥大学问世于 1209 年，捷克的布拉格查理大学诞生于 1348 年，奥地利的维也纳大学成立于 1365 年，德国的海德堡大学诞生于 1386 年，这些大学培养了但丁、伽利略、哥白尼、亚当·斯密、居里夫人、牛顿、达尔文、霍金、爱因斯坦、卢瑟福、卡文迪许、培根、图灵等著名大师。

在这个时期，也涌现出多个杰出人物，如亚历山大·涅夫斯基（1220—1263），13 世纪俄罗斯人的领袖，他击退了欧洲的一系列侵略者，对待蒙古征服者时，他采取了怀柔政策，成功保持了俄罗斯的统一，被誉为"最伟大的俄罗斯人"。

意大利著名旅行家马可·波罗（1254—1324）在 1271 年开始到中国游历，1275 年到达当时元朝的首都北京，在中国游历了 17 年，并曾担任元朝的官员。回到意大利后，马可·波罗在一次海战中被俘，在狱中他口述了大量有关中国的故事，其狱友鲁斯蒂谦写下著名的《马可·波罗游记》。《马可·波罗游记》记述了他在当时东方最富有的国家——中国的见闻，激起了欧洲人对东方的热烈向往，对以后西方国家新航路的开辟产生了巨大的影响。著名航海家哥伦布当时已经相信地球是圆的观点，并在这本书的影响下产生了从欧洲向西航行到达印度和中国的想法。

第三节 文艺复兴时期

文艺复兴（14 世纪—16 世纪）是指 14 世纪中叶在意大利各城市兴起，以后扩展到西欧各国，于 16 世纪在欧洲盛行的一场思想文化运动，带来一段科学与艺术革命时期，揭开了近代欧洲历史的序幕，被认为是中古时代和近代的分界。马克思主义史学家认为是封建主义时代和资本主义时代的分界。这个时期世界科学中心在意大利。

这个时期在欧洲也有一些大学涌现，如德国的慕尼黑大学（1472）等。

这个时期涌现了众多大师级人物，主要有：

（1）在哲学和社会科学方面有欧洲早期空想社会主义学说创始人、英国政治家托马斯·莫尔（1478—1535），英国哲学家、思想家和科学家弗朗西斯·培根（1561—1626），意大利哲学家、作家托马斯·康帕内拉（1568—1639）等。

（2）在文学艺术方面有被誉为文艺复兴最杰出先驱的意大利诗人、历史学家的弗朗西斯克·彼特拉克（1304—1374），意大利诗人、现代意大利语的奠基者阿利盖利·但丁（1265—1321），乔万尼·薄伽丘（1313—1375），被誉为世界艺术巨匠和科学巨匠的列昂纳多·达·芬奇（1452—1519），意大利画家、建筑师拉斐尔·桑西（1483—1520），雕塑家、建筑师米开朗基罗（1475—1564），英国杰出作家、戏剧家和诗人威廉·莎士比亚（1564—1616）。

（3）自然科学方面有波兰的著名天文学家尼古拉·哥白尼（1473—1543），意大利哲学家、数学家和天文学家乔尔丹诺·布鲁诺（1548—1600），意大利物理学家和天文学家、科学革命先驱伽利略（1564—1642），法国数学家、物理学家和哲学家笛卡尔（1596—1650），德国天文学家约翰尼斯·开普勒（1571—1630）。

（4）在航海方面有意大利航海家克里斯托弗·哥伦布（1451—1506）、葡萄牙航海家斐迪南·麦哲伦（1480—1521）、葡萄牙航海家达·伽马（1469—1524）。

第四节 宗教改革和启蒙运动时期

一、宗教改革运动

宗教改革运动是欧洲16、17世纪前后兴起的一场基督教社会改革运动，其实质是新兴资产阶级反对宗教组织对社会发展的阻碍而发动的一场大规模的社会政治文化运动。

这个时期，欧洲大学有了进一步的发展，如英国爱丁堡大学诞生于1583年。

二、启蒙运动时期

启蒙运动又称为理性时代，是指在17世纪及18世纪欧美地区发生的一场知识及文化运动，被誉为欧洲近代第二次思想解放运动。

在这个时期中，1640—1688年爆发了英国资产阶级革命，1789—1799年爆发了法国资产阶级革命，1775—1783年爆发了美国独立战争，并且美国1776年建国。这些政治变革均对世界的进步、生产力的迅速发展起着十分重要的作用。从此，西方国家多领域的杰出人物大量涌现，被誉为"巨匠辈出"的时代。

培养了许多大师的美国哈佛大学（1636）、耶鲁大学（1701）、普林斯顿大学（1746）、哥伦比亚大学（1754）、布朗大学（1764）、达特茅斯学院（1769）、宾夕法尼亚大学（1740）和德国的格丁根大学（1734）、柏林工业大学（1770）、俄罗斯圣彼得堡大学（1724）、莫斯科大学（1755）等，就是在这个时期诞生的。

另外，英国著名的研究团体——英国皇家学会（1660）和月光社（1765—1813）对于促进科学普及和提高，促进科学、技术与工业的结合，均起到了很重要的作用。其成员有不少都是杰出的科学家。

这个时期世界科学中心逐步由意大利转移到英国和法国。

这个时期涌现出不少大师级人物，比如：

1. 在自然科学方面

在自然科学方面的大师级人物主要有英国伟大的物理学家、数学家和天文学家牛顿（1643—1727），英国化学家、被誉为"化学之父"的罗伯特·波义耳（1627—1691），英国物理学家、天文学家、发明家罗伯特·胡克（1635—1703），俄国伟大科学家、语言学家罗蒙诺索夫（1711—1765），法国著名数学家费马（1601—1665），德国杰出数学家弗里德·莱布尼茨（1646—1716），瑞士著名数学家莱昂哈德·欧拉（1707—1783）。

2. 在哲学社会科学方面

大师级人物主要集中在英国和法国，如英国政治家、哲学家、欧洲启蒙运动时期杰出人物霍布斯（1588—1679），英国哲学家约翰·洛克（1632—1704），英国哲学家、经济学家和历史学家大卫·休谟（1711—1776），著名经济学家亚当·斯密（1723—1790）；法国启蒙思想家、文学家、哲学家和史学家伏尔泰（1694—1778），法国18世纪伟大的启蒙思想家、哲学家、文学家，启蒙运动最卓越的代表人物之一的雅克·卢梭（1712—1778）和法国启蒙时期思想家、社会学家、西方国家学说和法学理论的奠基人孟德斯鸠（1689—1755）等。

3. 在音乐方面

在音乐方面的大师级人物主要有奥地利音乐家莫扎特（1756—1791）、奥地利作曲家弗朗茨·舒伯特（1797—1828）、德国作曲家和音乐家路德维希·贝多芬（1770—1827）。

第五节　第一次工业革命时期

第一次工业革命时期从18世纪60年代—19世纪40年代，开创了机器替代手工劳动的新时代。

从1712年英国人汤姆斯·纽可门获得了稍加改进的蒸汽机的专利权开始，以机器替代手工劳动的工业革命首先从纺织工业开始。1733年凯伊·约翰发明了飞梭；1765年詹姆士·哈格里夫斯发明了珍妮纺纱机；1769年阿克莱特发明了水力纺织机，瓦特改良了蒸汽机；1785年卡特莱特发明了动力织机；1802年詹姆斯·瓦特又改进了蒸汽机，现代蒸汽机成型；1807年富尔顿发明了蒸汽轮船；1814年史蒂芬逊发明了蒸汽机车等，以蒸汽机为代表的机器逐步向各行各业普及。

英国数学家、管理学家查尔斯·巴贝奇（1792—1871）不仅提出了用机器来计算的设想，而且提出了实现这个设想的一些理论，为后来电子计算机的实现进行了重要探索，被誉为"信息科学的奠基人"。

德国的柏林大学（1810）、德国波恩大学（1818）、英国的杜伦大学（1832）、伦敦大学（1836）、美国的纽约大学（1831）、麻省理工学院（1861）、康奈尔大学（1865）、俄罗斯的赫尔岑大学即俄罗斯国立师范大学（1797）、俄罗斯喀山大学（1804）、俄罗斯罗斯托夫国立大学（1817）、圣彼得堡交通大学（1809），澳大利亚的悉尼大学（1850）、墨尔本大学（1853），加拿大的多伦多大学（1827）等世界著名大学，也是在这个时期诞生。其中，柏林大学构建了新的大学模式，把教学和科研作为大学的两个中心，相互促进，被誉为现代大学发展的第二个里程碑。在这之前的英国、法国等国的大学均仅作为知识储备和传播机构，即以教学为中心。

1. 在自然科学方面的主要大师级人物

（1）英国。

著名生物学家查尔斯·罗伯特·达尔文（1809—1882），物理学家、化学家亨利·卡文迪许（1731—1810），化学家汉弗莱·戴维（1778—1829）和约翰·道尔顿（1766—1844），物理学家、化学家迈克尔·法拉第（1791—1867），物理学家詹姆斯·克拉克·麦克斯韦（1831—1879），实验物理学家欧内斯特·卢瑟福（1871—1937）。

（2）德国。

被誉为有机化学之父的尤斯图斯·李比希（1803—1873）、著名数学家卡尔·高斯（1777—1855）、著名数学家菲利克斯·克莱因（1849—1925）、数学家伯恩哈德·黎曼（1826—1866）、物理学家威廉·韦伯（1804—1891）、物理学家海因里希·赫兹（1857—1894）、物理学家赫尔曼·亥姆霍兹（1821—1894）、著名地理学家亚历山大·冯·洪堡（1769—1859）。

（3）法国。

化学家安德烈·安培（1775—1836），著名化学家、被誉为"近代化学之父"的安托万·拉瓦锡（1743—1794），著名数学家约瑟夫·拉格朗日（1735—1813）和拉普拉斯（1749—1827）。

（4）意大利。

物理学家伏特（1745—1827）等。

2. 在哲学和社会科学方面的主要大师级人物

（1）德国。

马克思主义创始人、德国的卡尔·马克思（1818—1883）和弗里德里希·恩格斯（1820—1895），著名哲学家、天文学家康德（1724—1804），著名哲学家黑格尔（1770—1831）和费尔巴哈（1804—1872）。

(2)英国。

著名经济学家大卫·李嘉图（1772—1823）和英国空想社会主义者、现代人事管理之父罗伯特·欧文（1772—1837）。

(3)法国。

著名哲学家、经济学家圣西门（1760—1825）和夏尔·傅里叶（1772—1837）。

(4)美国。

政治家、思想家托马斯·杰弗逊（1743—1826）等。

3. 在文学艺术方面的主要大师级人物

德国作家歌德（1749—1832），英国诗人拜伦（1788—1824），法国小说家雨果（1802—1885），波兰著名作曲家弗里德里克·肖邦（1810—1849），俄国伟大的作曲家、音乐教育家柴可夫斯基（1840—1893），等等。

4. 在军事方面的主要大师级人物

曾被誉为"战神"的近代法国伟大的军事家、政治家、法兰西第一帝国的缔造者拿破仑·波拿巴（1769—1827），曾经5次击退反法同盟，使法国资产阶级革命的思想得到了更为广阔的传播；英国军事家、著名海军将领霍雷肖·纳尔逊（1758—1805）；美国军事家、南北战争著名将领托马斯·杰克逊（1824—1863）。他们都被誉为世界十大军事家之一。另外还有德国军事理论家和军事历史学家、《战争论》的作者卡尔·克劳塞维茨（1780—1831），法国军事理论家、被誉为兵学大师的安托万·约米尼（1798—1800）。

5. 在教育方面的主要大师级人物

德国著名教育改革家威廉·冯·洪堡（1767—1835），他不仅是柏林大学的创始人，而且他提出的"大学应是教学中心和科研中心"的理念成为世界大学发展的第二个里程碑，他被看作德国文化史上印象最深刻和最伟大的人物之一。

第六节 第二次工业革命时期

第二次工业革命时期（19世纪70年代—20世纪初）以自动化、电气化和科学技术的迅猛发展和在生产中的广泛应用为主要标志。其中，20世纪初爆发了第一次世界大战，1917年爆发了俄国十月革命，诞生了世界第一个社会主义国家，苏联在新的社会制度下在短短几十年里，从一个落后的农业国转变成一个强大的工业国。著名的诺贝尔奖从1901年开始颁发，美国著名的斯坦福大学和芝加哥大学同时在1891年建校，哥伦比亚大学1896年正式诞生，日本东京大学1877年诞生，早稻田大学1882年成立，京都大学1892年问世，德国汉堡大学成立于1919年。世界科学大师仍然主要分布在英国、法国、德国和欧洲其他一些国家，美国和日本成了后起之秀。这个时期世界科学中心逐步由英

国、法国转移到德国。

这个时期所涌现出来的大师级人物主要有：

1. 发明家

（1）美国。托马斯·爱迪生（1847—1931），发明了飞机的莱特兄弟，发明了近代收割机的塞勒斯·麦考密克（1809—1884），发明了有线电报的莫尔斯（1791—1872），发明了蒸汽动力船的罗伯特·富尔敦（1765—1815），发明了汽油引擎汽车的杜里埃兄弟，被誉为现代汽车的开山鼻祖以及发明了由汽油引擎驱动的第一辆"四轮车"并实现了流水线生产使汽车大众化的亨利·福特（1863—1947），发明了塑料的化学家列奥·贝克兰（1863—1944）。

（2）英国。被誉为"电话之父"的亚历山大·贝尔（1847—1922）；1801年理查德·特里维希克（1771—1833）制造了一辆四轮蒸汽篷车。

（3）德国。发明家、物理学家维尔纳·西门子（1816—1892），其在1866年制成了直流发电机。1886年德国工程师卡尔·本茨（1844—1929）发明了汽油机驱动的三轮车，被誉为人类现代汽车的开始。

（4）法国。1882年，法国学者德普勒发现了远距离送电的方法。

（5）比利时的格拉姆发明了电动机。

（6）意大利的马可尼发明了无线电报。

（7）瑞典的诺贝尔发明了安全炸药等。

上述杰出人物，其中相当部分不仅是发明家，而且也是经营大师，如爱迪生、诺贝尔等。

2. 自然科学大师

（1）德国。犹太裔物理学家爱因斯坦（1879—1955），物理学家、量子力学创始人之一的马克斯·波恩（1882—1970），物理学家、量子力学创始人之一的马克斯·普朗克（1858—1947），著名数学家戴维·希尔伯特（1862—1943），火箭专家、被誉为"现代航天学奠基人"之一的赫尔曼·奥伯特，诺贝尔物理学奖第一人的物理学家威廉·伦琴（1845—1923）。

（2）美国。物理学家费米（1901—1934），液体火箭发明者、"现代火箭技术之父"罗伯特·戈达德（1882—1945）。

（3）俄国。化学家门捷列夫（1834—1907），生理学家、心理学家巴甫洛夫（1849—1936），科学家、被誉为"宇航之父"的康斯坦丁·齐奥尔科夫斯基（1857—1935）。

（4）其他。丹麦物理学家尼尔斯·玻尔（1885—1962），波兰物理学家、化学家玛丽·居里（1867—1934），日本思想家、教育家福泽谕吉（1835—1901）及第二次世界大战爆发前的诺贝尔科学奖其他得主。

在地学、医学、农学等方面也涌现出不少大师。

3. 哲学和社会科学大师

德国哲学家、西方现代哲学开创者弗里德里希·尼采（1844—1900），首次提出创新理论的美籍奥地利经济学家熊彼特（1883—1950）等。

管理学大师也开始登上了历史舞台，如被誉为"科学管理之父"的美国著名管理学家弗雷德里克·泰勒（1856—1915），被誉为"现代经营管理之父"的法国著名管理学家亨利·法约尔（1891—1925），被誉为"现代管理学之父"的奥地利管理学家彼得·德鲁克（1909—2005），被誉为"战略管理鼻祖"的俄国管理学家伊戈尔·安索夫（1918—　）等。

4. 文学艺术方面的大师

印度诗人泰戈尔（1861—1941）、俄国作家列夫·托尔斯泰（1828—1910）、苏联作家高尔基（1868—1936）。

5. 军事理论方面的大师

空权论之父、意大利军事理论家杜黑（1869—1930），海权论鼻祖、美国军事理论家阿尔弗雷德·马汉（1840—1914）。

6. 经营大师

主要有美国的福特汽车公司创始人亨利·福特（1863—1947）、石油大王约翰·戴维森·洛克菲勒（1839—1937）、酒店之王希尔顿（1887—1979）等。

第七节　第三、四次工业革命时期

一、第三次工业革命时期

第三次工业革命是从 20 世纪四五十年代开始至 20 世纪末，以原子能、电子计算机等科学技术迅速发展和广泛应用并部分解放人的脑力为主要标志。

1931—1945 年，爆发了第二次世界大战。第二次世界大战全球死伤人数达到一亿多人，其中我国伤亡 3500 万人，苏联伤亡 2700 万人，许多潜在大师或未来大师不幸夭折。第二次世界大战的法西斯虽然是人类历史最黑暗的一页，但另一方面也明显促进了人类的进步和科学技术的发展，特别是美国在"二战"期间的经济高速发展，一跃成为世界最强国。在这个过程中，涌现出不少发明创造，如青霉素的大规模生产，原子弹、计算机和雷达等问世。

"二战"后期欧洲战场即将结束时，美国就从战败国德国中夺走了很多科学人才，致使德国科技发展水平一落千丈，世界科学中心由此从德国转移到美国。战后苏美两国又长期"冷战"，美国成功实施"阿波罗登月计划"，晶体管、激光技术的发明，分子生物学等生命科学的新发展以及后来的 IT 技术产业的问世等都是当时世界重大科学技术新成就，明显促进了世界的发展。许多国家都大力发展经济、教育和科技，许多新兴学科、交叉学科不断出现，不仅德国和日本重新崛起，而且涌现出新加坡、韩国、中国台湾和中国香港这"亚洲四小龙"，其中韩国的首尔大学成立于 1946 年，澳大利亚国立大学诞生于 1946 年，新南威尔士大学问世于 1949 年。1991 年苏联解体，作为世界"超级大国"之一的高等教育和科学技术受到了很大削弱，科学大师明显减少。美国斯坦福大学提出"知识和财富的统一"的新理念，使大学发展进入了第三个里程碑，硅谷的发展不仅揭示了知识经济的到来，而且引领了世界创新发展潮流。

1968 年，诺贝尔奖增设了诺贝尔经济学奖。

从 1901 年开始授予的诺贝尔科学奖、文学奖以及从 1968 年开始授予的诺贝尔经济学奖，至 2016 年世界共有 700 多人获得此殊荣。而美国成为了后来居上最突出的国家。如 1901 年首次诺贝尔科学奖分别由德国、法国、瑞士、荷兰等国家的科学家获得，美国直到 1907 年才第一次获得诺贝尔科学奖。但从 1931 年开始，美国的诺贝尔科学奖数逐步以平均每年 2 人到 3 人的速度递增，1976—1980 年和 2001—2006 年这两个 5 年中，美国的诺贝尔科学奖数更是以平均每年 6 人的速度增加，诺贝尔经济学奖得主美国国籍的占了相当部分。美国成为了名副其实的世界科技中心。

尽管在诺贝尔科学奖总数上美国占有绝对优势，但以英国、德国和法国等为代表的欧洲发达国家仍具有相当的实力，这个地区诺贝尔科学奖数占了总数的 52% 左右，其中英国、德国和法国三国的诺贝尔化学奖总数超过美国，法国获得诺贝尔文学奖最多。美国和欧洲国家（包括俄罗斯和苏联）的诺贝尔科学奖总数，占了全部诺贝尔奖的 92% 左右。以色列人口占世界人口的 0.2%，但包括具有犹太血统的在全球却有 162 人荣获诺贝尔奖，占诺贝尔奖得主的 20%。日本从 1949 年第一次获得诺贝尔科学奖之后，在这方面一直领跑亚洲国家。

世界部分国家诺贝尔奖获得者变化情况表

年 份	美国	英国	德国	法国	日本
1901—1910	1	6	15	8	
1911—1920	1	3	8	6	
1921—1930	3	8	9	5	
1931—1940	11	8	8	4	
1941—1950	16	8		1	1
1951—1960	28	10		3	
1961—1970	29	11	5	6	2

第八章 西方大师涌现的主要历史时期

续上表

年 份	美国	英国	德国	法国	日本
1971—1980	50	15	4	1	1
1981—1990	45	6	8	3	2
1991—2000	49	6	7	4	2
2001—2010	59	13	5	5	7
（其中 2001—2006）	(38)				
2011—2016	27	1	2	5	5
合计	319	95	77	51	20

这个时期的大师主要有：

1. 科学大师

（1）从第二次世界大战开始到 20 世纪末的诺贝尔自然科学奖得主，其中日本物理学家汤川秀树于 1949 年为日本诺贝尔科学奖实现了零的突破。

（2）菲尔兹奖、沃尔夫奖、图灵奖等世界某领域的最高奖得主。

（3）在自然科学方面：

1）美国。被誉为"原子弹之父"的物理学家罗伯特·奥本海默（1904—1967），被誉为"计算机之父"的数学家冯·诺依曼（1903—1957），被誉为"计算机先驱"的工程师莫奇利（1907—1980）和埃克特（1919—   ），被誉为"现代计算机之父"的计算机科学家约翰·阿塔那索夫（1903—1995），被誉为"美国航天飞机之父"的韦纳·冯·布劳恩（1912—1977），微软公司创始人比尔·盖茨（1955—   ），苹果公司创始人史蒂夫·乔布斯（1955—2011）等。

2）英国。被誉为"计算机科学之父"和"人工智能之父"的数学家图灵（1912—1954），近代生物化学家和科学技术史专家李约瑟（1900—1995），理论物理学家、宇宙学家、数学家史蒂芬·霍金（1942—   ）。

3）在社会科学方面，1968 年以来到 20 世纪末的诺贝尔经济学奖得主和管理科学的许多开拓者。

4）许多新兴学科和交叉学科的开拓者，如被誉为"创造学和创造工程之父"的美国创造学家亚历克斯·奥斯本（1888—1966），现代成功学大师拿破仑·希尔（1883—1969）和技术创新方法很重要内容的"TRIZ"理论之父、苏联发明家根里奇·阿奇舒勒（1926—1998）等。

2. 文学大师

在文学艺术方面，诺贝尔文学奖设立以来至 20 世纪末的所有得主。

3. 经营大师

"二战"结束后，日本涌现出一批被誉为"经营之神"的经营大师，不仅为日本"二战"以后的重新崛起做出了突出贡献，其经营理念也被许多国家所借鉴。主要有世界500强企业之一的日本稻盛集团创始人稻盛和夫（1932—　）、松下电器公司创始人松下幸之助（1894—1989）、索尼公司创始人盛田昭夫（1921—1999）、本田公司创始人本田宗一郎（1906—1991）、丰田公司创始人丰田章一郎（1925—　）。

二、第四次工业革命时期

第四次工业革命时期从21世纪开始至今，以互联网和智能化为主要标志。

1992年，美国提出建设信息高速公路，以互联网为主要标志的信息高速公路，已经为世界现代化发展带来了巨大进步。工业4.0源于2011年德国汉诺威工业博览会，是德国政府《高技术战略2020》确定的十大未来项目之一，并已上升为国家战略，旨在支持工业领域新一代革命性技术的研发与创新。其含义即是以智能制造为主导的第四次工业革命，或革命性的生产方法。

这时期的大师主要有21世纪以来的诺贝尔科学奖、文学奖得主，图灵奖等世界其他学科大奖得主，被誉为"互联网之父"的英国计算机科学家蒂莫西·约翰·伯纳斯·李（1955—　），并列"互联网之父"的美国计算机科学家温顿·瑟夫（1943—　）和罗伯特·卡恩（1938—　）和位于全球富豪榜前列的美国著名投资家、企业家沃伦·巴菲特（1930—　）和被誉为"盖茨第二"的马克·艾略特·扎克伯格等。

第八章 西方大师涌现的主要历史时期

案例一

文学巨匠高尔基

高尔基（1868—1936）是苏联伟大的无产阶级作家，社会主义、现实主义文学奠基人，无产阶级革命文学导师，苏联文学的创始人。列宁称他为"无产阶级艺术最杰出的代表"。但他有苦难的童年，3岁时父亲去世，11岁开始走向"人间"，曾当过学徒、搬运工、面包工人等，15岁开始过流浪生活。

高尔基从小就有强烈的读书愿望，他在学校时，成绩很好，获得过最优秀奖，然而贫穷使他只上了两年学。为了养家糊口，他四处奔波，干过各种工作，但他始终没忘记过读书，他常常冒着危险找书看。为了躲避老板的监管，他常常利用深夜看书。他用罐头做了一盏油灯，收集主人烛盘里的残油，躲在贮藏室、板棚等处苦读。实在找不到油灯，他就在月光下看书。在极端艰难困苦的环境里，高尔基发奋自学，从而掌握了很高的文化水平，为他的文学创作打下了坚实的基础。

案例二

造就金字塔形的知识结构

尼尔斯·玻尔是量子力学的创始人之一。由于他在原子科学方面的贡献，世界物理学界公认他是20世纪上半叶与爱因斯坦并驾齐驱的、世界上最伟大的物理学家。

尼尔斯·玻尔的弟弟哈拉德·玻尔，也是一位著名的大数学家。在一个家庭里，同时出现两位著名科学家，在历史上是不多见的。

尼尔斯·玻尔生于1885年，其父亲克利斯提安·玻尔是丹麦著名的自然科学家，在哥本哈根大学当教授。母亲艾德勒出生于一个银行界、政治界、古典语言学及进步教育事业中享有很高声望的富裕的犹太人家庭，是一位教师的女儿。由于从小就受到良好的家庭教育，她很有教养。在孩子很小的时候，克利斯提安·玻尔夫妇就发现了两个儿子的卓越才能，他们决心创造良好的条件，把他们培养成才。

克利斯提安·玻尔夫妇天生好客，结交广泛。每逢星期五晚上，当克利斯提安·玻尔参加完丹麦皇家科学协会每周一次的例会以后，总有几位要好的朋友来到家里做客。这些朋友中间，有的是生理学家，有的是物理学家，有的是语言学家，有的是哲学家……每次谈话或争论问题时，克利斯提安·玻尔总是有意识地让玻尔兄弟俩旁听。天长日久，耳濡目染，来自各学科的科学家的见解和思考问题的方法，玻尔兄弟二人开阔了眼界，增长了知识，增加了对科学研究的兴趣，受到了很大的教益。

克利斯提安·玻尔意识到，健康的体质是成功的物质基础。为此，他们从孩子小时候就重视身体保健和锻炼。每到星期天，克利斯提安·玻尔夫妇就带玻尔兄弟二人到运河划船，或到城外散步。每逢暑假，还要带领孩子们到城外郊游，欣赏大自然的美景……

在父母的影响和鼓励下，玻尔兄弟二人从小就爱好足球运动，并一度都成为丹麦国家足球队队员。弟弟哈拉德·玻尔还代表丹麦参加过奥运会，为丹麦夺得银牌立过汗马功劳。

尼尔斯·玻尔从20岁开始他的科学研究生涯，从事紧张的科学研究达57年之久，为人类做出巨大贡献。他之所以能取得如此重大的科学成果，除了他的天分、刻苦之外，也与他有一副健康的身体有直接关系。

兴趣广泛、知识渊博，也是尼尔斯·玻尔能取得重大成就的重要原因之一。他的知识结构，不只限于物理学或自然科学，而且还涉及哲学、历史、宗教史、伦理学、艺术、政治等领域。而玻尔如此博学，也与家庭对他从小的熏陶密切相关。玻尔的父亲虽然是自然科学家，但在艺术方面也有很高的修养。他常常跟玻尔兄弟二人谈文学，一起背诵《浮士德》，朗诵海涅和席勒的诗，并经常对孩子们讲述丹麦伟大作家安徒生的童话和他的奋斗史。

实验是科学的基础。克利斯提安·玻尔自己是一位卓越的实验家，除了生理学实验以外，他还亲自做过不少物理学方面的实验。为了让孩子们有一双灵巧的手，具备良好的实验技巧，克利斯提安·玻尔经常鼓励孩子们动手修理家里损坏了的东西，并从小时候就指导孩子们做一些小型的物理实验。他还送给孩子们一台车床，让他们操作。

由于父母亲重视早期培养，尼尔斯·玻尔还在哥本哈根大学读书时就崭露头角，显示出非凡的才华。

被人们称为"全能物理学家"的苏联学者、诺贝尔奖获得者朗道曾用一组三角图形来形象地表示各类人的知识结构，称为"朗道三角"。他用正立的三角形代表基础知识宽厚（底边长）、头脑敏锐（顶角尖）的人，用倒立的三角形代表基础知识欠缺、头脑不敏锐的人。朗道认为，如若学习、研究自然科学，那么，前一种人能够做出重大发现，像爱因斯坦、玻尔就是代表人物；后一种人，就是给他当研究人员，他也不要。

最佳的知识结构是宝塔形结构，基础越宽越好，塔身越高越好。尼尔斯·玻尔所受到的早期家庭教育，是全面关心孩子的成长、使孩子具有广泛的兴趣和多方面知识与能力的生动例子之一。

案例三

俄罗斯航天之父——谢尔盖·巴甫洛维奇·科罗廖夫

谢尔盖·巴甫洛维奇·科罗廖夫是俄罗斯航天之父，1907年1月出生于苏联乌克兰共和国的历史名城日托米尔，但从小就因父母离婚而失去了父爱。

科罗廖夫四五岁时，经常在外祖父的带领下去看当地一家飞行俱乐部的飞行技艺表演。1923年年初，当地的航空之友协会诞生了，科罗廖夫成了该协会的会员，并在滑翔

第八章 西方大师涌现的主要历史时期

运动小组参加活动。

少年时代的科罗廖夫就渴望制造出他自己设计的滑翔机，于是他开始自修高等数学，并学会了制图。小小年纪的科罗廖夫当时甚至还经常在工厂里给工人们讲滑翔运动课。

科罗廖夫下决心做一名航空工程师，因为过去设计过滑翔机，不满18岁的科罗廖夫可免试进入基辅工学院机械系学习。但科罗廖夫的大学生活十分艰难，母亲难以给他足够的经济帮助。科罗廖夫就勤工俭学，曾到建筑工地当过临时工等。在这样艰难的条件下，科罗廖夫不仅取得了优秀的学习成绩，而且始终没有放弃他心爱的滑翔运动事业。1926年，科罗廖夫随父母来到莫斯科，转学到莫斯科鲍曼高等技术学校空气动力系继续他的大学学习。1927年冬季的一天，正在莫斯科读大学的科罗廖夫，在食堂里看到一张告示，邀请大学生们去听关于星际航行的讲座。这次讲座对科罗廖夫的一生产生了巨大的影响。1929年，科罗廖夫在莫斯科鲍曼高等技术学校毕业，获得了飞机设计师文凭，被分配进了苏联早期著名的杜波列夫实验飞机设计局。随后，他又获得了空气动力学工程师的称号。

也就在这一年，科罗廖夫和他的伙伴们在卡卢加市拜访了现代宇宙航行学奠基人——齐奥尔科夫斯基。科罗廖夫异常激动地宣布："从现在起，我的目标是飞向星球！"齐奥尔科夫斯基满意地笑了说："这是一项艰难的事业。年轻人，相信我这个上年纪人的话吧，这项事业需要有知识，要坚韧不拔，也许要付出毕生生命。"科罗廖夫坚定地回答："我不怕。"齐奥尔科夫斯基送给科罗廖夫许多有关这方面的书籍。这一次会见在科罗廖夫的心里留下了终生难忘的记忆，成为鼓舞他征服宇宙的新的起点。

1930年12月的一天，科罗廖夫在《莫斯科晚报》读到一则曾经幻想借助于火箭征服太空的苏联科学家尼古拉·基里洛维奇·费多连科夫刊登的不寻常的广告。广告中邀请所有对航天问题感兴趣的人士来信联系。科罗廖夫马上和费多连科夫取得了联系并加入了这个火箭爱好者小组。1931年7月18日，火箭爱好者成立了反作用运动研究小组，一个令人难忘的火箭与发动机的研制时代开始了。

1933年3月，反作用运动研究小组成功研制出第一台使用液氧和汽油作燃料的喷气发动机。同年8月，反作用运动研究小组发射了第一枚液体火箭。

1933年10月，苏联国防与劳动委员会建立世界上第一个火箭科学研究所，任命克列伊梅诺夫为所长，科罗廖夫为副所长，主管科研工作。1934年科罗廖夫的第一部著作《大气层中的火箭飞行》出版。

虽然后来由于在恶劣的政治条件下，科罗廖夫的人生道路遇到了许多曲折，但他仍先后成功地设计了一系列火箭发动机，并逐步使俄罗斯进入了飞向太空的时代。

第九章 历史各个时期中外大师涌现的比较

第一节 古代中外大师比较

中国春秋战国时期前后涌现了孔子、老子、墨子、孙子等对世界影响深远的政治家、军事家、思想家、教育家等,而西方古希腊时期和古罗马时期也涌现出亚里士多德、柏拉图等古代政治家、哲学家、数学家,被誉为欧洲历史的开端。其所处年份略早于我国春秋战国时期。从公元前221年开始,中国进入封建社会,强大的秦朝、汉朝、隋朝、唐朝、宋朝在许多方面是当时西方国家所远远不及的。这些朝代涌现出许多军事家、谋略家、文学家,也有一些数学家、天文学家、医学家等科学家,如葛洪在化学方面有所成就,沈括在物理、数学、天文学、生物、地学等方面都很有造诣,"四大发明"也是在这个时期产生的(见表1)。

表1 历史各个时期中外大师涌现的比较(1)

年份	中国	主要大师	欧美国家	主要大师
公元前770—公元前221	春秋战国	孔子、老子、孙子、墨子等	古希腊时期、古罗马时期	柏拉图、阿基米德等
公元前221—公元前189	秦朝、汉朝	秦始皇、刘邦、董仲舒、司马迁、张衡、蔡伦、刘徽等	古希腊时期至公元前146年、古罗马时期	毕达哥拉斯、欧几里得、希波克拉底、恺撒、盖伦
190—280	三国时期	诸葛亮、曹操、华佗等	古罗马时期	西塞罗等
281—580	晋朝和南北朝	祖冲之、葛洪、郦道元等	古罗马时期至公元395年、中世纪时期	
581—907	隋朝、唐朝	韩愈、柳宗元、李白、杜甫、白居易、玄奘、孙思邈等	中世纪时期	
960—1279	宋朝	沈括、毕昇、秦九韶、苏轼、陆九渊等	中世纪时期	世界第一所大学诞生,牛津大学、巴黎大学等相继问世

第二节 欧洲文艺复兴后中外大师的比较

意大利著名旅行家马可·波罗1271年开始到中国游历,在中国游历了17年之久,他认为中国当时是世界东方最富有的国家,但这个富有,主要是农业社会的富有,而当时欧洲国家处于黑暗的中世纪末期。

欧洲文艺复兴时期被认为是欧洲封建社会和资本主义社会的更替时期和分界线,这个时期中国处在元朝末期和明朝时期。但这个时期,欧洲已经涌现出哥白尼、伽利略、开普勒、布鲁诺、哥伦布、麦哲伦、但丁、莎士比亚和达·芬奇等大师,并有更多的大学出现(见表2)。而伽利略被誉为"科学革命的先驱"和"近代科学之父"。此后,欧洲科学技术的发展日益加快,在国民生产总值对世界的贡献率方面与中国的差距逐步缩小。

表2 历史各个时期中外大师涌现的比较(2)

年份	中国	主要大师	欧美国家	主要大师
1271—1368	元朝	郭守敬、黄道婆、成吉思汗	中世纪末期、文艺复兴时期	俄国涅夫斯基、意大利马可·波罗等
1368—1644	明朝	顾炎武、王夫之、吴承恩、宋应星、李时珍、徐光启、徐霞客、施耐庵、罗贯中等	中世纪末期、文艺复兴时期、宗教改革运动	培根、但丁、达·芬奇、莎士比亚、哥白尼、伽利略、笛卡尔、哥伦布
1644—1911	清朝	曹雪芹、蒲松龄、方中通、明安图、李锐、王清任、梅文鼎、李善兰、徐寿、容闳、魏源、严复等	宗教改革运动,启蒙运动,第一、二次工业革命	牛顿、波义耳、莫扎特、贝多芬、亚当·斯密、罗蒙诺索夫、伏尔泰、洛克、卢梭、孟德斯鸠、瓦特、高斯、拉瓦锡、爱迪生、门捷列夫、巴甫洛夫等

17—18世纪欧洲所发生的启蒙运动被誉为欧洲近代第二次思想解放运动。在这个时期中,1640—1688年爆发了英国资产阶级革命,1789—1799年爆发了法国资产阶级革命,1775—1783年爆发了美国独立战争,这些政治变革均对世界的进步、生产力的迅速发展

起着十分重要的作用。特别是美国，一建国就很重视法律，很重视发明创造。从此，西方国家多领域的杰出人物大量涌现，被誉为"巨匠辈出"的时代，在科学技术等方面逐步远远超过了中国。中国在明朝和清朝时期虽然在数学、天文学等方面也取得了一些具有世界先进水平的成果，但由于闭关锁国，总体上对科学技术不重视，对西方国家的进步不了解，对学习西方的长处不重视甚至排斥，如西医传入我国是在1840年鸦片战争前后，而且还困难重重。1835年成立的广州博济医局（中山大学孙逸仙纪念医院的前身）是我国最早的西医医院，而当时西医的发展在西方国家已经有很悠久的历史。我国一些领域的科学发展也没有对生产力的发展起到什么促进作用，由此中国与西方国家的差距越来越大。

英国著名学者李约瑟从1954年开始先后出版了28卷册的《中国科学技术史》，并提出了"为什么近代科学没有产生在中国，而是在17世纪的西方，特别是文艺复兴之后的欧洲"的"李约瑟难题"。这个"难题"提出后，梁启超、竺可桢等许多著名学者均给予了深入的研究，比较一致的看法主要是我国长期的封建社会的政治经济制度和儒家思想的长期统治严重阻碍了我国资本主义和科学技术的发展。明朝以后，不仅继续重农抑商，压制资本主义的发展，而且实行禁海政策，缺少学校、学会、报馆等，甚至还大量烧毁关于科学的书籍，视科学技术为"奇技淫巧"，从而使科学技术远远落后于西方国家。对科学技术发展的严重阻碍就是对以科学大师为主体的各类大师成长的严重阻碍。

西方列强用先进的社会制度和科学技术所带来的生产力的迅速发展，最终在1840年用枪炮打开了中国的大门，并与中国签订了许多丧权辱国的不平等条约……"落后就要挨打"，帝国主义和封建主义成为严重阻碍中国进步的最主要根源。

第三节 中外大学发展的比较

大学在培养大师方面起着举足轻重的作用，我国科学大师与欧美国家的差距，主要原因是科学研究的差距所造成的，而科学研究的背后主要是大学的差距所造成的，包括大学历史、办学数量（按人口比例）、质量、实验室的差距等。

处于欧洲中世纪的1088年，欧洲第一所大学——意大利的博洛尼亚大学诞生，这是欧洲近代历史的重大事件，后来陆续诞生了牛津大学、剑桥大学等多所大学，这些大学培养了伽利略、达尔文、亚当·斯密等著名科学家，他们后来为欧洲和世界的科学发展做出了杰出贡献，而当时中国处在宋朝时期。

尽管中国的教育传统源远流长，春秋战国时期伟大教育家孔子"读书至上论"和先秦的荀子《劝学》影响深远，各类私塾遍及全国，许多地方也设立了书院和贡院，湖南大学的前身——中国四大书院之一的岳麓书院创建于唐代末期，湖南大学由此被誉为"千年大学"，科举制度也闻名于世，但如果以天津大学的诞生为我国第一所近代大学诞生为标志,中国的第一所大学比欧洲的大学晚了800余年,但比美国后来居上的世界一流大学——斯坦福大学和芝加哥大学仅晚5年(见表3)。

在中国的清朝时期,西方国家许多名校就是在这个时期建立的,中国与西方国家在这方面的差距十分明显。

表3 历史各个时期中外大学的比较(3)

年份	中国	主要大学	欧美国家	主要大学
581—907	隋朝、唐朝	唐末湖南大学的前身岳麓书院诞生	中世纪时期	—
960—1279	宋朝	在宋朝,江西白鹿洞书院、河南应天书院和嵩阳书院等相继诞生,但书院与大学性质不一样	中世纪时期	1088年世界第一所大学——意大利的博洛尼亚大学诞生,牛津大学、巴黎大学、萨拉曼卡大学、剑桥大学等也相继问世
1271—1368	元朝	—	中世纪时期、文艺复兴时期	德国的慕尼黑大学等
1368—1644	明朝	—	中世纪末期、文艺复兴时期、宗教改革运动	英国爱丁堡大学等
1644—1700	清朝	—	宗教改革运动末期、启蒙运动	美国的哈佛大学、耶鲁大学、普林斯顿大学、哥伦比亚大学、布朗大学、达特茅斯学院、宾夕法尼亚大学,德国的格丁根大学、柏林工业大学,俄罗斯圣彼得堡大学、莫斯科大学等

续上表

年份	中国	主要大学	欧美国家	主要大学
1760—1840	清朝	—	第一次工业革命	德国的柏林大学、波恩大学，英国的杜伦大学、伦敦大学，美国的纽约大学、麻省理工学院、康奈尔大学，俄罗斯的赫尔岑大学即俄罗斯国立师范大学、喀山大学、罗斯托夫国立大学、圣彼得堡交通大学，澳大利亚的悉尼大学、墨尔本大学，加拿大的多伦多大学
1870—1911	清朝	1896年中国大陆第一所近代大学——天津大学诞生，同年交通大学问世，1898年北京大学诞生，1905年中国农业大学问世，清华大学于1911年成立，浙江大学的前身——求是书院1897年成立，同济大学1907年诞生，1902年北京师范大学的前身京师大学堂问世，四川大学的前身四川中西学堂诞生于1896年。我国大学还包括1888年成立的岭南大学、金陵大学等有教会背景的大学和东吴大学等私立大学	第二次工业革命	美国著名的斯坦福大学和芝加哥大学同时在1891年建校，哥伦比亚大学1896年正式诞生；日本东京大学1877年诞生，早稻田大学1882年成立，京都大学1892年问世；德国汉堡大学成立于1919年；圣彼得堡国立理工大学和圣彼得堡国立技术大学于1899年建校
1911—1949	民国时期	复旦大学、浙江大学、南京大学、武汉大学、厦门大学、中山大学、南开大学、东北大学等	第三次工业革命	韩国的首尔大学，澳大利亚国立大学、新南威尔士大学等

第九章 历史各个时期中外大师涌现的比较

续上表

年份	中国	主要大学	欧美国家	主要大学
1949—	中华人民共和国	哈尔滨工业大学、华中科技大学、中国科技大学、中国科学院大学、华南理工大学、华南农业大学、华中师范大学、深圳大学等一大批大学	第三次工业革命、第四次工业革命	—

第四节　近代中外大师的比较

以 1911 年辛亥革命为标志，中国的资产阶级革命比英国资产阶级革命晚了 200 多年。尽管辛亥革命推翻了清朝政府的腐朽统治，结束了 2000 多年的封建制度，为中国的进步打开了一道闸门，但并没有真正完成反帝反封建的历史任务。在资产阶级共和国性质的中华民国条件下，中国的现代化有了一定程度的发展，以西南联合大学为代表的民国时期大学，也培养了一批著名人才（见表4）。我国的教育事业仍有较大发展，特别是出国留学形成了一定的规模。但由于当时的国民政府在 1931 年"九一八"事变后执行"攘外必先安内"的错误国策，而对日本得寸进尺的狂妄野心却一再退让，从而最终酿成日本的全面侵华战争。抗战全面爆发后，国民政府自己又没有能力独立抗击日本侵略者，甚至以汪精卫为代表的一批国民政府要员还投降了日本。在中国共产党倡导的抗日民族统一战线的旗帜下，经过八年的浴血奋战，中国人民终于战胜了日本侵略者，赢得了近代以来第一次完全的反对外敌入侵的胜利。但日本长达 14 年的对中国的侵略给中华民族带来了极其深重的灾难。

表4　近代中外大师涌现比较

年份	中国	主要大师	欧美国家	主要大师
1911—1949	民国时期	冯如、蔡元培、姜立夫、李四光、竺可桢、胡适、鲁迅、叶企孙、陈寅恪、赵元任、王国维、梅贻琦等	第三次工业革命	爱因斯坦、波恩、费米、玻尔、居里夫人、齐奥尔科夫斯基等

第五节　现代中外大师的比较

　　在中国共产党的领导下，中国不仅完成了彻底的反帝反封建的新民主主义革命，建立了中华人民共和国，而且走上了社会主义道路。从社会制度先进性来看，中国捷足先登。马克思所设想的社会主义是在社会大生产与生产资料私有制之间的矛盾十分尖锐的条件下所产生的，而中国并没有经历过一个在资本主义条件下社会大生产充分发展的阶段，中国要在新的比资本主义更先进的社会制度条件下，不仅要尽快完成资本主义几百年的发展已经达到的生产力发展水平这个不可逾越的阶段，而且要早日超过他们。列宁曾说过，劳动生产率是社会主义能否战胜资本主义最主要的因素。这个生产力发展水平包括大师的涌现水平，这个劳动生产率包括大师的涌现率。而要实现后来居上的目标，首先是政治制度要先进合理，先进就是确实能促进生产力更快发展，合理就是生产关系和上层建筑比较适应生产力发展的需求。我们既经历过生产关系严重落后于生产力发展要求的悲惨遭遇，也尝过生产关系过于"超前"所带来的苦果。西方国家各类大师的大批出现是在资产阶级革命之后。这说明制度改革特别是政治制度改革的极端重要性。其次是重视教育和科技，重视实验，重视创新。西方国家科学大师的涌现，也来源于大学的较早建立和后来的陆续大批建立，重视科技革命和工业革命的相互促进，柏林大学和斯坦福大学成为具有里程碑意义的大学。

　　中华人民共和国成立以后，党和政府很重视大学的发展，不仅调整、改造了一批民国时期遗留下来的大学，而且新建了许多大学，在"向科学进军"和我们要"急起直追"的思想指导下，我们取得了以"两弹一星"为代表的教育科技方面的伟大成就。改革开放以后，我们拨乱反正，在纠正了教育科技方面的一些失误后，在邓小平"实现现代化，教育是基础，科技是关键"理论指导下，我国坚定不移地大力实施"科教兴国"和"人才强国"的发展战略，我国的教育事业获得了前所未有的大发展。

　　大师的大批涌现需要有一个经验和文化积累过程，由于我们曾走过的一段曲折道路，许多大师被看作"资产阶级反动学术权威"，又批判"成名成家"和"个人奋斗"，这些对青年一代无疑具有很大伤害，造成他们不仅文化基础不牢，而且价值观也发生了偏移，如"读书无用论"广泛存在，一些知识分子的子女也不认为继承父业是光荣的。党的十一届三中全会以后，我们拨乱反正，并采取果断措施大力发展教育事业，大批派遣留学生到国外留学等。经过了30多年的努力，在与中华人民共和国一起成长的一代人中，涌现出以莫言、王选、屠呦呦等为代表的一大批大师级人物（见表5）。但与我们本来应该取得的成绩相比，与世界发展趋势相比，我们仍然有很大差距。

第九章 历史各个时期中外大师涌现的比较

建设一个比资本主义更美好的社会，一个重要指标是各类大师比资本主义有更多的涌现，要实现中华民族的伟大复兴，也包括各类大师的更多出现。只要我们坚持中国特色社会主义道路，坚持改革开放，坚持以人才为本，量变必然会发生质变，我们一定可以实现我们的发展目标。

表 5 现代中外大师涌现的比较

年份	中国	主要大师	欧美国家	主要大师
1949—	中华人民共和国时期	钱学森、邓稼先、王选、吴大观、莫言、屠呦呦、马云、张小龙等	第三次工业革命、第四次工业革命	比尔·盖茨、乔布斯和众多西方国家诺贝尔科学奖得主、图灵奖和罗斯贝奖得主等

案例一

诺贝尔的部分成长历程

阿尔弗雷德·诺贝尔（1833—1896）是世界著名的化学家和发明家，但由于动荡的生活，诺贝尔仅接受了一年左右正规的小学教育，从小主要受家庭的教育，特别是他父亲对他影响很大。诺贝尔16岁就成为很有能力的化学家，能流利地说英、法、德、俄、瑞典等国家的语言。

诺贝尔出生在一个技师家庭，从小体弱多病，而意志顽强，不甘落后。诺贝尔的父亲很关心小诺贝尔的兴趣爱好，常常讲科学家的故事给他听，鼓励他长大做一个有用的人。诺贝尔的母亲卡罗莱曼，是一位有文化教养的妇女，讲求实际，乐观豁达，谦虚有礼。她对孩子既严格又慈爱。诺贝尔8岁进了当地的约台小学，这是他一生中接受正规教育的唯一的一所学校。但诺贝尔由于生病，上课出勤率最低。但是在学校里，他学习努力，所以成绩经常名列前茅。1842年，诺贝尔全家移居俄国的彼得堡。9岁的诺贝尔因不懂俄语，身体又不好，不能进当地学校。他父亲聘请了一位家庭教师，辅导他兄弟三人学习文化。老师经常进行成绩考核，向父亲汇报学习情况，诺贝尔进步很快。学习之余，他喜欢跟着父亲，在工厂里做些零碎活。诺贝尔跟着父亲，看父亲设计和研制水雷、水雷艇和炸药，耳闻目见，在他幼小的心灵中，萌发了献身科学的理想。父亲也非常希望他学机械，长大后成为机械师。1850年，17岁的诺贝尔，便以工程师的名义远渡重洋，到了美国走上了新的人生道路。

案例二

发明火车的史蒂芬森

史蒂芬森（1781—1848），英国铁路机车的主要发明家，出生于诺森伯兰城一个煤矿工人家庭。由于家境贫困，他8岁时就开始帮人放牛。14岁那年，父亲把他带到自己的矿上去做工，他当上了一名蒸汽机司炉的助手，他还做过煤矿的伙夫、泵机手和钟表修理工，没有受过正规学校教育。17岁时他还是文盲。后来他业余参加夜校学习并坚持自学。23岁到25岁他在煤矿任过蒸汽机司机，1811年他改进过一台纽科门蒸汽机。次年，他被任命为奇林沃兹煤矿的总机械师。

在煤矿工作期间，一天的劳累，常常使他腰酸腿痛，因而在他的心灵里，早就埋下了革新机械为工友们造福的愿望。不管工作多么疲劳，业余时间他从不肯休息，总是守在机器旁边，认真观察，仔细琢磨。可是他一天书也没念过，连机器上的标记符号和说明也看不懂。为了弥补自己在文化科学知识上的欠缺，史蒂芬逊在17岁时开始进夜校读书。由于他学习刻苦，没过多久就能自学各种科技书籍了。有一天，矿上的一台机器突然坏了，

第九章 历史各个时期中外大师涌现的比较

几位机械师修了很长时间也找不到原因。这时史蒂芬逊来了，他绕着机器转了几圈，自告奋勇地说："让我来试试看。"他把所有的部件都拆了下来，一件一件地进行认真检查，修理好出毛病的地方，很快照原样组装上，机器果然修好了，在场的人们发出一片赞许声。因此，史蒂芬逊被破例提拔为矿上第一个工匠出身的工程师。

史蒂芬逊当了工程师后，并没有停留在已取得的成绩上，他决心把瓦特发明的蒸汽机用于交通运输。

为了制造可供实用的蒸汽机车，他在前人创造的机车模型的基础上，通过多次试验，终于在他33岁时制造出了一台能够实用的蒸汽机车。这台机车能牵引30吨，还解决了火车经常脱轨的问题。但是，这台机车的缺点很多，不仅走得慢，震动厉害，噪声大，而且烟筒里冒出了很高的火苗。史蒂芬逊继续进行试验、改进。又经过11年的艰苦研究，世界上第一台客货运蒸汽机车"旅行号"终于诞生了。1825年9月27日清晨（史蒂芬44岁），试车表演在世界上第一条铁路——英国的达林敦铁路上举行。史蒂芬逊亲自驾驶"旅行号"。机车牵引着12节装着煤、面粉的车厢和20节满载乘客的车厢从伊库拉因开出，安全到达达林敦车站。当时车上的乘客有450人，列车载重共90吨，机车最高时速达到20至24公里。"旅行号"的试车成功开辟了陆上运输的新纪元。1829年，史蒂芬逊又研制成功了"火箭号"新机车，并亲自驾驶参加赛车。结果，"火箭号"以最高时速46公里，没有发生任何故障而获得优胜。从此，火车就正式被使用于交通运输事业。

案例三

从知青到大师

陈竺，男，1953年8月出生，汉族，江苏镇江人，农工党成员，1970年4月参加工作，法国巴黎第七大学血液学研究所肿瘤发病基础专业毕业，研究生学历，医学博士学位，教授，研究员，中国科学院院士，第十二届全国人大常委会副委员长，农工党中央主席，曾任卫生部部长、中国科学院副院长等。

1970年，陈竺来到江西省信丰县小江公社山香大队的老圳头生产队，开始了6年的知青生活。当地农民回忆说，每天收工后，陈竺常点着煤油灯看父母寄来的医学书到深夜。第二天天还不亮，他又起床赶在出工前读英语。

父亲陈家伦每月用1元钱买1本英文版的《中国建设》寄给陈竺，要知道那时一个月的生活费也就七八元钱。陈竺把有关医学的报道翻译出来寄给父亲。父亲寄回的文章圈圈点点，修改得十分详细。通过6年的"函授教育"，陈竺打下了扎实的英语和医学基础。

1973年，陈竺参加了高校招生文化考试。在信丰县2000多名考生中，陈竺的成绩名列第二。由于家庭出身的原因，名列前茅的陈竺却落榜了。他一度为此痛苦迷惘，但不久就调整过来了，继续努力学习，埋头生产。1974年，21岁的陈竺正式开始了他的"医学

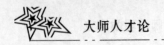

事业"——成为一名赤脚医生。

由于陈竺的表现突出，1975年，县武装部负责人推荐他到江西省上饶地区卫生学校学习。陈竺非常珍惜这来之不易的学习机会，毕业时各门成绩全是优秀，留校任教。工作之余，他翻译了数十万字的医学文献。

1978年，陈竺被推荐到上海第二医学院附属瑞金医院内科进修。著名血液学专家王振义教授意外发现，陈竺虽然只有中专学历，但写病史十分仔细、准确，字迹工整，他开始悄悄观察这个年轻人。

这年10月，高校恢复研究生招生考试，爱才心切的王振义鼓励陈竺报考自己的研究生。没有上过大学的陈竺夜以继日地自学大学课程，最终在600多名考生中获得总分第二、血液学专业第一的好成绩。王振义坚持承受了重大压力，破格录取了他。陈竺学业进步很快，先后在《中华医学》英文版发表了3篇有关血友病的论文，引起国际医学界的关注，不久就被接纳为国际血友病联盟的第一个中国会员。

1984年，陈竺凭着优异的专业成绩和掌握英语、法语两门外语的优势，成为中华人民共和国成立后首批赴法国担任外籍住院医生的人选，来到巴黎圣·路易医院血液中心实验室。一年后，他开始攻读博士研究生学位，主修分子生物学。陈竺如饥似渴地学习，常常通宵达旦。在第一年的考试中，以《白血病T细胞受体基因的研究》的论文，夺得全班第一。

1986年1月，陈竺的夫人、研究生同学陈赛娟来到陈竺所在研究所攻读细胞遗传学博士学位。她接手了一个高深的细胞遗传学课题，攻了整整半年，未见一丝成功的曙光，陈竺来助战。那段时间，熟悉的人都知道，"半夜还亮着灯的实验室，一定是陈竺的"。甚至连实验大楼的大门钥匙，都由陈竺掌管了很久，因为他们来得太早，走得又太晚。半年后，陈竺夫妇合作发表了6篇论文，在白血病分子生物学研究领域取得了"突破性成果"，找到了染色体断裂的确切位置，并提出了新的断裂点集中区域的概念，之后被国际同行广泛采纳。

1989年，陈竺夫妇俩决定回国，老师们劝他们："留下来，你们会有灿烂的前程；回国，你们将一无所有。"陈竺笑了笑说："之所以回国，不是因为我不爱法国，而是因为我更爱中国。"他在自己博士论文的扉页上，工整地写下：献给我的祖国。

第十章 不断优化大师成长的微观环境

第一节 发现人才和引进人才

一、发现人才

要培养人才、使用人才，首先要识别人才、发现人才。

按照马克思主义的观点，人才存在于人民之中。故以科学大师为重点的大师人才不仅来源于中国科学院或北京大学、清华大学等我国研究型大学与科研机构，不仅来源于出国留学人员队伍中，也蕴藏在各行各业。

发现大师级人才要从娃娃抓起。

牛顿、爱迪生、爱因斯坦等世界大师，在其成长过程中，都有曲折的历史，甚至有的被学校认为是不可造就。实际上，大师们在童年时代、青少年时代就已经显示出他们的特点，如善疑多问、喜欢动手、爱读书等。如数学家高斯在童年时代就已经显示出他比较聪颖。对于这些信息，我们要及时了解和分析，尽可能不埋没任何一个人。被誉为"国宝教师"的霍懋征老师提倡"用爱育爱"，坚持"没有教育不好的学生"，不放弃一个学生。对从小比较聪明的孩子，我们要注意培养。对暂时表现一般的孩子，我们也要注意观察、耐心培养。而千万不能将优点看成缺点（如将爱提问看成是缺点等）。

发现人才，还要善于当伯乐。大师的成长与伯乐的关系十分密切，"一个好汉三个帮，一个篱笆三个桩"，任何大师的成长，都有许多人在帮助，有的帮助对其成长起着关键作用。特别是有不少自学成才的、原来不是学这个专业的、条件不很具备或身处逆境的。

"物以类聚"，发现人才，还应以专业组织等去找，"以才引才"之所以事半功倍，原因就在于此。

各行各业以及人生的童年、青少年和青年甚至中年，都有"潜在的大师""未来的大师"，只要我们善于发现他们，培养他们，我国的大师级人才一定可以大量涌现。

二、引进人才

对于大师人才来说，引进人才，主要是从海外留学人员中，引进在国外已经做出突出成绩、是某方面的领军人才，也是我国发展所紧缺的人才，他们是准大师人才甚至是显大师人才了，如我国"千人计划"所引进的人才等。清华大学副校长施一公教授，在美国普林斯顿大学生命科学领域已经做出了突出成绩，将其从美国引进回国，使我国结构生物学这个学科很快走在了世界的前列。美国是一个移民社会，在建国之初，美国的领袖就很重视人才，他们通过制定很有吸引力的人才政策，吸引了世界上许多优秀的科学家到美国工作甚至成为美国国籍的人。

到世界一流大学去招聘优秀应届毕业生和到世界著名研究所吸引优秀研究人员回国服务，并继续加以培养和充分发挥其作用，是我国早日涌现世界一流大师的重要途径。我国著名人才学家王通讯研究员认为，高端科技人才的一个重大特征是，一般拥有在世界著名研究型大学学习与工作的经历。这是因为研究型大学大都有享誉世界的国家实验室，故能造就大师级人才。据统计，从1946年到1981年，35年间，获得诺贝尔奖的高端人才70%是研究型大学的教授。白春礼在其主编的《杰出科技人才的成长历程》中说，美国1901—1972年的诺贝尔奖得主，55%毕业于5所美国的研究型大学，而美国的国家科学院院士，一半以上来自这5所中的3所。高端人才，必须通过行家去寻找人才。高端人才在质量，不在数量。一个人带动一批人，带动一个学科，带动一个产业，强大一个国家。[1] 引进高层次人才主要对准"领头雁"，引进领军人才，不仅可以单个引进，还可以成建制引进。这样可以快速形成创新团队，有利于缩短人才之间相互配合的磨合期，快出成果；有利于催生新的学科生长点，扩大引智成果。如南京大学1999年引进了美国哈佛大学医学院心血管研究室刘建宁教授等五人课题组的团队，使南京大学一举成为分子医学领域世界一流科研团队。同济大学引进留学德国的汽车博士万钢而收获一个杰出的汽车学科团队。[2]

第二节 培养人才和评价人才

一、培养人才

培养人才，是大师级人才成长的关键，也是我国建设现代化强国的基本途径。日本著

---

[1] 王通讯：《人才战略：凝思与瞻望》，党建读物出版社2014年版，第8至9页。
[2] 王通讯：《人才战略：凝思与瞻望》，党建读物出版社2014年版，第56至57页。

名企业家松下幸之助就认为，在人才资源管理中，自己培养人才至关重要。优秀的人才很难"捡到"，也很难"控制"，最好的途径是自己用心去培养。我国不少尖端科技的人才和大师级人才很难单靠引进，而是将引进与培养密切结合。

培养人才主要分为学历性培养和使用性培养，教育是培养人才的主要途径，教育又分为学校教育、家庭教育、社会教育和自我教育。学历性培养主要包括基础教育、高等教育、职业技术教育等学校教育；使用性培养主要指终身教育，终身教育既有学校教育的部分，更多的是社会教育；学前教育主要指幼儿教育，是家庭教育的重要内容；出国留学教育（争取到世界一流大学留学）应是人才培养特别是高层次人才培养的重要环节。这些环节都对大师级人才的成长起到了很重要的作用。而在众多教育中，自我教育具有关键作用。一个人的学历可以有高有低，但学习力必须强，阅历必须丰富，而学习的最主要目的是创造而不仅仅是为了找一份工作。学习力和创造力是成为大师级人才的最重要的能力。

培养人才，不仅要培养受教育者德智体全面发展，培养他们具有丰富的知识，更重要的是培养他们立志成为大师级人才的志向、百折不挠的毅力以及创新意识和创新能力。

只要每个环节都切实做好，准大师级人才就可以大批涌现。

如何培养大师级人才详见第五章。

二、评价人才

评价人才是人才管理的指挥棒。"文革"期间仅是"两个估计"，就压抑了多少人才特别是大师级人才。党的十一届三中全会被誉为"伟大的转折"，也被誉为知识分子的"第二次解放"，这个"解放"包括政治解放、经济解放、思想解放和才能解放。但在当今时代，各种不利于大师级人才成长的不合理的制度仍有不少，如唯学历、唯职称而不是主要看能力看贡献等。学历是重要的，但唯学历就不对了。学历只是做出贡献的重要条件，但不是唯一条件。历史上做出突出贡献而学历偏低的大师级人才均不少。如我国著名文学大师鲁迅，他的学历也只是中专。如果按照现在的评价方法，他不可能称为"大师"，更不可能成为世界级大师。我国首位诺贝尔科学奖获得者屠呦呦被称为"三无"教授，即"无博士学位，无留洋经历，无院士头衔"，无博士学位、无留洋经历，这些是历史所造成的，也说明了不一定非要博士学位或有留学经历才能取得重大成果。但"无院士头衔"就值得深思，这也反映了我国大师级人才评价所出现的偏差，而这还不是个例。"两院"院士和高级职称人才对我国大师级人才的成长具有"引领"和"榜样"的作用，如果在这方面有"水分"，无疑很不利于大师级人才的成长。

第三节　留住人才和管理人才

一、留住人才

列宁曾说过，我们除了利用资本主义去发展社会主义，不知道还有什么别的社会主义。我国经历了2000多年的封建社会，资本主义在我国并没有得到过充分发展，我国的社会主义是从半殖民地半封建社会的基础上经过新民主主义革命阶段而进入的，对于中华民国所留下的各类文化遗产特别是人才遗产，本来应该很好珍惜并充分发挥他们的作用。但由于"左"的错误，使大批知识分子特别是从旧社会过来的知识分子曾受到了不公正对待。

国与国之间的竞争，实质上就是人才的竞争。第二次世界大战结束前，美国首先将大批德国科学家带到美国，为使美国一跃成为科技强国甚至是世界科技中心创造了很好的条件。

今天，国家花费了大量人力、物力、财力去引进人才特别是到海外引进人才，如"千人计划"和"万人计划"等。但只是引进人才而不留住人才也是没有什么大作用的。"士为知己者死""良禽择木而栖，贤臣择主而事"，要留住人才，一定要留住人才的心。真正做到事业留人、待遇留人、感情留人，而不能做各种形式"伤人心"的事。要像周恩来、邓小平那样，做知识分子的知心朋友，人才的"后勤部长"。

二、管理人才

大师级人才是国家的宝贵财富，需要我们去珍惜和管理好。狭义的大师管理仅指现有大师级人才的引进、提高、使用、保健等管理，广义的大师管理包括对潜大师级人才的引进、培养、晋升、保健、保护等管理。

大师级人才与别的人才一样，具有动态性，在一定的条件下，非大师级人才可以晋升为大师级人才，而大师级人才也可以转化为非大师级人才。

如何对大师级人才进行有效管理，国家和地方有关部门已经出台了很多政策，关键是如何落实。同时，要坚持改革，及时更新，与时俱进，使各项工作走在前面，要尊重大师的特点，了解大师的个性和需求，争取多做未雨绸缪的事，少做亡羊补牢的事，不做痛心疾首的事。

第十章 不断优化大师成长的微观环境

案例一

中国互联网之父——钱天白

钱天白（1945—1998），出生于江苏无锡。1963年考入清华大学无线电系无线电技术专业；1979年年初调至五机部计算站（中国兵器工业计算所的前身）；1987年9月20日，钱天白发出中国第一封电子邮件"越过长城，通向世界"；1990年10月，钱天白注册登记中国顶级域名cn；1994年4月20日，中国实现与互联网的全功能连接，被国际上正式承认为有互联网的国家；1996年1月，中国互联网全国骨干网建成并正式开通，开始提供服务；1998年3月，信息产业部成立。

钱天白与Internet的渊源最早可追溯到20世纪70年代末，那时他赴德国为兵器工业部引进大型计算机，第一次听说了Internet这个词汇，这引起了他的关注。到了1987年，他参加了国际互联网交流会，这是中国人的身影第一次出现在类似的国际会议上，令与会的欧美国家代表惊讶。从那以后，用他自己的话说，"也就绑在这个网络战车上了"。为了推广Internet，钱天白可以说是不遗余力。作为中科院计算机网络信息中心客座研究员、CNNIC工作委员会副主任委员、国务院信息办安全专家组成员，他为CNNIC的筹备、运行、管理，我国第一个域名管理政策法规的制定以及我国信息网络的安全运行做出了重大贡献。他主持建成了我国第一个在Internet中正式注册并投入正常运行的CANET网络中心。作为我国在Internet中的代表，他负责国际国内网络互连的技术协调工作，同时致力于推动我国国家级科研教育计算机网的规划建设工作。在普及宣扬Internet概念上，钱天白起了不可忽视的作用。他首先身体力行，自电子邮件在中国首次开通以来，有数十个科技单位通过他的渠道收发电子邮件。从1987年开始，他去开国际会议并不是用传真、信件来进行联系，所有事项都是通过电子邮件进行，包括订旅馆、会议注册、报到等。每次出差，钱天白都会尽快与当地网络人取得联系，共享网上信息。他白天的时间可以说是100%在网上，晚上也得有相当大的一部分时间作为业余活动在网上跟踪国外的先进技术、发展动态，来联系网络界的朋友。钱天白所做的大量无形工作影响了周围的人。20世纪90年代以前，Internet的概念还不为人所知，钱天白费了很多口舌给领导、亲戚、朋友、同学讲述，在业界做了大量报告，一点点地做推广工作。他事无巨细，甚至具体到影响身边的人上网，在他的指导下上网的同学、同事、朋友就不在少数。我们眼前的钱天白完全是一个英雄形象——振臂一呼，举起了中国进军Internet的大旗！到了1996年的时候，很多的媒介、普通的人开始关注上网，他的心情高兴得无以复加。他说："我记得1987年在普林斯顿开会的时候，外国看不起中国——网络速度这么低，只有一个结点。但是我心里想，有朝一日，中国也会向其他国家一样，很快进入到信息化社会里头去。现在到了1996年，看到在中国无论是在宣传媒体还是周围的各行各业都开始掀起网络热，我当然很高兴，因为觉得是我十年以来做的一个梦。"

钱天白明确看到互联网会使中国人的生活方式发生很大变化，但他预测时间不会是特别短，因为这里头牵扯我们要发展自己民族信息产业的问题。整个 Internet 是在美国的文化上发展起来的，对中国人来讲并不是完全适应的，因为中国的文化背景和社会背景，必须有自己的民族文化，我们的信息网络应该是满足中国的经济和社会发展的需要，为中国的经济发展服务。值得欣慰的是，在他去世之后不到两年的时间里，中国的信息化进程超过了他的预测，互联网已经开始影响到中国人的生活方式。党的十八大以来，"互联网+"作为创新创业的重要组成部分更是如火如荼。

然而，钱天白的人生道路是相当曲折的。

1969 年，因为家庭成分不好，钱天白尽管是在清华大学毕业但被分配到了东北辽阳一个盲人小工厂，才能没法施展，但他并没有怨天尤人，就此消沉，而是以"天生我材必有用，长风破浪会有时"自勉。他还以此来勉励弟弟妹妹们，不要虚度年华。他给大妹妹红菱做了一个收音机，同时寻找各种各样的英语教材，尽可能地为她自学英语创造条件。红菱在他的影响与帮助下，在 20 多年里，孜孜以求，从一个乡村教师，成为无锡最好的中学里的最优秀的老师。这期间她当过全国劳动模范，获得过五一劳动奖章，当选过全国人大代表。1969 年，钱天白的 7 个兄弟姐妹天南海北，有的在西北，有的在东北，有的在苏北，有的在安徽，钱天白时时挂念着他们，最不放心的是那时只有 15 岁、正在长身体的小弟弟天洪，为了让天洪不要过于劳累，他每个月从自己仅有的 30 多元工资里，拿出 15 元寄给天洪。同时，为了照顾、呵护重病缠身的妻子，前前后后耗尽了他近 20 年的漫长岁月。婚后不久，他发现妻子患有重病，于是便开始了从北到南，又从南到北四处求医问药的旅程。多少年来，他用善良，用真诚的爱，用惊人的毅力和耐心，在尽一个丈夫的责任。祸不单行，送走了妻子之后，父亲又一病不起。5 年里，钱天白只要一有假期，就会立刻飞回老家无锡，对父母尽孝心。

案例二

发展经济学之父——张培刚

张培刚（1913—2011），生于湖北红安，中国著名经济学家，华中科技大学经济学院名誉院长兼经济发展研究中心主任，美国哈佛大学经济学博士。

张培刚在武汉大学的历史上是著名的"四个一"学生：毕业时成绩全院第一，3 年一次的庚款留美考试全国第一，第一个拿到哈佛大学的经济学博士，第一个中国人获得哈佛大学最高奖——威尔士论文奖。

1929 年，张培刚考入武汉大学文预科。学校的档案馆至今还保存着他当年的报名表。这张修业证明显示，张培刚当年只读了一年半的高中就跳级考入武大预科。当时国立武汉大学刚刚成立，招生非常严格，当年的文科班只录取了张培刚一个人。

1941 年 8 月，张培刚从香港乘船抵达波士顿，进入哈佛大学。他选择了《农业与工业化》为博士论文题目。在哈佛期间，师从熊彼特、张伯伦、布莱克、汉森、厄谢尔、哈伯勒等大师，深入学习和研究当时世界最前沿的经济学理论。1949 年，他的论文由哈佛大学出版，并成为许多大学经济学专业的指定参考书。中国人民大学的高鸿业教授于 20 世纪 50 年代在美国加州大学伯克利分校攻读硕士学位时，就在老师给他的书单上意外地发现这本唯一一个中国人写的书。

1990 年，北京大学的梁小民教授把当年刘易斯获得诺贝尔奖的《经济增长理论》翻译成中文，相比之下张培刚的理论远在刘易斯之上，刘易斯主张通过工业化来实现经济发展，那是牺牲农业来发展工业。但是张老的书是把农业作为产业的一个部分，他所要求的不是牺牲农业发展工业，而是把农业和工业作为整体来发展。后来刘易斯也作了反思，刘易斯说："过去我太重视工业了，牺牲农业发展工业，看来这是错误的。"世界银行的经济专家钱纳里来华讲学时说："发展经济学的创始人是你们中国人，是张培刚先生。这是中国人的骄傲。" 1986 年，西北大学教授何练成访美后说，哈佛大学一教授在座谈会上说，张培刚才真正是发展经济学的创始人，刘易斯、舒尔茨的理论比他提出的要晚好些年，因此他更有资格获得诺贝尔奖。

1998 年，张培刚教授的博士点批准下来，研究领域是发展经济学、西方经济学、农业经济学和工商管理学。这些学科目前在全国处于领先水平。

案例三

百度创始人的成长道路

李彦宏是著名的百度公司创始人，也是我国信息技术领域的顶尖专家之一。

1968 年，李彦宏出生在山西阳泉一个普通的家庭。年少时曾着迷过戏曲，甚至曾被山西阳泉晋剧团录取。但在中学时代，李彦宏还是全身心投入到功课学习中。1987 年，李彦宏以阳泉市第一名的成绩考上了北京大学图书情报专业。当时对于许多大学生来说，选择出国是一条自然而然的道路。从大三开始，李彦宏心无旁骛，过着"教室—图书馆—宿舍"的生活，目标是留学美国，方向锁定在计算机专业。

1991 年，李彦宏收到美国布法罗纽约州立大学计算机系的录取通知书。

"我出国不是一帆风顺。因为换专业，刚到美国学计算机，很多功课一开始都跟不上。有时和教授面谈时，由于较心急，谈一些自己不是很了解的领域，结果那些教授就觉得我不行。"在学校呆了一年后，李彦宏顺利进入日本松下实习三个月，这对李彦宏后来职业道路的选择起了至关重要的作用。

1994 年暑假前，李彦宏收到华尔街一家公司——道·琼斯子公司的聘书。"在实习结束后，研究成果得到这一领域最权威人物的赏识，相关论文发表在该行业最权威的刊物上，这对以后的博士论文也很有帮助。"李彦宏说："但那时候，中国留学生中有一股风气，就是读博士的学生一旦找到工作就放弃学业。起先，我认为自己不会这样。但这家公司老板也是个技术专家,他对我的研究非常赏识。两人大有相见恨晚的感觉。士为知己者死,于是我决心离开学校,接受这家公司高级顾问的职位。"

在华尔街的三年半时间里,李彦宏每天都跟实时更新的金融新闻打交道,经常翻看《华尔街日报》,先后担任了道·琼斯子公司高级顾问、《华尔街日报》网络版实时金融信息系统设计人员。

1997年,李彦宏离开了华尔街,前往硅谷著名搜索引擎公司Infoseek(搜信)公司工作。

在硅谷的日子,给李彦宏最大的感触是,希望通过技术改变世界,改变生活。但让李彦宏感受最深刻的还是商战气氛,这让李彦宏感觉到:"原来技术本身并不是唯一的决定性因素,商战策略才是真正决胜千里的因素。"

李彦宏在海外的8年时间里,中国互联网界正发生着翻天覆地的变化。从1995年起,李彦宏每年都要回国进行考察。1999年,李彦宏认定环境成熟,于是启程回国,在北大资源宾馆租了两间房,连同合作伙伴8人一行,从2000年1月开始了创建百度公司,并顺利融到了第一笔风险投资金。

2001年,李彦宏在百度董事会上提出百度转型做独立搜索引擎网站,开展竞价排名的计划。然而,他的这个提议遭到股东们的一致反对:此时,百度的收入全部来自给门户网站提供搜索技术服务支持。如果百度转做独立的搜索引擎网站,那些门户网站不再与百度合作,百度眼前的收入就没了;而竞价排名模式又不能马上赚钱,百度就只有死路一条。

在充分陈述了自己的计划和观点后,仍旧得不到首肯的李彦宏平生第一次发了大火。尽管李彦宏的一贯自信这次受到了极大的挑战,然而只要他认准了的东西,几乎没有人能改变,尤其是在关乎百度未来发展的大方向、大问题上,他丝毫不会退让。

最终,投资人同意李彦宏将百度转型为面向终端用户的搜索引擎公司,他们告诉李彦宏:"是你的态度而不是你的论据打动了我们。"

从此,仅仅经过十多年的发展,百度已经发展成为全球第二大独立搜索引擎和最大的中文搜索引擎。百度的成功,也使中国成为美国、俄罗斯和韩国之外,全球仅有的4个拥有搜索引擎核心技术的国家之一,百度也成为了中国最具价值的品牌之一。

第十一章 积极营造良好的大师涌现的宏观环境

第一节 确定正确的政治路线

1776 年，当美国宣布独立时，就把重视人才作为他们的基本国策之一，加上当时比较先进的资本主义制度和移民文化等，使美国经过了不到 200 年的奋斗就成为了世界强国。英国、法国、德国、日本等国家都有这方面的成功经验。中国是在半殖民地半封建社会的条件下经过新民主主义革命而走上社会主义道路的，没有经过资本主义充分发展的阶段。本来党的"八大"的路线是正确的，但后来由于对进入社会主义社会后主要矛盾的认识产生了偏差，过分强调阶级斗争，甚至将不同意见也看作阶级斗争，使后来我国的发展走了弯路并由此付出了沉重的代价。1975 年，第四届全国人大再次重申了实现四个现代化的宏伟目标，党的十一届三中全会以后，我们拨乱反正，更是大踏步朝着这个宏伟目标而努力奋斗，并对什么是社会主义、如何建设社会主义这个根本问题有了更深刻的认识，从而产生了中国特色社会主义理论。政治路线端正了，我国经过了 30 多年的努力就一跃成为世界第二大经济体，并且争取在 2050 年建成世界科技强国。中国通过走社会主义道路可以真正实现中华民族的伟大复兴，这个光辉前景已经越来越清晰地展现在国人的面前。

在这个正确的政治路线指引下，我国具有国际影响力的各类大师正在不断涌现出来，在不远的将来，也一定可以真正建成大师云集的人才强国。

坚持正确的政治路线，是我国大师更多涌现的最重要的政治条件。

一、坚持正确的思想路线是制定正确政治路线的前提

中国共产党之所以能从小到大、由弱到强，领导中国人民摆脱了苦难的命运并不断从胜利走向新的胜利，关键是有一条正确的思想路线，这就是从实际出发，理论联系实际，主观符合客观，在实践中不断检验真理和发展真理，善于抓好每个时期的主要矛盾，为了国家和人民的利益而不断坚持真理和纠正错误。要使我国大师有更多的涌现也必须首先坚持正确的思想路线，既不能过于急躁也不能悲观失望，既要充分发挥主观能动性也要尊重

大师涌现的客观规律。

不断深化体制机制改革也是确定正确路线的重要内容。

二、不断深化体制机制改革是促进大师更多涌现的重要条件

社会主义的根本任务是解放和发展生产力，马克思关于生产关系一定要适应生产力发展要求的原理，也适用于大师人才的成长。欧洲文艺复兴运动以后，特别是英国资产阶级革命爆发以后，各类文化巨匠成批涌现。这是新的生产关系和上层建筑登上历史舞台后，促进了生产力发展的结果。1956年中国走上社会主义道路后，所建立的社会主义制度还是主要以苏联的社会主义制度作为参照物，还是很不完善的社会主义制度。但党的八大对社会主义主要矛盾的认识是正确的。大力发展经济和文化，本来就应该是我们的主要任务。经过了20多年的曲折实践，我们才清醒地认识到发展是"执政兴国"的第一要务。中国并没有经历过一个资本主义充分发展的阶段，我们将长期处在社会主义的初级阶段，在这个阶段，我们必须在党的领导下，很好补市场经济这一课，充分利用资本主义来发展我们的社会主义。并将改革开放作为强国之路。社会主义条件下大师是否能比资本主义有更多的涌现，也是衡量社会主义优越性的重要标志。有专家指出，人才问题的背后是制度问题。目前影响大师人才成长在体制机制方面的问题还有不少，如人才不得不将部分精力分配在一些杂务上；激励机制不当造成人才动力上不强；社会上的腐败现象对人才的成长带来不少负面影响甚至会影响到社会的稳定；人才的创新创造力与社会发展需求的融合不足；对人才考核评价上的偏差引导人才将时间和精力分配在不必要的任务上；人才资源配置不当又流动不畅造成人才资源的浪费以及培养开发不足等。解放人才生产力必须破除影响人才作用充分发挥在体制机制方面的阻碍力。影响大师成长的制度很多，如教育制度、分配制度、招生制度、职称制度、聘用制度、研究生制度、博士后制度、院士评选和管理制度等。我们只有按照生产关系一定要适应生产力发展要求去不断进行体制机制改革，才能促进我国大师人才的更多涌现。

三、不断加强国际交流，紧跟世界进步发展潮流

邓小平曾提出"教育要面向现代化，面向世界，面向未来"的精辟思想，党和政府近年来又明确提出科技创新要"面向世界科技前沿，面向国家重大需求，面向国民经济主战场"，这均是我国各类大师能早日更多涌现的正确方向。

不断加强国际交流，才能了解有关领域的国际发展趋势，才能开拓思路，更快寻找到解决问题的"捷径"。如戴维的"控制论"，就是在与一个医生交流时受到启发而产生的。大师是走在时代前列的人，或走在学科发展前列的人。我国要有更多的大师涌现，一定要"知己知彼"，知道目前国际上某领域哪个国家最先进，达到了什么程度。大师是在这个基础上超越的人，连这个基础都不了解，必定吃亏。要实现这个要求，必须建立发达的信息系统。如在广州举行的"2016年中国海外人才交流大会"上，由瑞典皇家科学院和工

第十一章　积极营造良好的大师涌现的宏观环境

程院两院院士、曾任诺贝尔物理学奖 10 年评委的斯万博格教授领衔的全球尖端项目就得到国内一些科研单位的高度重视，而这些名教授的来华访问和创业又是我国公派留学生的贡献。这类人才交流会以及高技术交流会等对于我们及时了解国际科学技术发展动态均有重要作用。

不断巩固和发展中美等国家的合作互赢关系是我国大师人才早日更多涌现的必要条件。世界科学中心先后由意大利、英国、法国、德国移到美国。美国在科学技术、世界一流大学、科学大师数量等多方面均持续走在了世界的前列。积极主动与美国等发达国家长期保持友好合作关系，加强学术交流，才能保证我们有更多大师涌现。

第二节　营造良好的创新环境

所谓"大师"就是某领域、某学科的开拓者，是走在时代最前列的人，具有大的创新成果是大师的最主要特征。如姜立夫是"中国现代数学之父"。要使大师涌现，一定要创新涌现。尽快实现由"跟跑""并跑"到"领跑"的转变。尽快实现"弯道超车"。这里有几个关系需要处理好。

一、永远要虚心学习西方国家一切文明成果

学习资本主义国家的一切文明成果，不仅需要在我们很落后的情况下这样做，以后我们进步了同样需要这样做。因为中国没有经历过资本主义充分发展的阶段，特别要注意向资本主义学习，认真吸收他们的长处，并在这一基础上进一步创新。同时，随时学习一切国家的长处，重视国际交流，对自己的发展只有好处没有坏处。我们要永远记取近代中国由盛到衰的重要原因就是不注意向别的国家学习的沉痛教训。同时，"知己知彼"，我们也需要随时向他国学习。创新是在继承的基础上的发展，大的创新成果一定是站在巨人肩膀上才有可能。

二、不迷信西方国家，也不迷信大师

毛泽东曾勉励中国人民要"破除迷信，解放思想""世上无难事，只要肯登攀""中国人民有志气、有能力，一定要在不远的将来，赶上和超过世界先进水平"。迷信就是没有根据的崇拜、过分的崇拜，以为西方的月亮就是比东方的要圆，西方人就是比中国人聪明。实际上，西方国家逐步超过中国，主要是从欧洲文艺复兴运动开始，美国建国至今也只有 240 多年。唐宋时期，西方人都很羡慕中国。大师也不是高不可攀，只要我们坚定信心，顽强努力，敢于冒险和创新，像莱特兄弟、居里夫人和爱迪生那样去奋斗，大师才有可能青睐中国人。落后不可怕，可怕的是我们看不到自己落后，看到落后了又失去了赶超

的勇气。

三、切实抓好创新驱动

党的十八大以来，创新驱动得到了进一步的落实，建设创新型国家的光明前景越来越清晰。尽管党和政府将创新摆在我国众多发展战略的关键，但要真正落实，还有很多工作需要做。而创新驱动发展战略的真正落实，必然会涌现一大批大师级人物。

创新驱动要将创新教育放在很重要的位置。创新不能只靠中国科学院和研究型大学这些"正规军"，也要靠"地方军"和"民兵"，要真正体现企业是创新的"主体"，要像"格力空调"那样，进行全员创新。只有不断开发亿万人民的大脑，不断提高他们的创新意识和创新能力，我们国家建成创新型国家的根基才会牢固。

四、制定正确的高层次人才发展战略

"人无远虑必有近忧"，高层次人才战略发展就是对我国如何能尽快做到从人才大国迈向人才强国所进行的全局性、长远性的谋划。中国共产党领导中国人民历经许多艰难困苦逐步走向独立解放和繁荣富强，首先是战略选择正确。无数事例说明，战略上高人一筹，往往可以做到捷足先登。目前，我国高层次人才与美国等发达国家相比较还有较大差距。如何能做到更有效吸引、培养、使用好高层次人才，如何能打赢"高端人才战争"，还需要我们正确制定好人才发展战略并给予切实落实。

只有不断加强国际交流，才能了解有关领域的国际发展趋势，才能开拓思路，更快寻找到解决问题的"捷径"。如戴维的"控制论"，就是在与一个医生交流时受到启发而产生的。大师是走在时代前列的人，或走在学科发展前列的人。我国要有更多的大师涌现，一定要"知己知彼"，知道目前国际上某领域哪个国家最先进，达到了什么程度。大师是在这个基础上超越的人，连这个基础都不了解，必定吃亏。要实现这个要求，必须建立发达的信息系统。

如在广州举行的"2016年中国海外人才交流大会"上，由瑞典皇家科学院和工程院两院院士、曾任诺贝尔物理学奖10年评委的斯万博格教授领衔的全球尖端项目就得到国内一些科研单位的高度重视，而这些名教授的来华访问和创业又是我国公派留学生的贡献。这类人才交流会以及高技术交流会等对于我们及时了解国际科学技术发展动态均有重要作用。

不断巩固和发展中美等发达国家的合作互赢关系是我国大师人才早日更多涌现的必要条件。世界科学中心先后由意大利、英国、法国、德国移到美国。美国在科学技术、世界一流大学、科学大师数量等多方面均持续走在了世界的前列。积极主动与美国等发达国家长期保持友好合作关系，加强学术交流，才能保证我们有更多大师涌现。

第三节 始终不渝地落实好科教兴国等发展战略

我国长期处于封建社会，而封建社会多个朝代又将科学技术视为"奇技淫巧"，这是我国科学技术发展和生产力发展长期落后于西方国家的主要原因。而西方国家之所以能后来居上，甚至打败当年的"老师"，其主要原因就是重视教育、重视科学技术和重视人才，并通过科技革命带动工业革命。大师的主体是科学大师。而科学大师包括基础研究、应用研究等领域的大师。科技创新又是各类创新的牛鼻子。故真正落实好科教兴国战略，我们就能够逐步做到有更多的学术大师涌现出来。

教育主要包括学前教育、基础教育、高等教育（职业技术教育）、终身教育和自我教育。其中，高等教育又分为国内教育和留学教育两部分。民国时期，一些有条件的青年人想出国留学就基本上可以心想事成。如陈寅恪当年可以到许多国家去学习，并由此掌握了20国的语言；杨振宁、李政道想去美国留学又可以如愿以偿。其中，李政道之所以选择去芝加哥大学留学是由于该大学是当时美国唯一一所没有要求非要具有学士、硕士学位才可攻读博士学位，而当时李政道还没有在西南联合大学本科毕业。这些灵活的政策不仅吸引了众多特别聪颖的有志青年，而且也为人类进步培养了更多科学大师。由于多种因素的共同影响，芝加哥大学后来迅速成为世界一流大学之一。但招生环节上的特色无疑是一个重要原因。

中华人民共和国成立后，由于对教育的地位认识不清，曾有一段时期不仅想深造的许多适龄青年没有机会深造，而且深造不看文化水平，却重在政审等。以致周恩来总理晚年曾大声疾呼："没有知识，没有人才，四个现代化就是一句空话。"我国在教育方面的曲折是中华人民共和国成立以来我国大师人才涌现得较少的主要原因。改革开放以来，我国的教育事业取得了巨大成就，但要做到人人愿意读书都有机会、人人愿意出国留学也有渠道的目标还有一定距离，而这是大师更多涌现的必要条件。同时，许多人读书甚至出国留学均是为了更好的就业。就业率是影响青年上学积极性的重要原因。我们要引导广大青年将顺利就业与立大志、成大师结合起来。既要就业，也要有更崇高的人生目标。岗位成才也是成大师的一条重要途径。

"学贵有恒"，无论是接受高等教育还是职业技术教育的青年人，都要树立人生的崇高目标，立志做大事成大师。有了这个远大目标，就能够持久学习、终身学习。同时，学习力、就业力和创造力是人生最重要的能力，也是自我教育的主要内容。不少自学成才大师们的学历可以不高，但学习力、创造力不可不强。对于有崇高理想的人来说，学习的主要目的在于创新，而创新又是成为大师的最重要的条件。

发展科学技术是我国实现"中国梦"的关键，科技创新也是众多创新的根本。有目标的积累是最有效的积累,我们要引导青年人将所学到的知识、将自己最旺盛的创造力集中在促进创新驱动特别是科技创新这个目标上,持之以恒,久久为功,并在这个过程中将自己锻炼成各行各业新时代的大师。

努力创办更多的世界一流大学,是新时代"科技兴国"的重要内容。

历史上许多学术大师均有就读大学特别是就读名牌大学的经历。如牛顿、李约瑟等就读过剑桥大学,有不少还获得了博士学位。可以这样说,世界一流大学是出大师特别是学术大师的大学。在这些大学里,准大师人才可以学习更多的知识,思考自己所感兴趣的问题。更重要的是,通过结识世界一流大师,能使自己尽快进入有关领域的科学前沿,并在大师的指导下,在大学所提供的实验室和图书馆等条件下,争取有所突破。故我国要涌现出更多的大师,一定要创办更多的世界一流大学。而大师的不断涌现,又促进了世界一流大学的发展。大师与世界一流大学的关系是相辅相成、相互促进的关系。

目前世界一流大学相当部分集中在美国,如哈佛大学、麻省理工学院、耶鲁大学、普林斯顿大学、斯坦福大学、芝加哥大学、加州理工学院以及美国常青藤大学联盟的其他大学等。其他国家如英国的牛津大学和剑桥大学等,德国的柏林大学,法国的巴黎大学,澳大利亚的澳大利亚国立大学、新南威尔士大学、墨尔本大学等,日本的东京大学、早稻田大学、京都大学等,新加坡的新加坡国立大学等。

世界一流大学不一定是规模很大的大学,但一定是相当部分学科位于世界先进行列甚至是领先的大学。

世界一流大学与办学历史长短没有必然的关系。近代大学诞生在欧洲,美国许多著名大学的办学历史均没有欧洲许多古老大学的历史长,但由于他们在继承欧洲许多大学的长处特别是柏林大学的办学理念的基础上进一步创新,故在许多方面已远远超过了欧洲许多大学。就是在美国本土,芝加哥大学、斯坦福大学的办学历史也比哈佛大学等短很多年,但由于他们办出了自己的特色,故也能做到后来居上。

对世界一流大学的评价标准有很多,如所取得的顶尖科研成果的数量,有关学科发展的影响力、实验室发展水平和图书馆建设规模等,但最主要的条件应该是所培养的杰出人才的多少特别是诺贝尔科学奖得主的多少。

我国的大学在曲折中发展。我国的第一所近代大学——天津大学诞生在1895年,与美国芝加哥大学的诞生相差没几年,但与世界第一所大学的诞生就相差好几百年,后来又经历了日本全面侵华战争的严重破坏和中华人民共和国成立后相当一段时期"左"的干扰特别是"文革"多方面的伤害等。尽管改革开放以后党和政府采取了许多措施使我国大学得到较快恢复并取得了长足发展,但历史和现实均告诉我们,我国许多研究型大学不可能很快就跃上世界一流大学的行列。但只要我们坚定不移地朝着这个方向不懈努力,尊重世界一流大学的发展规律,充分利用各种有利条件,有所不为有所为,讲究谋略,办出中国特色,我们一定可以早日实现我们的目标。

第十一章 积极营造良好的大师涌现的宏观环境

第四节 以科研创新为本

在人类的发展史上特别是现代发展史上，学习都是很重要的，我们任何时候都要虚心向一切先进的国家、先进的民族、先进的个人学习，但任何学习都是跟在别人后面走，要涌现出大师级人才，更重要的是创新。

研究是创新的基本途径，研究能力也是成为大师的重要能力，无论是学术大师还是其他大师，没有对事物本质的深入思考和研究，不可能有所发现、有所创造。研究人员的多寡也是衡量一个创新型国家的重要指标。中国在近代之所以落伍，科学技术严重落后是重要原因。而科学技术的落后又与研究机构和研究队伍的过少密切相关的。民国时期的中央研究院，也是在20世纪20年代才成立的。今天，要涌现更多的大师，光靠中国科学院、研究型大学等已经很不够了。许多地方企业研究院也如雨后春笋般出现。我们要大力提倡研究型学习，使大学毕业生都有初步的研究训练，以适应走向社会后各行各业创新驱动发展的需要。

从大学的发展历史来看，世界大学的发展，最初只是知识传授。19世纪上半叶，柏林大学创办人洪堡开创性地提出大学应该"研究教学合一"，即教育与科研相结合。从此，世界大学的发展迈向了新阶段，柏林大学也被誉为"现代大学之母"。诞生于1891年的美国斯坦福大学在创办后特别是20世纪70年代以来，又提出了"知识与财富的统一"和大学必须为社会服务的新理念，这个理念促进了科研成果尽快转化为生产力，催化了美国硅谷的诞生，也促使大学所培养的人才要更适应社会发展的需要、社会与大学要更紧密结合和相互促进，被誉为世界大学发展的又一里程碑。无论是培养各类高级人才，还是促进科研成果尽快转化为生产力，科研都是关键。没有科研，学科不能发展甚至不能领先发展，不能尽可能拿最先进、最前沿的知识去培养学生，不仅是对学生不负责任，也不可能培养出大师级人才。

今天，党和政府提出的"大众创业、万众创新"，不仅是落实国家创新驱动发展的切实有效行动，而且在这过程中也必将催生出更多的各行各业的大师级人才。

第五节 高度重视留学工作，打赢全球人才战争

我国许多大师均有海外留学的经历，特别是孙中山，不仅有多国留学或考察的经历，而且在海外的时间很长。这些经历为他后来提出许多精辟思想创造了重要条件。如"世

179

界潮流，浩浩荡荡，顺之者昌，逆之者亡"等。中国共产党的多位开国领袖也有留学经历，科学大师就更不用说了。如詹天佑、蔡元培、胡适、竺可桢、李四光等均有海外留学经历。有海外留学经历对一个人更熟练掌握英语、具有国际视野、了解别国的长处特别是发达资本主义国家的长处、较快进入学科前沿等均有很大好处。

改革开放以来，党和政府高度重视留学工作，并且公派留学和自费留学相结合，使留学规模史无前例。在海外优秀留学人员中选拔大师级人才或准大师级人才回国工作，对尽快缩短我国与西方国家在科学技术等方面的差距已经起到了很好的作用，要继续做好。但作为一名准大师人才，要在中国土地上大有作为，留学经历只是重要条件，不是唯一条件。比较了解国际先进科学技术，这是长处，但一定要与中国的实际情况结合起来，才能在这个土地上生根开花、结果。

人才、教育、科技是我国实现"中国梦"的三足鼎立。发达国家发达的"资本"主要是人才。美国之所以能在许多领域居于领先地位，就是因为它广纳人才。美国目前仍然是全球人才竞争中最大的人才流入国，美国大学37%的博士学位获得者并非美国公民，相当一部分是来自名牌大学的中国学生。

我国著名人才学家、欧美同学会副会长王辉耀教授认为，目前，全球人才战争主要呈现以下六大趋势：

（1）全球人才流动的速度在加快，按照联合国的统计，全世界有2亿多人不是在他们的出生国工作，而是在出生国以外的国家工作和生活，占到了世界总人口的3%以上。其中9000多万是技术移民，主要流向了以美国为首的发达国家。人才的流动主要是高层次人才流动大幅度在发展。

（2）各个国家更加重视人才。人才在世界范围内都是短缺的。据研究，在全球大约有三分之一的雇主雇不到合适的人才，大家都在抢人才。

各个国家都开始启动各种人才签证计划。如英国这么传统的国家也开始启动了。

（3）移民制度已经成为竞争的一个主要方式。比如，美国每年移民达到了14万至15万，每年都这样。加拿大每年也有十几万移民，澳大利亚也是这样，还不包括像新加坡和欧洲这些国家。

（4）招收外国留学生也成为一个有效的手段，也是人才竞争的一部分。按照世界银行的统计，在2000—2009年间，留学生的数量大幅提升，澳大利亚从10万到30万，加拿大从4万到将近20万，法国从13万到25万，德国从18万到25万，日本从近6万到13万。老牌的留学大国，像英国从22万到差不多50万。美国基数最大，从47万达到60多万。增长的主要来源是中国。中国现在已经是全世界最大的留学生输出国，连续三年向美国输出的留学生位居第一位。不光是美国，像俄罗斯、英国、法国、德国、日本、加拿大、澳大利亚，中国都是它们的第一大留学生来源国。现在人才流动，从中国角度来看，进入了一个人才大流动、大循环的时代。

（5）各个国家都在争取高层次人才。美国在2006年申请专利的，25%来自国外的移民。美国47%的科学家不是出生在美国，而是在国外。世界顶尖科学家在美国的有62%，美国培养了40%多的自然科学领域诺贝尔奖得主，聘用了70%的诺贝尔奖获得者在美国工作，这是一个非常大的比例。包括高科技创新，在1995年到2005年这10年间，高科技公司25%创办人来自国外，加州超过40%，硅谷超过了50%。像我们熟悉的谷歌、雅虎这样的公司，它们的创始人都不是出生在美国。

由此可以看出，人才对于一个地方经济的重要性。中国现在也需要这种大量的引进性的人才。比如，马化腾的腾讯、马云的阿里巴巴都带来了很多的创业型的人才。

（6）各个国家不断在出台一些新的吸引人才的举措，比如说加拿大、北欧对人才提出税收减免，新加坡给予财务补贴吸引外国人才，英国、瑞士、印度签订了双边人才协议，包括一些特殊的招聘等。

现在也有大学办到国外，现在有国际大学专门来新加坡、韩国办学，还有到海外建立研发机构。

为了争夺高端人才，越来越多的发展中国家不惜承认双重国籍，而美国、英国、法国、加拿大等本来就默认或承认双重国籍，韩国、巴西、印度等新兴国家因为产业升级，急需高端人才，然而在全球人才竞争中处于劣势，因此由过去反对双重国籍，在20世纪90年代后都开始明确承认双重国籍。

中国面临严峻的人才竞争形势，我们不仅存在一个很大的"人才赤字"，还有一个"留学赤字"。①

显然，我们要尽快拥有更多的大师级人才，必须打赢这场不见硝烟的、持久的"人才战争"，采取各种有力措施，善于在国际范围内争夺高层次人才。

---

① 王辉耀：《国际人才战略文集》，党建读物出版社2015年版，第16页、第53－55页。

案例一

计算机先驱——冯·诺依曼

约翰·冯·诺依曼（1903—1957），美籍匈牙利人，1903年12月28日生于匈牙利的布达佩斯，父亲是一个银行家，家境富裕，十分注意对孩子的教育。冯·诺依曼从小聪颖过人，兴趣广泛，读书过目不忘。据说他6岁时就能用古希腊语同父亲闲谈，一生掌握了7种语言，最擅长德语。他对读过的书籍和论文，能很快一句不差地将内容复述出来，而且若干年之后，仍可如此。冯·诺依曼在中学读书期间，就崭露头角而深受老师的器重。在老师的个别指导下并合作发表了第一篇数学论文，此时冯·诺依曼还不到18岁。1921—1923年在苏黎世大学学习。很快又在1926年以优异的成绩获得了布达佩斯大学数学博士学位，此时冯·诺依曼年仅22岁。1927—1929年冯·诺依曼相继在柏林大学和汉堡大学担任数学讲师。1930年，他接受了普林斯顿大学客座教授的职位，西渡美国。1931年，他成为美国普林斯顿大学的第一批终身教授，那时，他还不到30岁。1933年转到该校的高级研究所，成为最初6位教授之一，并在那里工作了一生。冯·诺依曼是普林斯顿大学、宾夕法尼亚大学、哈佛大学、哥伦比亚大学和慕尼黑高等技术学院等校的荣誉博士。他还是美国国家科学院、秘鲁国立自然科学院和意大利国立科学院的院士。

冯·诺依曼对人类的最大贡献是对计算机科学、计算机技术和数值分析的开拓性工作。

现在一般认为ENIAC机是世界第一台电子计算机，它是由美国科学家研制的，于1946年2月14日在费城开始运行。其实由汤米、费劳尔斯等英国科学家研制的"科洛萨斯"计算机比ENIAC机问世早两年多，于1944年1月10日在布莱奇利园区开始运行。ENIAC机证明电子真空技术可以大大地提高计算技术，不过，ENIAC机本身存在两大缺点：①没有存储器；②它用布线接板进行控制，甚至要搭接几天，计算速度也就被这一工作抵消了。ENIAC机研制组的莫克利和埃克特显然是感到了这一点，他们也想尽快着手研制另一台计算机，以便改进。

1944年，诺伊曼参加原子弹的研制工作，该工作涉及极为困难的计算。在对原子核反应过程的研究中，要对一个反应的传播做出"是"或"否"的回答。解决这一问题通常需要通过几十亿次的数学运算和逻辑指令，尽管最终的数据并不要求十分精确，但所有的中间运算过程均不可缺少，且要尽可能保持准确。他所在的洛·斯阿拉莫斯实验室为此聘用了一百多名女计算员，利用台式计算机从早到晚计算，还是远远不能满足需要。无穷无尽的数字和逻辑指令如同沙漠一样把人的智慧和精力吸尽。

被计算机所困扰的诺伊曼在一次极为偶然的机会中知道了ENIAC计算机的研制计划，从此他投身到计算机研制这一宏伟的事业中，建立了一生中最大的丰功伟绩。

1944年夏的一天，正在火车站候车的诺伊曼巧遇戈尔斯坦，并同他进行了短暂的交

第十一章 积极营造良好的大师涌现的宏观环境

谈。当时,戈尔斯坦是美国弹道实验室的军方负责人,他正参与 ENIAC 计算机的研制工作。在交谈时,戈尔斯坦告诉了诺伊曼有关 ENIAC 的研制情况。具有远见卓识的诺伊曼为这一研制计划所吸引,他意识到了这项工作的深远意义。

冯·诺依曼由 ENIAC 机研制组的戈尔德斯廷中尉介绍参加 ENIAC 机研制小组后,便带领这批富有创新精神的年轻科技人员,向着更高的目标进军。1945 年,他们在共同讨论的基础上,发表了一个全新的"存储程序通用电子计算机方案"——EDVAC(Electronic Discrete Variable Automatic Computer 的缩写)。在这个过程中,冯·诺依曼显示出他雄厚的数理基础知识,充分发挥了他的顾问作用及探索问题和综合分析的能力。诺伊曼以"关于 EDVAC 的报告草案"为题,起草了长达 101 页的总结报告。报告广泛而具体地介绍了制造电子计算机和程序设计的新思想。这份报告是计算机发展史上一个划时代的文献,它向世界宣告:电子计算机的时代开始了。

EDVAC 方案明确奠定了新机器由五个部分组成,包括运算器、逻辑控制装置、存储器、输入设备和输出设备,并描述了这五部分的职能和相互关系。在报告中,诺伊曼对 EDVAC 中的两大设计思想作了进一步的论证,为计算机的设计树立了一座里程碑。

设计思想之一是二进制,他根据电子元件双稳工作的特点,建议在电子计算机中采用二进制。报告提到了二进制的优点,并预言,二进制的采用将简化机器的逻辑线路。

实践证明了诺伊曼预言的正确性。如今,逻辑代数的应用已成为设计电子计算机的重要手段,在 EDVAC 中采用的主要逻辑线路也一直沿用着,只是对实现逻辑线路的工程方法和逻辑电路的分析方法作了改进。

程序内存是诺伊曼的另一杰作。通过对 ENIAC 的考察,诺伊曼敏锐地抓住了它的最大弱点——没有真正的存储器。ENIAC 只在 20 个暂存器,它的程序是外插型的,指令存储在计算机的其他电路中。这样,解题之前,必须先想好所需的全部指令,通过手工把相应的电路联通。这种准备工作要花几小时甚至几天时间,而计算本身只需几分钟。计算的高速与程序的手工存在着很大的矛盾。

针对这个问题,诺伊曼提出了程序内存的思想:把运算程序存在机器的存储器中,程序设计员只需要在存储器中寻找运算指令,机器就会自行计算,这样,就不必每个问题都重新编程,从而大大加快了运算进程。这一思想标志着自动运算的实现,标志着电子计算机的成熟,已成为电子计算机设计的基本原则。

案例二

杰出数学家高斯与莱布尼茨的故事

高斯(1777—1855),德国人,出生在一个普通的工人家庭,从小才智出众。其目标是学术上的深造。其志向不是谋取官吏的职位,而在于他最喜好的两门学问:数学和语言。

高斯就读格丁根大学等。格丁根大学的好处：一是拥有藏书极其丰富的图书馆，二是它注重改革、侧重科学的好名声。该大学对学生是"四无世界"：无必修科目，无指导教师，无考试和课堂的约束，无学生社团，完全在学术自由的环境中成长，将来从事什么职业完全由他自己抉择。

对真正有天赋的学生，他们绝不会依赖课堂上的传授，而必是自修自学的。

对于导师来说，指导学生找到最近的路是很重要的。

莱布尼茨（1646—1716），德国人，其父亲在他6岁时就去世了，但留给他十分丰富的藏书。莱布尼茨在26岁到30岁留居巴黎，开始自己的学术生涯，当时巴黎是欧洲科学文化中心。竭力提倡集中人才研究学术、文化和工程技术。把计算交给机器去做，可以使优秀的人才从繁重的计算中解脱出来。

莱布尼茨总是希望在学术等各个领域都出人头地，他善于吸收别人的思想，无论何时，只要他抓住一个新课题，就查阅所能找到的与此有关的一切材料，希望产生创造性的作品。

莱布尼茨喜欢更深入透彻地研究问题。他善于用访问和通信的方式与人们讨论问题，阐发自己的观点。他的许多思想是激进的、超前的。许多重要思想以后才为人们所接受和重新发现。

案例三

新一代气象大师的优秀代表

杨崧（1955— ），广东阳江人，1978年中山大学本科毕业，1982年获中山大学气象学硕士学位，1990年获得美国宾夕法尼亚州立大学气象学博士学位。国际著名气象学家，国家特聘专家，国家"千人计划"特聘教授，现任中山大学大气科学学院副院长、广东省气候变化与自然灾害研究重点实验室主任、中国气象局广州大气科学联合研究中心主任等，兼任中山大学学术委员会委员、热带海洋环境国家重点实验室学术委员会委员、中国气象学会副热带气象委员会副主任委员、《气象学报》常务编委、Journal of Climate 副编委，是国家重大科学研究计划项目首席科学家和国家重大重点项目、国家科学技术奖、国家重点实验室、国家"千人计划"和"杰出青年"与教育部"长江学者"等人才项目评审专家。

杨崧教授曾任美国联邦政府公务员、美国商业部国家海洋大气局资深研究员、美国国家环境预报中心国际季风预报员培训平台主任、气候预报中心全球季风团队主管、中国旅美科学技术协会副会长及华盛顿分会会长、美国华人海洋大气学会会长以及SCI期刊 Advances in Atmospheric Sciences 主编。他还曾任邓小平和美国卡特总统在1979年签发的中美政府科学技术双边合作项目中气候与季风组的美方负责人，多次作为美国政府代表团成员参与制定中美气候合作计划。他为中国气象界培训了大批科技骨干人员，并积极参与美国

第十一章 积极营造良好的大师涌现的宏观环境

多个专业团体的组织和管理，对中美科技、教育、企业和文化交流与合作起到了重要的桥梁作用。

杨崧教授在全球和区域气候变化、全球季风、大气—海洋—陆地相互作用和气候可预报性等领域取得了多项在国际上有重要影响的研究成果。1992年，他与世界著名科学家韦伯斯特教授在英国皇家气象学会季刊发表了具有深远影响的论文（Monsoon and ENSO：Selectively interactive systems），创立了季风与厄尔尼诺相互作用的新概念和新理论，并提出了目前全世界季风研究和业务应用上最为广泛的韦伯斯特－杨崧指数。到目前为止，杨崧教授已发表学术论文约170篇，累计被引用约7000次，其中最高单篇引用1300多次，2014—2016年连续三年入选爱思唯尔（Elsevier）公布的中国高被引学者榜单。

杨崧教授于2013年放弃美国联邦政府的终身职务作为国家"千人计划"的高层次人才全职到中山大学工作。在新的工作岗位上他努力工作，在人才引育、高水平科研成果产出和学科建设等做出了卓越的成绩。他还经常奔走于世界各地，利用自己的影响力邀请海内外著名气象科学家到中山大学进行学术交流。中山大学大气科学学院成立后，他与董文杰院长等密切配合，在多方面很快取得了显著成绩，得到了海内外同行的充分肯定并多次获得中山大学表彰。他不仅高调做事而且低调做人，谦虚谨慎，以礼待人，不计较名利，在师德等多方面享有良好的口碑。

杨崧教授是改革开放后成长起来的国际著名气象学家，也是我国新一代气象学术大师的优秀代表之一。

第十二章 近现代部分中国大师

第一节 诺贝尔奖等世界大奖获得者

(1) 杨振宁(1922—),出生于安徽合肥,世界著名物理学家,中国科学院资深院士,1957 年荣获诺贝尔物理学奖。

(2) 莫言(1955—),山东省高密市人,著名作家,中国作家协会副主席,2012 年荣获诺贝尔文学奖。

(3) 屠呦呦(1930—),浙江省宁波市人,药学家,毕业于北京医学院药学系,中国中医科学院中药研究所研究员,2015 年荣获诺贝尔生理学或医学奖,是中国本土第一位获诺贝尔科学奖的人。

(4) 曹文轩(1954—),江苏盐城人,北京大学教授,1974 年就读北京大学中文系,后留校任教。多次荣登中国作家富豪榜,2016 年荣获儿童文学方面的诺贝尔奖——"国际安徒生奖"。

(5) 袁隆平 2004 年获得过国际农业科学的最高奖——沃尔夫农学奖。

(6) 中国科学院院士刘东升 2002 年获得国际环境科学的最高奖——泰勒奖。

(7) 毕业于清华大学数学系的美籍华人、理论气象学家郭晓岚和南京信息工程大学大气科学学院海外院长王斌教授分别于 1970 年和 2015 年荣获气象科学的诺贝尔奖——罗斯贝奖。

另外,华裔诺贝尔科学奖得主有李政道、李远哲、丁肇中、高锟、朱棣文、钱永健、崔琦等。

第二节 自然科学类

一、数学

(1) 陈省身(1911—2004),生于浙江嘉兴,汉族,美籍华人,国际数学大师,著名教育家，中国科学院外籍院士，20世纪世界级的几何学家。他被杨振宁誉为继欧几里得、高斯、黎曼、嘉当之后又一里程碑式的人物。他曾先后主持、创办了三大数学研究所，造就了一批世界知名的数学家。他盼望中国成为21世纪的数学大国。

（2）华罗庚（1910—1985），江苏省常州市金坛市人，世界数学大师，中国现代数学之父，中国科学院院士，美国国家科学院外籍院士。他是中国解析数论、矩阵几何学、典型群、自守函数论与多元复变函数论等多方面研究的创始人和开拓者，也是中国在世界上最有影响的数学家之一，被列为芝加哥科学技术博物馆中当今世界88位数学伟人之一。国际上以华氏命名的数学科研成果有"华氏定理"等。美国著名数学史家贝特曼称："华罗庚是中国的爱因斯坦，足够成为全世界所有著名科学院的院士。"华罗庚也是自学成才的突出典范。

（3）姜立夫（1890—1978），数学家，数学教育家，南开大学数学系的创始人，曾任中央研究院数学所所长，对中国现代数学教学与研究的发展有重要贡献。

姜立夫出生于浙江省平阳县一个农村知识分子家庭。1911年9月入美国加州大学伯克利分校学习数学，1915年毕业获理学学士学位。同年转入哈佛大学做研究生。学成回国后，姜立夫始终不懈地把培养人才作为自己的主要事业。

（4）江泽涵（1902—1994），著名数学家，数学教育家。出生于安徽省旌德县，胡适是他的堂姐夫。胡适和姜立夫是他人生的主要引路人。早年长期担任北京大学数学系主任，是我国拓扑学研究的开拓者之一。1955年起任中国科学院数理学部委员。

（5）熊庆来（1893—1969），云南人，中国现代数学先驱，中国函数论的主要开拓者之一，以"熊氏无穷数"理论载入世界数学史册。1920年获得马赛大学理科硕士学位。1926年代表中国出席在瑞士苏黎世召开的世界数学会议，成为唯一的中国代表。1934年回国，在国立清华大学任教。1937年任云南大学校长，其任校长期间，是云南大学发展的第一个"黄金时代"。1949年出席在巴黎召开的联合国教科文组织会议，遂留在法国从事数学研究。他于1957年由巴黎回国，在中国科学院数学研究所工作。

作为一位学者，熊庆来一直都把培育人才当作头等大事。对于有培养前途的穷学生他总是解囊相助，如严济慈，因得到熊庆来资助才得以出国深造。熊庆来发现和培养华罗庚，更是传为佳话。熊庆来既是千里马又是伯乐，除自己在数学研究领域内攀登上科学高峰之外，还着意提携后生，让后者站在自己的肩膀上攀上另一个数学高峰，为我国数学界创建了一种识才、爱才、育才的优良传统，他的慧眼卓识是我国科学家的典范。

（6）苏步青（1902—2003），浙江温州人，中国科学院院士，在日本东北帝国大学获得理学博士学位，中国杰出的数学家，被誉为数学之王，曾任浙江大学数学系主任、复旦大学校长等职。

（7）陈建功（1893—1971），浙江绍兴人，日本东京高等工业学校毕业，我国杰出数学家、著名数学教育家、复旦大学数学学科带头人、原杭州大学副校长，是我国函数论研究的开拓者之一。

(8) 周炜良（1911—1995），安徽建德人，著名华裔数学家，20世纪代数几何学领域的主要人物之一，在世界数学领域颇具影响的华人数学家。1924年起留学美国。1929年入芝加哥大学，学习经济学。1932年前往当时的世界数学中心哥廷根大学，后又入莱比锡大学。1936年获莱比锡大学数学博士学位，同年回国，担任南京中央大学数学系教授。1947年到美国普林斯顿大学，1949年起执教于约翰霍普金斯大学，1955年起任约翰霍普金斯大学数学系主任11年。

(9) 丘成桐（1949— ），广东梅州蕉岭人，国际数学大师，著名华人数学家，哈佛大学终身教授，美国科学院院士，中国科学院外籍院士。丘成桐囊括了菲尔兹奖（1982）、克拉福德奖（1994）、沃尔夫奖（2010）等奖项，特别是在1982年度荣获最高数学奖菲尔兹奖，是第一位获得这项被称为"数学界的诺贝尔奖"的华人，也是继陈省身后第二位获得沃尔夫数学奖的华人。

(10) 曾炯之（1897—1940），江西南昌人，数学家，曾在江西省立第一师范学校和武昌高等师范学校学习，陈建功教授的得意门生，后赴德国柏林大学数学系学习，1929年春转入当时世界数学中心之一的德国格丁根大学，师从著名的女数学家、抽象代数（亦称近世代数）的奠基人A. E. 诺特，攻读抽象代数。后又到德国汉堡大学进修。由于他出色工作，哥廷根大学曾挽留他留校工作。曾炯之于1935年7月回国后，经陈建功教授推荐，他受聘于浙江大学数学系，任副教授，1937年应聘北洋大学教授。抗日战争爆发后，又到了西北联合大学……，后因病英年早逝。曾炯之是我国最早从事抽象代数研究的学者，在有关函数域上代数的研究中获得重要成果。

(11) 陈景润（1933—1996），福建福州人，厦门大学毕业，中国当代著名数学家，中国科学院院士。

(12) 谷超豪（1926—2012），出生于浙江温州，毕业于浙江大学数学系，中国科学院院士，2009年度国家最高科学技术奖得主。曾任复旦大学数学系教授、中国科学技术大学校长等。

(13) 吴文俊（1919— ），浙江嘉兴人，出生于上海，本科毕业于交通大学，1949年获得法国斯特拉斯堡大学博士学位。国际著名数学家，中国科学院院士，2000年国家最高科学技术奖得主。其主要成就表现在拓扑学和数学机械化两个领域。2006年获邵逸夫奖的数学科学奖。编号第7683号小行星被永久命名为"吴文俊星"。

二、物理学

(1) 吴健雄（1912—1997），江苏苏州人，毕业于中央大学和加利福尼亚大学，著名美籍华裔物理学家，被称为"世界物理女王""物理学第一夫人""物理研究的第一女士""核子研究的女王"，曾获美国最高科学荣誉——国家科学勋章。吴健雄在β衰变研究领域具有世界性的贡献，实验结果证实了弱相互作用中的宇称不守恒，她以卓越的实验研究成果，使物理学进入了新纪元。由于她坚强的毅力、聪明的才智、献身科学的精神、巨大的成就，国际科学界称誉她为"中国的居里夫人"。吴健雄是普林斯顿大学、哈佛大学、北京大学、南京大学、中国科学技术大学等校荣誉博士。

（2）谢希德（1921—2000），出生于福建泉州，1946年厦门大学毕业，1947年赴美留学，1949年获史密斯学院硕士学位，1951年获麻省理工学院博士学位。她是享誉海内外的著名固体物理学家、教育家、社会活动家、发展中国家科学院院士。他是中国半导体物理学科和表面物理学科开创者和奠基人，培养出数位当今中国该领域的领军人才。曾任复旦大学校长，为中国高等教育事业的发展、物理学科研机构的建立与发展、科教领域的国际交流和合作以及物理学会的工作做出突出的贡献。

（3）邓稼先（1924—1986），安徽省怀宁县人，中国杰出的科学家，中国"两弹一星"功勋奖章获得者，先后毕业于西南联合大学和美国普渡大学，获物理学博士学位，1950年回到祖国；他参加组织和领导我国核武器的研究、设计工作，是我国核武器理论研究工作的奠基者之一。

（4）叶企孙（1898—1977），上海人，中国卓越的物理学家、教育家，中国物理学界的一代宗师，中国科学史事业的开拓者。出生于上海的一个书香门第，1918年毕业于清华学校，旋即赴美深造，1920年获芝加哥大学理学学士学位，1923年获哈佛大学哲学博士学位。1924年回国后，历任南京大学副教授，清华大学教授、物理系主任和理学院院长。他创建了清华大学物理系和理学院，对20世纪上半叶中国物理学教育和科学发展做出了巨大的贡献，李政道、钱三强、钱学森等都是他的学生。他还是中国物理学会的创建人之一，曾任中国物理学会第一、二届副会长，1936年起任会长等。叶企孙被誉为清华百年历史上的"四大哲人"之一和"大师的大师"。

（5）吴有训（1897—1977），江西高安人，闻名世界的物理学家，中国近代物理学奠基人，教育家，毕业于南京大学。曾留学美国芝加哥大学并获博士学位。回国后先后在江西大学和南京大学任教，先后任清华大学教授和交通大学教授，南京大学校长，交通大学校长，中国科学院近代物理研究所所长和中国科学院副院长，中国物理学会理事长。

（6）赵忠尧（1902—1998），中国科学院院士，核物理学家，中国核物理研究的开拓者，中国核事业的先驱之一。

（7）束星北（1907—1983），江苏扬州人，中国早期理论物理学家，也是气象学家，先后在英国爱丁堡大学获得理工硕士学位，又在美国麻省理工学院获得了理工硕士学位，是李政道等著名科学家的老师，被誉为"中国的爱因斯坦""中国雷达之父"和"中国无线电之父"等。

（8）严济慈（1901—1996），浙江东阳人，中央研究院院士，中国科学院院士，中国现代物理学研究开创人之一。在压电晶体学、光谱学、大气物理学、应用光学与光学仪器研制等方面取得重要成果。毕业于南京高等师范学校物理系和巴黎大学，法国国家科学博士，曾任中国科学院副院长、中国科学技术大学校长等。

（9）周光召（1929—　　），湖南宁乡人。著名科学家，世界公认的赝矢量流部分守恒定理的奠基人之一，"两弹一星功勋奖章"获得者。被誉为"中国科技领军人"。

（10）黄昆（1919—2005），浙江嘉兴人，国际著名的中国物理学家，教育家，中国固体物理学先驱，中国半导体技术奠基人，国家最高科学技术奖得主。1955年选聘为中国科学院院士（学部委员）。1980年当选为瑞典皇家科学院外籍院士。1985年当选为第三世界科学院院士。曾就读燕京大学和北京大学。1948年获英国布里斯托尔大学博士学位，并曾在英国爱丁堡大学、利物浦大学等从事物理学研究。

（11）周培源（1902—1993），生于江苏省宜兴县。著名流体力学家、理论物理学家、教育家和社会活动家。中国科学院院士，中国近代力学奠基人和理论物理奠基人之一。22岁就读清华学校，25岁在美国加利福尼亚州理工学院读书并获博士学位。曾任北京大学校长等。

（12）许宁生（1957— ），广东澄海人，曾当过知青，先后就读中山大学物理系、英国阿斯顿大学物理与电子工程专业并获博士学位，中国科学院院士，发展中国家科学院院士，曾任中山大学校长，现任复旦大学校长。

（13）潘建伟（1970— ），浙江省东阳市人，中国科学院院士，在量子物理、量子信息方面成绩斐然。中国科学技术大学常务副校长、教授、博士生导师。国家首批"千人计划"入选者，中科院量子科学实验卫星先导专项首席科学家。中国科技大学量子隐形传态研究项目组主持人。2016年1月8日，潘建伟获得国家自然科学一等奖。

三、化学

（1）侯德榜（1890—1974），福建福州人，我国著名化学家，曾获美国麻省理工学院学士学位和美国哥伦比亚大学硕士、博士学位，中国科学院院士。也是中国现代化学工业的开创者和奠基人。

（2）卢嘉锡（1915—2001），福建龙岩人，厦门大学毕业，我国著名物理化学家，曾任中国科学院院长等，1999年获何梁何利科学成就奖。

（3）唐敖庆（1915—2008），江苏宜兴人，我国著名理论化学家、教育家。曾就读西南联合大学化学系，后获美国哥伦比亚大学博士学位，中国量子化学之父，吉林大学教授。

（4）徐光宪（1920—2015），浙江绍兴人，曾就读交通大学，后获美国哥伦比亚大学博士学位，中国科学院院士，北京大学教授，中国稀土之父，2008年度国家科学技术最高奖得主，曾任亚洲化学学会联合会主席等。

（5）周其凤（1947— ），湖南长沙浏阳市人，曾就读北京大学化学系，后获得美国麻省理工学院硕士、博士学位。中国科学院院士，北京大学化学教授，曾任吉林大学校长等。

（6）张青莲（1908—2006），江苏常熟人，无机化学家、教育家，曾就读光华大学、清华大学，后获柏林大学哲学博士学位，并在瑞典物理化学研究所做访问学者。中国科学院院士,先后在西南联合大学、北京大学等大学当教授,中国质谱学会首届理事长。长期从事无机化学的教学与科研工作。对同位素化学造诣尤深,是中国稳定同位素学科的奠基人和开拓者。

(7) 吴征铠(1913—2007),出生于上海,先后就读金陵大学和剑桥大学并获博士学位。著名物理化学家、放射化学家和化学教育家,中国科学院院士,我国铀扩散浓缩事业、放射化学、分子光谱学的奠基者之一,是我国最早从事红外和拉曼光谱研究的研究者之一。

(8) 张存浩(1928—),出生于天津,祖籍山东无棣。中国著名物理化学家,中国高能化学激光、分子反应动力学奠基人之一,曾就读中央大学,后获美国密歇根大学硕士学位。中国科学院院士,第三世界科学院院士,2013年度国家最高科学技术奖得主等。

(9) 王德宝(1918—2002),江苏省泰兴市人,我国著名生物化学家,中国科学院院士,曾就读中央大学,后获美国华盛顿大学硕士学位和美国西部保留地大学博士学位,回国后先后在中国科学院上海生理生化研究所和上海生物化学研究所工作。1961年建立中国第一个核酸研究室。曾获得了中国科学院重大科技成果一等奖和国家自然科学一等奖。

(10) 黄春辉(1933—),出生于河北,祖籍江西。中国科学院院士,我国著名无机化学家,北京大学化学系教授。长期在北京大学化学系和北京大学稀土材料化学及应用国家重点实验室从事科研和教学工作。她的研究方向涉及稀土分离化学、配位化学和分子基功能膜材料,均取得了丰硕成果并培养了专业人才。

(11) 赵玉芬(1948—),河南淇县人,有机化学家,就读台湾新竹清华大学化学系,美国纽约州立大学博士学位。中国科学院院士,先后任清华大学、厦门大学教授。

(12) 曹楚南(1930—),江苏常熟人,中国科学院院士,我国腐蚀科学与电化学专家,浙江大学化学系教授,曾就读同济大学化学系并在中国科学院长春应用化学研究所任研究员。

(13) 龙康候(1912—1994),湖南攸县人,有机化学家和教育家,我国海洋天然产物化学研究的开拓者和奠基人,中山大学化学系教授。曾获德国柏林大学自然科学博士学位。回国后先后在贵阳湘雅医学院、湖南大学、中山大学等单位从事教学和科研工作。曾任中山大学化学系系主任等,首批博士生导师。

(14) 林尚安(1924—2009),福建永定人,高分子化学家和教育家,中国科学院院士,中山大学教授。曾就读厦门大学化学系本科毕业,后就读岭南大学并获化学硕士学位。曾任中山大学化学系系主任、中山大学高分子研究所所长。在有机化学和高分子化学的理论基础方面有高深造诣,其学科发展在多方面走在全国的前列。

(15) 郑兰荪(1954—),江苏省吴江市人。中国科学院院士,厦门大学化学系教授、博士生导师。曾就读厦门大学化学系,后在美国莱斯大学获得博士学位。是我国原子团簇科学研究的开拓者和学术带头人之一,并担任中国民主同盟中央副主席等社会职务。

(16) 游效曾(1934—),江西吉安人,中国科学院院士,我国著名无机化学家,先后就读于武汉大学（学士）和南京大学（硕士），美国威斯康星大学等多所大学化学系访问学者，美国、西班牙等多个国家和地区的访问教授。长期从事无机和物理化学研究，特别是配合物的合成、组装、结构和性质的基础性研究。曾任南京大学配位化学研究所所长多年。

（17）黎乐民（1935— ），广东电白人，中国科学院院士，我国著名化学家，北京大学教授。曾就读北京大学化学系（本科）和北京大学技术物理系（硕士），美国北卡罗来纳大学高级访问学者，中国科学院学部化学学部常务委员会委员、副主任等。

（18）林励吾（1929—2014），广东汕头人，中国科学院院士，我国著名物理化学家，浙江大学毕业，中国科学院大连化学物理研究所研究员，长期从事催化科学领域的研究，特别是在石油化学、合成气化学等方面的催化剂、催化工艺及有关的应用基础理论研究，在多相催化作用的理论和实际应用方面都有很深的造诣并做出了突出成就。

四、生命科学

（1）谈家桢（1909—2008），遗传学家，浙江宁波人，毕业于加州理工学院，中国现代遗传学的主要奠基人之一，有"中国遗传学泰斗"之称。

（2）童第周（1902—1979），浙江省鄞县人，是享誉海内外的生物学家、教育家。曾担任过中国科学院副院长、动物研究所所长。1927年毕业于复旦大学哲学系，1927—1930年任南京大学自然科学院生物系助教，后长期在山东大学任教，1951年任山东大学副校长。他是卓越的实验胚胎学家，中国实验胚胎学的主要奠基人，20世纪生物科学研究的杰出领导者。

（3）斯行健（1901—1964），浙江诸暨人，1955年当选中国科学院学部委员（院士），我国著名古植物学家、地层学家，曾就读北京大学，在德国柏林大学获得博士学位，曾任中国科学院古生物研究所所长，是我国古植物学研究的开创者和奠基人，也是中国陆相地层研究的先驱。

（4）邹承鲁（1923—2006），江苏无锡人，国际著名生物化学家，中国科学院院士，第三世界科学院院士，西南联合大学化学系本科毕业，获英国剑桥大学生物化学博士学位。美国哈佛大学访问教授。曾任中国科学院生物化学研究所、生物物理研究所副所长，生物大分子国家重点实验室主任等职。1958年，他参加发起人工合成胰岛素工作，并负责胰岛素A和B链的拆合。这项工作的完成确定了胰岛素全合成的路线，为胰岛素的人工合成做出了重要贡献。

（5）许智宏（1942— ），江苏无锡人，中国科学院院士，第三世界科学院院士，我国著名生物学家，北京大学生命科学学院教授，中国科学院上海植物生理研究所研究员。长期从事植物发育生物学、植物细胞培养及其遗传操作、植物生物工程的研究。曾任中国科学院副院长、北京大学校长等。

（6）蒲蛰龙（1912—1997），祖籍广西，出生在云南。中国科学院院士、国际杰出的昆虫学家、我国害虫生物防治奠基人，被誉为"南中国生物防治之父"。

（7）林浩然（1934— ），海南省文昌市人，中国工程院院士，我国鱼类生理学及鱼类养殖学专家。1954年毕业于中山大学，曾留学加拿大。长期从事调控鱼类繁殖和生长理论和技术的研究，并先后任中山大学生物系系主任，中山大学水生经济动物研究所所长，中国动物学会内分泌学会理事长，广东省动物学会理事长等。

（8）施一公（1967— ），出生于河南郑州，我国著名结构生物学家，中国科学院院士，清华大学教授，普林斯顿大学终身教授。1989年毕业于清华大学，1995年在美国约翰霍普金斯大学获博士学位。美国艺术与科学院院士，美国国家科学院外籍院士，曾任清华大学生命科学学院院长，现任清华大学副校长。

（9）饶子和（1950— ），江苏南京人，我国著名分子生物物理和结构生物学家，中国科学院院士，第三世界科学院院士，教授，1977年毕业于中国科技大学，澳大利亚墨尔本大学生化系生物物理专业博士学位。曾任南开大学校长，中国科学院生物物理所所长等。

（10）邓兴旺（1962— ），湖南沅陵县人，世界著名的生物学家，美国科学院院士。1978年就读北京大学生物系，后在美国加州大学伯克利分校获得博士学位。美国耶鲁大学分子、细胞和发育生物学系终身教授，现任北京大学长江学者特聘教授。

邓兴旺教授长期从事植物分子遗传及生理学方面的研究。1995年，因他在调控植物光形态建成的有关基因的研究中所取得的杰出成绩，荣获美国总统青年教师奖。2003年，他获得世界植物分子生物学领域最重要的Kuhmo奖。他曾多次在《细胞》《科学》《自然》等世界权威刊物上发表很有影响的学术文章。他领导的实验室所取得的成果处于世界领先水平，其研究成果成为了行业标准。

五、地学

（1）竺可桢（1890—1974），浙江上虞人，中国卓越的科学家和教育家，当代著名的地理学家和气象学家，中国近代地理学的奠基人。23岁毕业于美国伊利诺伊大学农学院。28岁获美国哈佛大学博士学位。回国后先任教于武汉大学。1920年到1929年任南京大学地学系主任。在此期间，筹建气象测候所，进行气象观测研究，是中国自建和创办现代气象事业的起点和标志。1929年到1936年任中央研究院气象研究所所长。1936年到1949年，他担任国立浙江大学校长。他被公认为"浙大学术事业的奠基人"。1949年10月任中国科学院副院长，筹建中国科学院地理研究所。1955年当选为中国科学院院士。竺可桢被公认为中国气象、地理学界的"一代宗师"。

（2）李四光（1889—1971），蒙古族，李四光是世界著名的科学家、地质学家、教育家和社会活动家，是中国现代地球科学和地质工作的奠基人之一和主要领导人，被誉为"中国地质学之父"。他出生于湖北省黄冈市的一个知识分子家庭。他自幼就读于其父李卓侯执教的私塾，14岁告别父母，独自一人来到武昌报考高等小学堂。后到日本、英国留学,在英国伯明翰大学取得硕士学位。在日本期间参加了孙中山领导的同盟会,是同盟会成员中年龄最小的,还受到孙中山的赞扬。1920年回国后受蔡元培邀请任北京大学地质系教授,1928年到南京担任中央研究院地质研究所所长,后当选为中国地质学会会长。并任武汉大学建设筹备委员会委员长、南京大学教授和重庆大学教授。他先后数次赴欧美讲学、参加学术会议和考察地质构造,并在重庆大学开设了我国第一个石油专业。中华人民共和国成立前,他不顾台湾方面的阻挠,从英国绕道回到祖国,党和政府也给予重任,让其担任地质部部长、中国科学院副院长、全国科联主席、全国政协副主席等职。

李四光的最大贡献是创立了地质力学,并以力学的观点研究地壳运动现象,探索地质运动与矿产分布规律,他确立了新华夏构造体系的概念,分析了其特点,并运用这些理论概念探讨了中国的地质条件和石油形成条件。从而发现了大庆油田等,为我国甩掉"贫油"的帽子做出了杰出贡献。毛泽东、周恩来等党和国家主要领导人多次接见了他。其中毛泽东就分别在1952年、1956年、1964年(3次)和1969年接见过他,这不仅体现了党和政府对地质工作的高度重视,对科学技术和知识分子的重视,也是对李四光所取得巨大成就的充分肯定。

(3)朱家骅(1893—1963),浙江湖州人,中国近代教育家、科学家、政治家,中国近代地质学的奠基人,中国现代化的先驱。毕业于同济大学,在柏林大学获得博士学位。曾任国民政府教育部长、交通部长等。以其过人的聪明才智和过人的精力,担当过民国政府教育、学术、政府、政党、外交等多项重要职务。

(4)曹廷藩(1907—1990),河南舞阳人,中国著名地理学家。曾任中国地理学会经济地理专业委员会主任。先后就读武汉大学、英国伦敦大学和牛津大学。回国后先后任湖南大学教授和中山大学教授,中山大学地理系主任,广东省地理学会理事长等。从1937年去英国留学正式开始攻研地理科学,为发展中国地理科学事业,特别是经济地理学的发展,做出了突出的贡献。

(5)赵九章(1907—1968),河南开封人。1956年任国家科学技术委员会气象组组长,1958年和1962年连续两届当选中国气象学会理事长。1955年被选聘为中国科学院院士。不仅为我国气象科学事业做出了杰出贡献,是我国动力气象学创始人,而且也为我国人造卫星事业做出了突出贡献,是我国"两弹一星"功勋奖章获得者之一。

赵九章出身中医世家,幼年就读于私塾,原预备从事文学,后改学科学,立志"科学救国",并考入河南大学。1933年清华大学物理系毕业后,1935年赴柏林大学师从气象学家H. von. 菲克尔。1938年获德国柏林大学博士学位。回国后,在西南联大任教,1944年经竺可桢教授推荐,主持中央研究院气象研究所工作,承担起继竺可桢之后中国现代气象科学奠基的重任。中央研究院气象研究所也成为了中国现代气象学研究的重要基地之一。1944—1949年兼任南京大学理学院气象系教授,讲授动力气象学。中华人民共和国成立后,赵九章参与组建中国科学院地球物理研究所,并创建了中国科学技术大学地球物理系。中国科学院大气物理研究所、兰州高原大气物理研究所等研究所中的科学家均受过赵九章的指导。

（6）郭晓岚（1915—2006），美籍华人，杰出的理论气象学家。出生于河北满城县张辛庄村。因家境贫寒，中等教育完成后便回家务农。1929年，以优异成绩考入保定第二师范学院。1932年，考入清华大学数学系。1933年，转入清华大学地球物理系。1937年毕业于清华大学，获得理学士学位。后就读国立浙江大学，师从竺可桢，于1942年获得理硕士学位。1945年赴美国留学，就读于芝加哥大学，师从芝加哥大学气象学派创始人、国际气象学泰斗罗斯贝教授，1948年获得芝加哥大学地球物理哲学博士。从此一步一步攀登气象科学高峰，1970年荣获气象科学的诺贝尔奖——罗斯贝奖。

（7）叶笃正（1916—2013），安徽安庆市人，著名气象学家，中国现代气象学主要奠基人之一，国家最高科学技术奖获得者，世界气象组织IMO最高奖获得者，1940年毕业于西南联大地质地理气象系，1943年研究生毕业于浙江大学史地研究所，1948年11月在美国芝加哥大学获博士学位。曾任中国科学院院士、芬兰科学院外籍院士、中国科学院大气物理研究所所长等职。

（8）谭其骧（1911—1992），浙江嘉兴人，是中国著名历史学家、历史地理学主要奠基人。1930年毕业于暨南大学历史系，1932年毕业于燕京大学研究生院。1950年起在复旦大学任教，建立了中国历史地理研究室，后升级为研究所，历任历史系主任、历史地理研究所主任，1980年当选为中国科学院地学部委员，长期从事中国历史地理、中国史研究和中国历史地图的绘编。

（9）曾庆存（1935—　），广东阳江人，著名气象学家，中国科学院大气物理研究所研究员，曾任中国科学院大气物理研究所所长、中国科学院院士、俄罗斯科学院外籍院士、发展中国家科学院院士。

（10）吴国雄（1943—　），广东潮阳人，中国科学院院士，我国著名大气动力学和气候动力学家，中国科学院大气物理研究所研究员。本科毕业于南京气象学院，后在英国伦敦大学获得博士学位，长期从事大气科学研究，曾作为访问科学家在英国的欧洲中期天气预报中心工作，并在美国普林斯顿大学任高级研究教授，2008年获"何梁何利基金科学与技术进步奖"。

（11）杨崧（1955—　），广东阳江人，1982年获中山大学气象学硕士学位，1990年获美国宾夕法尼亚州立大学气象学博士学位。国际著名气象学家、美国国家海洋和大气局（NOAA）研究员。国家"千人计划"引进人才之一。主要从事全球气候特别是季风气候变化和可预报性、大气—海洋—陆地相互作用、极端天气气候事件等领域研究。现为中山大学特聘教授、中山大学大气科学学院副院长。

（12）张培震（1955—　），河南省淮滨县人，中国科学院院士，著名地质学家，中国地震局地质研究所所长，国家地震局地质研究所研究员。中学毕业后曾当过知青，在国内先后就读长春地质学院地震专业和中国科技大学，出国留学后获美国麻省理工学院地球物理学博士学位，美国内华达大学新构造研究中心博士后研究员。现任中山大学特聘教授。

（13）鲁桂珍（1904—1991），江苏人，南京金陵女子大学毕业，英国剑桥大学营养学博士学位，与丈夫约瑟夫一起合作完成《中国科学技术史》巨著。

第三节 社会科学类和人文科学类

（1）严复（1854—1921），汉族，福州市人。他是清末很有影响的资产阶级启蒙思想家、翻译家和教育家，是中国近代史上向西方国家寻找真理的"先进的中国人"之一。曾担任过京师大学堂译局总办、上海复旦公学校长、安庆高等师范学堂校长等。严复系统地将西方的社会学、政治学、政治经济学、哲学和自然科学介绍到中国，他的译著是中国20世纪最重要启蒙译著。严复的翻译考究、严谨，每个译称都经深思熟虑，他提出的"信、达、雅"的翻译标准对后世的翻译工作产生深远影响。

（2）闻一多（1899—1946），湖北人，曾就读清华留美预科学校、美国芝加哥美术学院等，文学家，中国民盟早期领导人。

（3）陈望道（1891—1977），浙江省义乌人，中国著名教育家、修辞学家、语言学家、民盟中央副主席。陈望道出身农民家庭，早年就读于金华中学，1915年1月赴日本留学，先后在东洋大学、早稻田大学、中央大学等校学习文学、哲学、法律等并阅读马克思主义书籍。1919年5月，陈望道回国，曾任复旦大学校长、上海大学等高校教授。1920年12月起，陈望道负责《新青年》的编辑工作。陈望道翻译了中国第一篇《共产党宣言》，曾任旷世巨著《辞海》总主编等。

（4）钱钟书（1910—1998），中国现代著名作家、文学研究家和翻译家，清华大学外语系毕业，后到牛津大学留学，并到巴黎大学从事研究工作。回国后任清华大学教授，曾为《毛泽东选集》英文版翻译小组成员。晚年任中国社会科学院副院长。

（5）马寅初（1882—1982），浙江省绍兴人，中国当代经济学家、教育学家、人口学家。1907年留学美国耶鲁大学经济系攻读硕士学位，在哥伦比亚大学获得经济学和哲学双博士学位。1915年回国后受蔡元培邀请出任北京大学经济系教授，1917年任北京大学经济研究所主任。1919年任北京大学教务长。并先后在上海交通大学、南京大学等高校任教。1928年曾任南京政府立法委员，马寅初在民国时期已经是享有盛誉的经济学家。中华人民共和国成立后，他曾担任中央财经委员会副主任、华东军政委员会副主任、北京大学校长等职。1957年因发表"新人口论"方面的学说而被错打成右派。他一生专著颇丰，特别对中国的经济、教育、人口等方面有很大的贡献，有当代"中国人口学第一人"之誉。代表作有《新人口论》等。

（6）梁漱溟（1893—1988），蒙古族人，出生在北京，现代著名思想家、哲学家、教

第十二章 近现代部分中国大师

育家、社会活动家、爱国民主人士，同时他还是一位社会改造实践家，对推动乡村建设不遗余力。

（7）郁达夫（1896—1945），浙江富阳人。中国现代著名小说家、散文家、诗人，也是烈士。曾留学日本东京帝国大学，精通日、英、德、法、马来西亚5国语言。1921年回国后和郭沫若、成仿吾等人组织成立创造社。抗日战争爆发后积极投身抗日。太平洋战争爆发后到南洋活动，日寇占领新加坡后，他和胡愈之等退至印度尼西亚，1945年在印尼苏门答腊失踪，后证实是被日本宪兵杀害。1952年被追认为革命烈士。

胡愈之先生曾作这样的评价：在中国文学史上，将永远铭刻着郁达夫的名字；在中国人民反法西斯战争的纪念碑上，也将永远铭刻着郁达夫烈士的名字。

（8）李济（1896—1979），人类学家，中国现代考古学家，中国考古学之父，湖北人。1922年哈佛大学人类学专业博士毕业，后任清华大学国学研究院讲师，并长期在中央研究院历史语言研究所任职，1949年后赴台湾大学。

（9）黄炎培（1878—1965），江苏省川沙县（今上海市浦东新区）人，中国教育家、实业家、政治家，中国民主同盟主要发起人之一。他立志教育救国，极力从事教育改革，对推动教育改革做出了突出贡献，被誉为我国教育战线的"四大圣人"之一。

（10）陶行知（1891—1946），徽州（今安徽屯溪一带）人，金陵大学文学系毕业，中国人民教育家、思想家、中国民主同盟的主要领导人之一。

（11）冯友兰（1895—1990），河南南阳人。1915年就读北京大学，1919年赴美留学，1924年获哥伦比亚大学博士学位。回国后历任广东大学、燕京大学教授，清华大学文学院院长兼哲学系主任。抗战期间，任西南联大哲学系教授兼文学院院长。1946年赴美任客座教授。曾获美国普林斯顿大学、印度德里大学、美国哥伦比亚大学名誉文学博士。1952年后一直为北京大学哲学系教授。

（12）翦伯赞（1898—1968），湖南桃源人，维吾尔族。中国著名历史学家、社会活动家。他治学严谨，著作宏富，为史学界所推崇和颂扬。他是马列主义新史学"五名家"（郭沫若、范文澜、翦伯赞、吕振羽、侯外庐）之一，1952年至1968年任北京大学历史系主任、北京大学副校长。曾参与北伐战争。

（13）潘光旦（1899—1967），生于江苏省宝山县，著名社会学家、优生学家、民族学家，清华大学百年历史上四大哲人之一。潘光旦于1922年赴美留学；1926年回国，先后在上海、长沙、昆明和北京等地多所大学任教授；1957年在反右派斗争中被错划为右派分子，成为人类学、民族学界著名五大右派之一。潘光旦一生涉及广博，在性心理学、家庭制度、人才学等领域都有很深的造诣。

（14）叶圣陶（1894—1988），江苏苏州人，就读过北京大学，现代著名作家、语文教育家、编辑家、出版家、政治活动家，中国第一位童话作家。

（15）张元济（1867—1959），中国出版家，中国出版第一人，曾协助盛宣怀创办南洋公学，后任职于商务印书馆。中华人民共和国成立后，担任上海文史馆馆长。

百年中国，许多人都在寻找富强中国的道路，而张元济选择了以出版来推动教育、开启明智和培养人才，为中华民族的文明"续命"。嗜书、寻书、藏书、编书、出书，写就了他的一生。

（16）林语堂（1895—1976），福建人，中国现代文学家和语言学家，上海圣约翰大学本科毕业，获得哈佛大学硕士学位和德国莱比锡大学博士学位，先后就职于清华大学、北京大学和厦门大学等，1966年后定居台湾。林语堂既有扎实的中国古典文学功底，又有很高的英文造诣，曾翻译了苏东坡、曹雪芹等人作品到海外。他一生笔耕不辍，著作等身。他是第一位以英文书写扬名海外的中国作家，也是集语言学家、哲学家、文学家于一身的著名学者。林语堂于1940年、1950年和1975年三度获得诺贝尔文学奖的提名。

（17）朱自清（1898—1948），江苏人，北京大学毕业，中国现代著名散文家等。

（18）陈鹤琴（1892—1982），儿童教育家、儿童心理学家。陈鹤琴是中国现代儿童心理学和幼儿教育学研究的开创者，被誉为"中国教育界的四位圣人之一"。

（19）冯契（1915—1995），浙江诸暨人，就读清华大学等。著名新道家代表人物、哲学史家、哲学家、美学家、教育家、教授等。

（20）赵元任（1892—1982），江苏人，生于天津，美国国籍，先后就读于美国康奈尔大学和哈佛大学，其博学多才，虽对数学、物理也有较深造诣，但在语言学方面的天才尤其突出，曾是民国初期清华大学国学研究院四大导师之一，是中国著名的语言学家、哲学家、作曲家，亦是中国语言科学的创始人和现代音乐学先驱，被称为汉语言学之父。1946年曾被当时的国民政府教育部拟聘为南京中央大学校长。1938年起在美国高校任教至1972年退休。后来多次回国访问，先后受到周恩来、邓小平的接见。

（21）王国维（1877—1927），浙江嘉兴人，曾留学日本。王国维是中国近现代相交时期一位享有国际声誉的著名学者，曾是民国初期清华大学国学研究院的"四大导师"之一。中国新学术的开拓者，在文学、美学、史学、哲学、金石学、甲骨文、考古学等领域成就卓著并精通英文、德文、日文。

（22）梁启超（1873—1929），广东新会人，中国近代思想家、政治家、教育家、史学家、文学家。青年时期和康有为一起，倡导变法维新，是中国近代维新派代表人物。后成为民国时期清华大学国学研究院四大导师之一。

（23）陈寅恪（1890—1969），江西省修水县人，生于湖南长沙。中国现代历史学家、古典文学研究家、语言学家、中央研究院院士、民国时期清华大学国学院四大导师之一，后任岭南大学教授和中山大学教授，通晓二十余种语言，其四处求学、学贯中西，被称为中国最博学的人。

（24）汤用彤（1893—1964），湖北省黄梅县人，清华大学本科毕业，获哈佛大学硕士学位，中国近代著名的国学大师。中央研究院第一届院士。学术著作如《汉魏两晋南北朝佛教史》《印度哲学史略》《魏晋玄学论稿》等。与陈寅恪、吴宓并称为"哈佛三杰"。

第十二章 近现代部分中国大师

（25）吴宓（1894—1978），陕西省泾阳县人。中国现代著名西洋文学家、诗人。先后任南京大学文学院教授、国立西南联合大学外文系教授等，清华大学国学研究院创办人之一，学贯中西，融通古今，被称为"中国比较文学之父"和国学大师。

（26）范长江（1909—1970），四川内江人，就读北京大学等，杰出的新闻记者。国家设有"范长江新闻奖"。

（27）赵超构（1910—1992），浙江文成县人，早年就读于上海中国公学，中国新闻记者，专栏作家。

（28）穆旦（1918—1977），天津人，清华大学毕业，诗人，翻译家，被誉为"现代诗人第一人"。

（29）王力（1900—1986），广西博白人，清华大学国学研究院毕业后留学法国巴黎大学，中国语言学家，中国现代语言学奠基人之一。

（30）顾准，上海人，思想家，经济学家，会计学家，历史学家。他是中国最早提出社会主义市场经济理论的第一人。1934年完成第一部会计学著作《银行会计》，为国内第一本银行会计教材。

（31）倪征燠（1906—2003），出生于江苏吴江，国际法学家，1928年毕业于东吴大学法律系；之后留学于美国斯坦福大学法学院，获得博士学位，东京审判中国检察官首席顾问，中华人民共和国首任联合国国际法院法官。

（32）端木正（1920—2006），安徽安庆人，回族，我国著名法学家。中山大学教授，曾任中山大学法律系主任和最高人民法院副院长等。20世纪40年代毕业于武汉大学政治系，后获清华大学法学硕士学位和法国巴黎大学法学博士学位。

（33）夏书章（1919— ），江苏高邮人。中国MPA之父、行政学家。中国当代行政学的主要奠基人，中山大学著名教授，曾任中山大学副校长，早年毕业于原国立中央大学（后改名南京大学）法学院政治学系和美国哈佛大学管理学院。

（34）傅雷（1908—1966），生于江苏省南汇县（现浦东新区），中国著名的翻译家、作家、教育家、美术评论家。早年留学法国巴黎大学。他翻译了大量的法文作品，其中包括巴尔扎克、罗曼·罗兰、伏尔泰等名家著作。

（35）马一浮（1883—1967），浙江绍兴人。中国现代思想家，与梁漱溟、熊十力合称为"现代三圣"，现代新儒家的早期代表人物之一。于古代哲学、文学、佛学，无不造诣精深，又精于书法，丰子恺推崇其为"中国书法界之泰斗"。曾在北京大学任教。

（36）熊十力（1885—1968），著名哲学家，新儒家开山祖师，国学大师，北京大学教授。

（37）季羡林（1911—2009），山东聊城市临清人，国际著名东方学大师，中国著名文学家、语言学家、教育家、国学家、佛学家、史学家、翻译家和社会活动家。他曾历任中国科学院哲学社会科学部委员，北京大学副校长、中国社科院南亚研究所所长，是北京大学唯一的终身教授。季羡林早年留学国外，精通英、德、梵、巴利文，能阅读俄、法文，尤其精于吐火罗文，是世界上仅有的精于此语言的几位学者之一。曾被誉为"国学大师""学界泰斗"等。

（38）厉以宁（1930— ），出生于江苏仪征，1951年就读北京大学经济系，著名经济学家，被誉为"中国经济学界泰斗"之一。

（39）吴敬琏（1930— ），出生于江苏南京，1950年就读南京大学、复旦大学经济系，当代中国杰出经济学家，中国市场经济著名学者，被誉为"中国经济学界泰斗"之一。

（40）张维迎（1959— ），陕西人，1982年西北大学经济学本科毕业，1994年获牛津大学经济学博士学位，在牛津大学读书期间，师从诺贝尔奖得主James Mirrlees教授等。北京大学经济系教授，被公认为中国经济学界企业理论的权威。

（41）郎咸平（1956— ），祖籍山东潍坊，出生在台湾桃园。获美国宾夕法尼亚大学博士学位，著名经济学家。

第四节 医学类和农学类

一、医学类

（1）颜福庆（1882—1970），上海人，先后就读美国圣约翰大学和耶鲁大学，我国著名医学教育家、公共卫生学家。他先后创办了湖南医科大学前身和上海医科大学前身等，为中国医学教育事业做出了卓越的贡献。

（2）吴阶平（1917—2011）江苏常州人，北平协和医学院毕业，医学博士，医学家，医学教育家，泌尿外科专家，中国科学院院士，中国工程院院士。曾任中国科协副主席、中华医学会会长、中国医学科学院院长、中国协和医科大学校长等。

（3）林巧稚（1901—1983），福建省厦门市人，著名医学科学家，中国科学院院士，中国医学科学院副院长。1921年毕业于厦门女子师范学校，1929年在北京协和医科大学获得医学博士学位，后到英国伦敦医学院、曼彻斯特医学院进修，到奥地利维也纳进行医学考察，1939年到美国芝加哥医学院继续学习。她是北京协和医院第一位中国籍妇产科主任及首届中国科学院唯一的女学部委员，是中国现代妇产科学的奠基人之一。

（4）诸福棠（1899—1994），江苏无锡人，北京协和医学院本科毕业，美国纽约州立大学博士学位，中国儿科学的奠基人，毕生致力于儿童保健、儿童营养和儿科医疗工作，中国医学科学院儿科研究所所长，培养了几代儿科医务人员。素以勤奋、刻苦、严谨、谦虚、大公无私著称。他最突出的学术成就是用胎盘球蛋白预防麻疹，又领头研究麻疹减毒活疫苗。他主编了中国第一部大型儿科教科书《实用儿科学》，这是儿科保健、医疗、教学、科研中的一本重要参考书。他与吴瑞萍、邓金鍌将他们建立的私立儿童医院献给国家。

（5）王淑贞（1899—1991），江苏苏州人，一级教授，中国妇产科学奠基人之一。其祖父是清朝进士，祖母曾办过学校。父亲曾留学过美国，归国后任电气工程师。王淑贞13岁时因病休学2年，在其8岁时母亲死于产褥疾病，使她深感祖国医学的落后，从小立志学医以解救妇女的痛苦。故18岁入苏州女医学堂学习，19岁赴美国巴尔的摩高氏女子大学学习，20岁在美国芝加哥大学学习2年，获理学士学位。22岁在美国约翰霍普金斯大学医学院学习4年，获医学博士学位。1932年任上海女子医学院院长。1951年任新成立的上海第一医学院附属妇产科医院院长。

（6）荣独山（1901—1988），江苏无锡人，我国医学放射学家，美国纽约州立大学毕业，中国最早的医学放射学专家之一。

（7）裘沛然（1913—2010），中国国医大师、上海中医药大学和上海市中医药研究院终身教授。裘沛然长期从事中医教育和中医理论、临床研究，在中医基础理论、经络、伤寒温病、养生诸领域颇多见解，对内科疑难病的治疗亦颇具心得，为培养中医人才做出了贡献。另外兼任中国特大型综合性辞典《大辞海》的副主编。

（8）陈心陶（1904—1977），福建古田人，我国医学寄生虫学家、医学教育家，本科毕业于福建协和大学生物系，后获美国哈佛大学医学院博士学位，中山大学著名教授。

（9）陈耀真（1899—1986），福建福州人，我国著名眼科学家、医学教育家，中学在香港就读，在美国波士顿大学获得医学博士学位，在美国学习和从事眼科研究长达14年。1934年回国后，先后在齐鲁大学、华西大学、岭南大学、中山医科大学、中国医学科学院协和医院任眼科教授。

（10）谢志光（1899—1967），广东东莞人，先后就读湖南湘雅医学专门学校和美国康涅狄格大学并获博士学位，中国临床放射学家和医学教育家，中国放射学的创建、奠基人之一。

（11）吴孟超（1922—　），中国科学院院士、中国肝胆外科之父，他不断奋进，2016年（94岁）还荣获"全国优秀共产党员"光荣称号。毕业于同济大学医学院，2005年度国家最高科学技术奖获得者。

（12）裘法祖（1914—2008），浙江杭州人，毕业于同济大学和德国慕尼黑大学医学院。著名外科专家、教授、博士生导师、中国科学院院士。被誉为"人民医学家"和"中国外科之父"。

（13）李绍珍（1932—2001），广东广州人，中国工程院院士，我国著名眼科学家和教授，先后就读华南医学院、中山医学院（后中山医科大学），1962年中山医学院眼科研究生毕业。

（14）陈竺（1953—　），江苏镇江人，曾当过知青，就读法国巴黎第七大学，医学博士学位，中国科学院院士，发展中国家科学院院士，欧洲科学院外籍院士，美国科学院外籍院士，法国科学院院士，美国医学科学院外籍院士。曾任卫生部部长和中国科学院副院长等。

（15）曾益新（1962— ），中山大学（原中山医科大学）博士毕业，曾留学日本东京大学、美国宾夕法尼亚大学等，中国科学院院士，发展中国家科学院院士，北京协和医学院校长。

二、农学类

（1）丁颖（1888—1964），广东高州人。著名的农业科学家、教育家、水稻专家，1955年被选聘为中国科学院学部委员（院士），中国现代稻作科学主要奠基人，毕生从事水稻研究工作，被誉为"中国稻作之父"。

1924年在日本东京大学农学部毕业。回国后任中山大学农学院教授、院长。中华人民共和国成立后，历任华南农学院（现华南农业大学）院长，中国科学技术协会副主席，第一、二、三届全国人民代表大会代表。1957—1964年任中国农业科学院院长等职。同时还是苏联农业科学院、民主德国农业科学院、捷克斯洛伐克农业科学院的通讯院士、荣誉院士。周恩来总理誉其为"中国人民优秀的农业科学家"。

（2）袁隆平（1930— ），江西德安人，出生于北京。中国杂交水稻育种专家，被称为中国的"杂交水稻之父"，中国工程院院士，美国科学院外籍院士，荣获2000年国家最高科学技术奖。1953年毕业于西南农学院（现西南大学）。

（3）李振声（1931— ），山东淄博人，遗传学家，小麦杰出专家。1951年毕业于山东农学院（现山东农业大学）农学系，中国科学院遗传研究所研究员，1991年当选为中国科学院院士，2006年获得国家最高科学技术奖。

（4）谢华安（1941— ），生于福建龙岩，著名的杂交水稻育种专家，中国科学院院士，福建省农业科学院院长、研究员。1959年毕业于福建龙岩农业学校，1964年结业于福建农学院（函授）。

（5）李登海（1949— ），山东省莱州市人，农民发明家，被称为"中国紧凑型杂交玉米之父"。曾获国家科技进步奖一等奖。

（6）刘仙洲（1890—1975），河北完县人，中国科学院院士，机械学家和机械工程教育家，长期从事农业机械的研究，为我国农业机械化做出了突出贡献。曾就读香港大学工学院机械系并获学士学位。曾任天津大学的前身——北洋大学校长和东北大学、西南联合大学、清华大学教授等。

（7）陈日胜（1962— ），广东人，毕业于湛江农业专科学校（广东海洋大学的前身），1986年发现一株野生海水稻并进行了长达30年的培育最终获得很大成功。地球上有面积很可观的海滩和盐碱地，海水种稻被誉为"种植界的哥德巴赫猜想"。

第五节 工程技术类

（1）李国豪（1913—2005），广东省梅县人，著名桥梁工程与力学专家、教育家、社会活动家，曾任同济大学校长、上海力学学会首届理事长和上海市科协主席，1981年被推选为世界十大著名结构工程学家，1987年获国际桥梁和结构工程协会功绩奖。1995、1996年连续获得何梁何利科技进步奖和陈嘉庚技术科学奖。

（2）詹天佑（1861—1919），中国近代铁路工程专家。祖籍江西，生于广东南海。12岁留学美国，1878年考入耶鲁大学土木工程系，专习铁路工程。1905—1909年指挥修建我国自建的第一条铁路——京张铁路，并为我国铁路事业发展呕心沥血，被誉为"中国铁路之父""中国近代工程之父"。

（3）茅以升（1896—1989），江苏镇江人，土木工程学家，桥梁专家，工程教育家，中国科学院院士，美国工程院院士，中央研究院院士。茅以升少年就立志于桥梁事业，后又分别留学美国卡内基梅隆大学工学院和康奈尔大学专攻桥梁专业并获博士学位。20世纪30年代，他主持设计并组织修建了钱塘江公路铁路两用大桥，成为中国铁路桥梁史上的一个里程碑，在我国桥梁建设上做出了突出的贡献。他主持我国铁道科学研究院工作30余年，为铁道科学技术进步做出了卓越的贡献。

（4）梁思礼（1924—2016），祖籍广东新会人，出生在北京，中国著名火箭控制系统专家，导弹控制系统研制领域的创始人之一，中国科学院院士，国际宇航科学院院士。曾赴美国留学，先后在普渡大学、辛辛那提大学学习并获应用科学研究博士学位。他是中国航天可靠性工程学的开创者和学科带头人之一，航天CAD（计算机辅助设计）的倡导者和奠基人，为我国航天事业发展做出了卓越贡献。

（5）吴大观（1916—2009），江苏江都人，毕业于西南联合大学，是我国航空工业和航空发动机设计研制事业的主要创始人之一，被誉为"中国航空发动机之父"。

（6）王选（1937—2006），出生上海，江苏无锡人，1958年毕业于北京大学数学力学系，中国科学院院士，中国工程院院士，发展中国家科学院院士，著名计算机文字信息处理专家，当代中国印刷业革命的先行者，被称为"汉字激光照排系统之父"。他荣获2001年度国家最高科学技术奖。

（7）顾毓琇（1902—2002），江苏无锡人，著名工学家，特别在现代电机学理论方面有突出贡献。曾就读清华学校中等科，后赴美留学获得麻省理工学院电机工程的学士、硕士和博士。回国后曾任浙江大学、清华大学、上海交通大学等大学的电机工程系教授，先后任过中央大学工学院院长、清华大学工学院院长、中央大学校长和国立音乐学院院长等。1950年旅居美国，任宾夕法尼亚大学教授等。

(8) 庄前鼎（1902—1962），上海人，我国著名机械工程专家、机械工程教育家。长期从事机械、航空等方面的科学研究，为中国机械、航空工程的发展以及人才培养作出了突出贡献。曾就读上海交通大学，并赴美留学先后获得康奈尔大学机械工程硕士学位和麻省理工学院化学工程硕士学位。回国后任清华大学教授并创办了清华大学机械工程系和航空研究所等。

(9) 王恩东（1966— ），出生于济南市，中国工程院院士，工程技术应用研究员，1991年清华大学硕士研究生毕业，现任高效能服务器和存储技术国家重点实验室主任、浪潮集团高级副总裁。

王恩东在国产服务器软硬件设计中实现重大创新，为中国服务器产业的发展壮大作出重要贡献。国外产品对高端服务器的市场垄断严重威胁着国家关键信息系统的安全。解决核心技术问题，发展国产高端服务器，具有极其重要的战略意义。作为总设计师，王恩东开发出国产第一代高端商用服务器系统，解决了三大核心问题：I/O瓶颈问题、存储问题和可用性问题。

(10) 倪维斗（1932— ），中国工程院院士，动力机械工程专家，中国能源学会会长。出生于上海市，浙江省宁波市人。1957年苏联莫斯科包曼高工毕业，1962年在列宁格勒加里宁工学院获得副博士学位，1990年被授予俄罗斯荣誉科学博士，1991年被选为国际高校科学院院士。曾任清华大学副校长、校务委员会副主任，现任北京市科协副主席，中国环境与发展国际合作委员会、能源战略与技术工作组中方组长。

(11) 王迎军（1954— ），女，河北省唐县人，我国著名生物材料科学与工程专家，中国工程院院士。1978年本科毕业于华南理工大学，1981年和1997年分别在华南理工大学获硕士和博士学位。现任华南理工大学教授、校长，国家人体组织功能重建工程技术研究中心主任。兼任中国生物材料学会理事长。长期从事生物材料基础研究与工程化工作。在骨、齿科材料，血液净化材料及眼科材料等研究方面取得多项原创性成果。提出骨再生修复材料类骨仿生构建创新理念，建立"生物应答"理论雏形。发明骨再生修复材料仿生构建系列技术，实现工程化。获国家技术发明二等奖1项等。

第六节　建筑学类

(1) 梁思成（1901—1972），广东新会人，中国著名建筑史学家、建筑师、城市规划师和教育家，一生致力于保护中国古代建筑和文化遗产，曾任中央研究院院士、中国科学院哲学社会科学学部委员。他系统地调查、整理、研究了中国古代建筑的历史和理论，是这一学科的开拓者和奠基者。曾参加人民英雄纪念碑等设计，是中华人民共和国首都城市规划工作的推动者，中华人民共和国成立以来几项重大设计方案的主持者，是中华人民共和国国旗、国徽评选委员会的顾问。

（2）吕彦直（1894—1929），安徽滁县人，中国近代杰出建筑师。毕业于美国康奈尔大学，他的作品有设计、监造的南京中山陵和主持设计的广州中山纪念堂，在中国近代建筑史上写下了辉煌的一页。因病于1929年3月英年早逝，终身未婚。

（3）刘敦桢（1897—1968），现代建筑学、建筑史学家，中国科学院院士（学部委员），湖南新宁人。1921年毕业于日本东京工业大学，南京工学院教授，毕生致力于建筑教学及发扬中国传统建筑文化。他是我国建筑教育的创始人之一，又是中国建筑历史研究的开拓者。

（4）杨廷宝（1901—1982），建筑学家和建筑教育学家。中国近现代建筑设计开拓者之一，历任中央大学、南京大学、南京工学院建筑系教授，曾任南京工学院副院长、南京建筑研究所所长等职。长期从事建筑设计创作工作，为我国建筑设计事业做出了杰出贡献，在国际建筑学界享有很高的声誉。

（5）童寯（1900—1983），辽宁沈阳人，满族，建筑学家，建筑教育家。毕业于美国宾夕法尼亚大学，南京工学院建筑系教授，中国近代造园理论研究的开拓者，中国近代建筑理论研究的开拓者之一。

（6）贝聿铭（1917—   ），国际著名建筑设计师，出生于广州，祖籍苏州，在上海读中学，18岁赴美国留学，先后在麻省理工学院和哈佛大学就读建筑学。贝聿铭的设计作品遍及世界许多国家，以公共建筑、文教建筑为主，被归类为现代主义建筑，曾获得美国建筑学会金奖和普利兹克奖等。

（7）何镜堂（1938—   ），广东东莞人，中国工程院院士，华南理工大学建筑学院院长兼设计院院长，总建筑师，教授，博士生导师，中国建筑学会副理事长。以"中国馆之父"闻名于世，还被誉为"校园建筑设计掌门人"，20多年来，何镜堂先后主持和负责设计的重大工程有200多项，如上海世界博览会中国馆、广州珠江新城西塔等。2001年，获中国建筑师的最高荣誉——首届"梁思成建筑奖"。

第七节　文学艺术类

（1）王洛宾（1913—1996），生于北京，中国作曲家和民族音乐学家。1934年毕业于北京师范大学音乐系。他1938年在兰州改编了第一首新疆民歌《达坂城的姑娘》之后，便与西部民歌结下了不解之缘，并从此在大西北生活了近60年，其间曾先后两次入狱达18年之久，将传奇般的一生都献给了西部民歌的创作和传播事业。

（2）萧红（1911—1942），黑龙江人，女师大附中毕业，曾是鲁迅的学生，现代女小说家。

（3）冰心（1900—1999），福建人，毕业于燕京大学，美国威尔斯利女子大学，诗人、作家、翻译家、散文家和儿童文学家等。

（4）老舍（1899—1966），是笔名，即永远忘我奉献的意思。他真名叫舒庆春，满族人，北京师范学校毕业，曾到伦敦大学工作过，著名文学家，曾被誉为"人民艺术家"，本来已被诺贝尔文学奖管理机构选上可荣获1968年诺贝尔文学奖，但因已去世，只能另选他人。

（5）赵丹（1915—1980），中国著名电影表演艺术家，祖籍山东肥城，出生于江苏南通。1931年入上海美术专科学校学国画。在他几十年的艺术生涯中，一共拍摄了至少35部故事片，塑造了一系列光辉的艺术形象，如《林则徐》《李时珍》《聂耳》等，被誉为"中国影坛上的一朵奇葩""享誉国内外的人民艺术家"。他也是当年周恩来总理在电影界最知心的老朋友之一。

（6）贺绿汀（1903—1999），湖南省邵东县人，中国著名作曲家、音乐理论家、音乐教育家，上海音乐学院院长，国际音乐理事会终身荣誉会员，是中国唯一获此殊荣的音乐家。半个世纪以来，贺绿汀共创作了3部大合唱、24首合唱、近百首歌曲、6首钢琴曲、6首管弦乐曲、10多部电影音乐以及一些秧歌剧音乐和器乐独奏曲，并著有《贺绿汀音乐论文选集》。

（7）张大千（1899—1983），四川内江人，祖籍广东番禺，是20世纪中国画坛最具传奇色彩的国画大师，是一位深受爱戴的伟大艺术家，特别在艺术界更是深得敬仰和追捧。无论是绘画、书法、篆刻、诗词都无所不通，特别在中国山水画方面卓有成就。有"南张北齐"之称，被徐悲鸿誉为"五百年来一大千"。也与西方的毕加索齐名，有"东张西毕"之说。

（8）齐白石（1864—1957），生于湖南湘潭。近现代中国绘画大师，世界文化名人。早年曾为木工，后以卖画为生。擅画花鸟、虫鱼、山水、人物，笔墨雄浑滋润，色彩浓艳明快，造型简练生动，意境淳厚朴实。曾任中央美术学院名誉教授、中国美术家协会主席等职。

（9）徐悲鸿（1895—1953），江苏宜兴人，著名画家和美术教育家。曾留学日本，在北洋政府资助下，1924年又留学巴黎国立美术学校，接受正规的西方绘画教育，留学4年之后，徐悲鸿的绘画水平已达到可与欧洲同时期的艺术家相媲美的地步。后徐悲鸿还到德国等欧洲多个国家考察美术。1949年担任中央美术学院院长，与张书旗、柳子谷三人被称为画坛的"金陵三杰"。

（10）吴昌硕（1844—1927），浙江人，我国近现代书画艺术发展过渡时期的关键人物，"诗、书、画、印"四绝的一代宗师，晚清民国时期著名国画家、书法家、篆刻家，与任伯年、赵之谦、虚谷齐名为"清末海派四大家"。

（11）潘天寿（1897—1971），浙江临海县人，现代著名画家，美术教育家。曾任浙江美术学院院长等职。

第十二章 近现代部分中国大师

（12）吴湖帆（1894—1968），江苏苏州人，现代绘画大师，曾任中国美术家协会上海分会副主席。

（13）丰子恺（1898—1975），浙江桐乡人，中国现代漫画家，散文家，美术教育家和音乐教育家，翻译家，是一位在多方面取得卓有成就的文艺大师；曾任中国美术家协会常务理事、美术协会上海分会主席、上海中国画院院长、上海对外文化协会副会长等职。被国际友人誉为"现代中国最像艺术家的艺术家"。丰子恺以中西融合画法创作漫画以及散文而著名，其风格独特的漫画作品影响很大，深受人们的喜爱。

（14）万籁鸣（1900—1997），江苏南京人，世界动画大师、艺术大师，中国剪纸艺术第一人，中国动画片电影创始人之一。万赖鸣与弟弟一起幼年自学绘画，1919年进入商务印书馆工作，与其弟研制动画电影；1926年加入长城画片公司，拍摄成中国第一部动画片《大闹画室》；1935年又制成第一部有声动画片《骆驼献舞》；1936年完成了动画长片《铁扇公主》；1960年至1964年，担任动画片《大闹天宫》的导演，创作了中国动画史上的巅峰之作。

（15）沈尹默（1883—1971），浙江湖州人，生在陕西汉阴。著名的学者、诗人、书法家、教育家。曾留学日本，归国后先后执教于北京大学、北京女子师范大学，与陈独秀、李大钊、鲁迅、胡适等同办《新青年》，为新文化运动的得力战士。后出任河北教育厅厅长、北平大学校长等职，被誉为"一代书法家"。

（16）黄佐临（1906—1994），广东番禺人，我国著名的戏剧、电影艺术家，导演，上海人民艺术剧院创始人之一。

（17）林风眠（1900—1991），生于广东梅州市，画家，艺术教育家，中国美术学院首任院长。自幼喜爱绘画。历任国立北平艺术专科学校校长、国立艺术学院院长、中国美术家协会上海分会副主席等。

（18）梅兰芳（1894—1961），祖籍江苏，出生北京，著名京剧表演艺术家，中外闻名的中国戏曲艺术大师。

（19）周信芳（1895—1975），中国京剧表演艺术家，京剧麒派艺术创始人，浙江慈城人。生于江苏淮安市，7岁开始学戏，艺术上勇于革新创造、反对墨守陈规；博采诸家之长，融会贯通，加以变化，形成自己独特的艺术风格。

（20）黎锦晖（1891—1967）生于湖南湘潭，是中国流行音乐的奠基人。自幼学习古琴和弹拨乐器。家乡民间音乐和当地流行的湘剧、花鼓戏、汉剧等戏剧音乐对他影响至深。1949年后，他在上海美术电影制片厂担任作曲。

（21）叶辛（1949— ），中国知青文学主要代表，中国作家协会副主席，复旦大学中文系教授，上海社科院文学研究所所长等，中学学历。1969年去贵州山乡插队，一呆就是10多年。这段丰富而又跌宕的经历使他和文学结了伴，守着茅屋里的煤油灯，他拿起笔写起了小说。1977年他的处女作《高高的苗岭》问世。1979年调入贵州作家协会从事专业创作，并一直笔耕不辍，前后出版了四十几部书籍。

第八节 大学校长类

（1）蔡元培（1868—1940），浙江绍兴人，近代革命家、教育家、政治家，也是中国近代民族学研究的先驱。中华民国首任教育总长，曾任北京大学校长12年，革新北大，开"学术"与"自由"之风；蔡元培还曾兼任中法大学校长11年。1928—1940年专任中央研究院院长。他为发展中国新文化教育事业，建立中国资产阶级民主制度做出了重大贡献，堪称"学界泰斗、人世楷模"。

（2）梅贻琦（1889—1962），天津市人，祖籍江苏武进。我国著名教育家。毕业于南开中学、清华学校，在南开中学读书时与周恩来是学友。曾任中华民国教育部部长、中央研究院院士。梅贻琦熟读史书，喜爱科学。曾留学美国伍斯特理工学院，1914年学成归国后即到清华担任教学和教务长等多种职务。1931年，梅贻琦出任清华大学校长，共担任清华大学校长17年（包括西南联合大学期间），为清华大学成为名牌大学做出了重要贡献。晚年居住在美国和台湾。

（3）马相伯（1840—1939），江苏丹阳人，中国著名教育家，复旦大学创始人，震旦大学首任校长，教育家蔡元培等为其弟子。

（4）张伯苓（1876—1951），天津人，北洋水师学堂毕业，中华民国教育家、体育活动家、政治家，南开大学创建人、校长，美国哥伦比亚大学名誉博士。他一生致力于教育救国，也是奥运会在东方的最早倡导者，被誉为"中国奥运第一人"。

（5）胡适（1891—1962），安徽绩溪人，现代著名学者、社会活动家。1910年先后留学美国康奈尔大学和哥伦比亚大学，1915年成为实用主义哲学大师杜威的学生，1917年回国任北京大学教授。知识渊博，曾拥有多个博士头衔；不仅是新文化运动的领袖人物之一，而且学术上是一代宗师，著述丰厚，但在政治上追随国民党，1949年去台湾。

（6）傅斯年（1896—1950），山东聊城人，祖籍江西永丰。著名史学家、文学家、学术领导人，曾是五四运动学生领袖之一，并曾任中央研究院历史语言研究所所长、北京大学代理校长，在中山大学创办了语言历史研究所并任所长，兼任该校中国文学和史学两系主任以及文学院院长。1949年去了台湾，任国立台湾大学校长。

第九节　经营大师类和技能大师类

一、经营大师类

（1）王健林（1954— ），四川省广元市人，毕业于辽宁大学，我国著名房地产企业家，其财富多年名列福布斯中国富豪榜前列。

（2）任正非（1944— ），贵州省安顺人，毕业于重庆建筑工程学院，毕业后参军从事军事科技研发，1988年开始创立华为技术有限公司，是我国著名的民营科技企业、世界500强企业之一的华为公司的创始人兼总裁，中国最具影响力的商界领袖之一。

（3）董明珠（1954— ），出生于江苏南京，世界著名女企业家、珠海格力电器股份有限公司董事长兼总裁。先后就读安徽芜湖干部教育学院、中欧国际工商学院等。

（4）张瑞敏（1949— ），山东省莱州人，毕业于中国科技大学，全球享有盛誉的企业家，海尔集团创始人和首席执行官。

（5）马云（1964— ），浙江省杭州市人，世界著名互联网企业家，1988年毕业于杭州师范学院外语系，阿里巴巴集团主要创始人和董事局主席，我国互联网事业的主要代表人物，华人首富之一。

（6）柳传志（1944— ），江苏镇江人，我国著名高科技企业家，联想集团主要创办人。曾就读西安电子科技大学，是我国高新技术产业的先驱之一。

（7）马化腾（1971— ），出生于海南省东方市，腾讯公司主要创始人，开创了QQ事业，并和张小龙等一起，在微信等方面领跑世界。

二、技能大师类

（1）康辉（1924— ），广东顺德人。1938年从事烹饪工作。国宝级烹饪大师，著名国际烹饪大师，中国粤菜一代宗师。

（2）许炽光（1932— ），擅长广绣传统技艺，有高超的艺术造诣、精湛的刺绣技艺和丰富的创作经验，有较高的声望和影响力，先后获得了"广东省民间文化杰出传承人""广东省工艺美术大师""广东省高级工艺美术师"等称号。

（3）巨晓林（1962— ），陕西省岐山县人，高中学历，农民工的楷模，全国总工会副主席。巨晓林坚守"农民工也要懂技术"的信念，克服常人难以想象的困难，坚持在工作中学习，在学习中工作，掌握了大量从事本职工作所需要的新知识和新技能，实现了由实干型向知识型农民工的跨越，成为出类拔萃的能工巧匠。

（4）高凤林（1962— ），中国航天科技集团公司第一研究院特种熔融焊接高级技师,全国十大能工巧匠,中华技能大奖获得者,技工学校毕业生,被中央电视台誉为"大国工匠"。

(5) 李万良(1968—),中车长春轨道客车有限公司高级技师、电焊工,在平凡的工作中创造了非凡成绩,被誉为"工人院士""高铁焊接大师"等。

(6) 管延安(1977—),山东潍坊人,初中文化水平,1995年参加工作,农民工。他从18岁开始学习钳工,对工作干一行爱一行专一行,20多年的勤学苦练,使他不但精通錾、削、钻、铰、攻、套、铆、磨、矫正、弯形等各门钳工工艺,而且对电器安装调试、设备维修也是得心应手。特别是他在参与港珠澳大桥建设的过程中,以主人翁精神去解决每一个问题,并以追求极致的态度,不厌其烦地重复检查、重复练习,使之快速准确地完成了许多看似微不足道但又举足轻重的工作,终于成就了他作为"深海钳工第一人"和"大国工匠"的传奇。

(7) 张恒珍(1969—)女,中专学历,中国石化茂名分公司裂解车间压缩分离班长、公司首席技师,也是我国乙烯裂解装置操作的大师级人物。参加工作20多年来,一直在裂解车间一线工作,保持着操作40多万次裂解装置零差错的纪录,为所操作的装置达到世界先进水平立下了汗马功劳。

第十二章 近现代部分中国大师

案例一

高铁焊接大师

中车长春轨道客车股份有限公司转向架制造中心焊接车间电焊工李万君是"中国第一代高铁工人"中的杰出代表,被誉为高铁战线的"杰出工匠""工人院士"和"高铁焊接大师"等。

1987 年 8 月,19 岁的李万君职业高中毕业后,被分配到长春客车厂电焊车间水箱工段。一年后,当初和他一起入厂的 28 个伙伴,25 个离了职。李万君不仅留了下来,而且刻苦钻研业务。入厂第二年,李万君在车间技能比赛中夺冠。1997 年,他首次代表长客公司参加长春市焊工大赛,虽然是最年轻的选手,但三种焊法、三个焊件、三个第一轻松收入囊中。很快他成为全能型焊工。他说,焊接工是非常苦、非常累的工作,只有感兴趣才能热爱,热爱才能敬业,才能豁出去,让技术在手中升华。

他不断传承技能与精神,掌握了许多绝活,并不断攀登新的技术高峰,追求极致与创新,甚至攻克了法国等西方发达国家都认为无法解决的焊接技术问题。他说,打造中国高铁走向世界的名片,需要千百万个优秀技能人才。

案例二

享受离休待遇的文学大师

楼栖(1912—1997),原名邹冠群,广东省梅县石坑人,中共党员,我国著名文学家,中山大学三级教授,曾任中山大学中文系副主任。虽出生于农民家庭,但从小刻苦学习,1933 年就读中山大学文学院,并开始参加广州文总等革命文艺创作出版活动,曾因文总六烈士事件被捕入狱半年。大学毕业后在香港、广西桂林等地从事教育工作。中华人民共和国成立后,调入中山大学中文系从事文艺理论教学,1957 年至 1959 年被派往民主德国柏林洪堡大学东方学院讲授中国现代文学,曾是中国作家协会广东分会多届理事和第三届副主席。他一生著述颇多,其中他主编的《文学概论》多年来一直被用作我国高等院校中文系的教材。

楼栖教授最惨痛的经历是"文革"期间被抄家、批斗,甚至被打成"历史反革命"等,直到 1978 年才彻底平反。1984 年和 1989 年,楼栖教授和他夫人郭茜菲分别离休。

楼栖教授的主要特点是:对生活要求甚少,但对工作的要求却甚高。如他家的保姆这样评价他:"他从来不说菜可不可口,从未因菜或家庭琐事说过我一句,每日除了吃饭睡觉就是看书、写东西。对他来说,只要有饭吃就行了,别的一概不管。"

楼栖教授不仅自己对事业执着追求,对人生挫折坦然应对,而且对子女的培养十分重视,故 5 个子女除了大儿子在抗战期间因病又缺医少药仅一岁多就夭折之外,其他子女都能健康成长并很有作为，如二儿子邹启苏本科毕业于北京大学数学力学系，1979年考上中山大学数学力学系研究生（后因在数力系任教没有读），1982年赴美攻读布朗大学数学博士，获博士学位，毕业后在美国堪萨斯州立大学任副教授。三儿子邹启光毕业于清华大学化学系，先后在贵州、济南、广州石油化工厂任工程师和高级工程师。四儿子邹启明和女儿邹纪平虽然都当过知青，但也接受了高等教育。四儿子1978年考入中山大学外语系，1979年考上该系研究生，获硕士学位，后来攻读了广州外语外贸大学博士，获博士学位，并留校任教成为了该校的教授。女儿邹纪平1976年被推荐上广州外语学院，1980年考上该校英语系研究生并获硕士学位。后在澳大利亚西澳大学专门从事翻译工作。并长期积极为当地社区服务，2016年荣获"全球杰出社会服务贡献奖"。他们认为，一个人的人生道路不管如何曲折，只要将命运掌握在自己手里，自强不息，就会有光明的未来。

第十三章 时代呼唤有更多的大师

第一节 我国与发达国家在顶尖人才方面的主要差距

中华人民共和国成立以来特别是改革开放以来,我国教育科技文化事业有了很大的发展,以"两弹一星"为代表的我国科学技术取得了长足进步。进入21世纪以来,我国在多方面创新更是取得了突出成就,特别是在航天技术、高铁技术和超级计算机等领域领跑世界。但在原始创新等领域与世界先进水平相比,我们仍然存在较大差距。

一、在诺贝尔奖方面的差距

从1901年至2016年,诺贝尔科学奖、诺贝尔文学奖和诺贝尔经济学奖共颁发给来自世界各大洲42个国家共783人,其中物理学奖208人,化学奖182人,生理学或医学奖205人,经济学奖74人,文学奖114人。而我国从2012年开始才实现了诺贝尔奖零的突破,2015年实现了诺贝尔科学奖零的突破。不仅远落后于美国、英国、法国、德国、俄罗斯等欧美国家,落后于小国以色列,也落后于近邻日本等亚洲国家。

附表

1901—2016年世界主要国家诺贝尔奖得奖人数统计

序	国籍	物理学	化学	生理学或医学	经济学	文学	合计
1	美国	98	75	95	54	10	332
2	英国	24	25	30	7	11	97
3	德国	21	29	17	1	8	76
4	法国	13	9	10	2	15	49
5	瑞典	4	5	8	2	8	27
6	日本	9	6	4		2	21

续上表

序	国籍	物理学	化学	生理学或医学	经济学	文学	合计
7	俄罗斯	9	1	2	2	5	19
8	瑞士	3	6	6		2	17
9	荷兰	8	4	2	1		15
10	意大利	3	1	3	1	6	14
11	奥地利	3	2	6	1	1	13
12	丹麦	3	1	5		3	12
13	加拿大	3	2	3	1	1	10
14	挪威		1	5		3	9
15	澳大利亚		6			1	7
16	西班牙		1			6	7
17	比利时	1	1	4		1	7
18	以色列	2	2		1	2	7
19	爱尔兰	1		1		3	5
20	印度	1			1	1	3
21	匈牙利		1			1	3
22	中国			1		1	2
23	其他国家	1	4	3		23	31
	合计	208	182	205	74	114	783

二、在世界其他最高科学奖方面的差距

与诺贝尔奖同样重要的世界大奖还有拉斯克奖（医学）、克拉克奖（经济科学）、普利策奖（文学）、普利斯特里奖（化学）、菲尔兹奖（数学）和沃尔夫奖（农业、医学、艺术、数理化等）、图灵奖（信息科学）、普利兹克奖（建筑学）、罗斯贝奖（气象科学）、泰勒环境成就奖（环境科学）、狄拉克奖（国际理论物理学）等。其中，美籍华人吴健雄（女）获得过沃尔夫物理奖（1978），美籍华人钱永健获得过沃尔夫医学奖（2004），美籍华人陈省身和丘成桐分别在1983年和2010年获得过沃尔夫数学奖，杨祥发（我国台湾）和袁隆平分别在1991年和2004年获得过沃尔夫农学奖，美籍华人邓青云

2011年获得过沃尔夫化学奖。获得过泰勒奖的是我国台湾的张德慈（1999）和大陆的刘东升（2002）。获得罗斯贝奖的华人是毕业于清华大学数学系的美籍华人、理论气象学家郭晓岚（1970）和南京信息工程大学大气科学学院海外院长王斌教授（2015）。这方面与美国等欧美国家的差距也很大。

三、在技术方面的差距

与人口的比例相比，我国缺乏专利成果特别是缺乏高质量的专利成果。我国的专利从数量上来看是有很大进步，甚至超过美国和日本，但高质量、高水平的专利成果少，如2012年，中国专利权人获得美国（USPTO）、欧洲（EPO）和日本（JPO）授权的三方专利局专利授权的比例分别只有2%、1%和2%。而美国、日本和欧洲专利组织成员国（EPC）的专利权人获得专利授权的比例高达98%~99%。同时，我国对外技术依存度高达40%以上，而美国、日本对外技术依存度仅为5%。许多产品还缺乏品牌、缺乏核心技术，属于跟跑者的达到70%左右。

四、产品附加值低

我国人均国民生产总值总体上仍很低，不仅只有世界人均国民生产总值的三分之二，美国人均国民生产总值的七分之一，而且还有一定的贫困人口。我国传统产业转型升级的任务仍很艰巨，一些行业还是劳动密集型的，附加值低。

第二节 "中国梦"的实现与大师的关系

中国是世界四大文明古国之一，在多方面曾遥遥领先于西方国家。唐宋时期，曾被誉为世界最富有的国家。在医学、农学、天文学、数学等方面也很有成就。但后来落后了并最终遭受了百年耻辱。其根本问题是长期处于封建社会却不重视科学技术和变革，由此导致了生产力和科学技术严重落后。通过辛亥革命特别是中华人民共和国的成立，为振兴中华、赶超世界发达国家提供了良好的政治条件。

是否涌现更多的大师级人才，是衡量社会制度是否优越的重要指标。中华人民共和国成立以后，党和政府号召全国人民向科学进军，党的八大明确了我国社会主义时期的主要矛盾。在中国共产党的领导下，我们在十分艰苦的条件下，在较短的时间内拥有了"两弹一星"并完成了许多关系国计民生的重大科研项目。尽管后来又遇到了较大曲折并付出了沉重的代价，但改革开放以后，我们沿着正确的政治路线又大踏步前进了。

英国原来还是一个相当落后的农业国，由于诞生了牛顿、亚当·斯密、瓦特等科学家和发明家，产生了第一次工业革命，英国最终成为世界强国之一。美国原来也是英国的殖民地，1776年独立时也只有主要位于大西洋沿岸的13个州，由于有华盛顿、杰弗逊、富兰克林、林肯、罗斯福等卓越领导人，涌现了爱因斯坦、费米、爱迪生、洛克菲克等杰出科学家、发明家和企业家，经过了100多年的奋斗，美国就一跃成为了世界强国。历史充分说明，国家的命运和大师的命运是紧密相连的。大师涌现，促进了国家强大和文化繁荣，而国家的强盛又促进了大师的更多涌现。

中国要在21世纪中叶实现中华民族伟大复兴的"中国梦"，关键看人才，特别是大师级人才。没有大师级人才，我们不可能自立于世界民族之林；没有大师级人才，我们也不可能拥有世界一流大学和建成世界科技强国。我们一定要继续顽强努力，向新的高峰不断攀登。

青年人是未来大师涌现的希望。

"一年之计在于春，一生之计在于勤（青）"，青年时代是人生最美好的时光，也是大师事业的起点。如何将年龄优势转化为事业优势，争取自己的一生有大的成就，这是每个人在青年时代就应该很好考虑并且起好步的问题。许多大师在青年时代已经崭露头角甚至一生最重要的成就是在青年时代取得的。

要使自己的一生能取得更大的成就，关键是要树立正确的人生观、价值观，坚持德才兼备、全面发展将自己"第一粒纽扣"扣好。它将决定你是如何对待人生道路上的各种选择。正确的价值观之一就是以大师为榜样，献身科学，学习大师，超越大师。

湖南宁乡农家子弟何江能成为哈佛大学优秀毕业生，就是因为他从小就树立了"长大后要成为科学家"的理想，认为"当科学家"才是最有价值的，而他初中的一些同学在读完初中后就到外面打工了。这就是价值观不同，人生选择不同，结果也大不相同。

许多大师在青年时代就树立了"教育救国""科学救国"和"献身科学"等宏大志向，如袁隆平希望自己的人生能为国家为人民"搞出一点名堂"来，在这些价值观的指导下，他们排除了人生道路上的各种干扰和困难，牺牲了许多个人幸福，以学术为己任，努力攀登科学高峰，并最终取得令人惊叹的成就。

许多先贤均对青年人如何树立正确的价值观提出了不少精辟的思想，如：

（1）马克思认为：在科学的道路上没有平坦的大道，只有不畏劳苦沿着陡峭山路攀登的人，才有希望到达光辉的顶点；如果我们选择了最能为人类的幸福而工作的职业，那么，我们就不会为它的重负所压倒，因为这是为人类所做出的牺牲。

（2）毛泽东认为，世界是你们的，也是我们的，但是归根结底是你们的。你们青年人朝气蓬勃，正在兴旺时期，好像早晨八九点钟的太阳，希望寄托在你们身上。世界是属于你们的，中国的前途是属于你们的。

（3）邓小平认为：为社会主义中国的前途而奋斗，这是当代中国青年最崇高的历史使命。

（4）著名教育家吴玉章认为：人生在世，事业为重，一息尚存，奋斗不息。

第三节 追求世界一流,努力做时代的先锋

一、努力做时代的先锋

当今时代,科技创新是创新驱动的核心,而创新又是国家发展战略的核心。

青年是祖国的未来,民族的希望。要使我国涌现更多的大师级人才,关键看青年。青年要从小树立正确的价值观,以国家利益为重,以献身创新事业为荣,立志成为新时代各行各业的大师。

追求世界一流,是历史发展的必然趋势,是"中国梦"的必然要求。我们只有顺应这个历史潮流,努力做时代的先锋,并在这个过程中努力将自己锻炼成大师级人才。

追求世界一流,必须注意与弘扬中华优秀传统文化相结合,与东西文化相结合,与文理相结合。

"有志者,事竟成",要成为新时代的大师,不仅要立大志,而且要选好奋斗目标,并为这个目标的实现长期奋斗、终生奋斗。"学者如牛毛,成者如麒麟""有志之人立常志,无志之人常立志",人生犹如马拉松长跑,正确的奋斗目标选择后,关键是起步快并且坚韧不拔、坚持不懈,做到"以兴趣始,以毅力终""谁笑在最后,谁笑得最好",而千万不能中途动摇,半途而废。

二、勇于创新,做世界的领跑者

创新驱动是我们面向未来的必然选择。只有创新,我们才能成为大师;只有创新,我们才能走在世界的前列。大师级人才都是创新型人才。中华民族在近代落后了,其根本原因就是我们不能及时创新以致落后于多次工业革命和科技革命。今天,我们很不容易赶上来了,但如果我们不及时走上创新之路,我们很快就会落伍。我们应该充分认识到创新驱动的重大意义,尽快由跟跑升级到并跑和领跑,由被动转化为主动,并且永远领跑世界。

创新驱动发展成功之日,就是大师更多的涌现和"中国梦"实现之时。

第四节 解放和发展人才生产力是永恒的课题

社会主义的根本任务是解放和发展生产力,而人是生产力中最活跃的因素,人才是生产力中的关键因素,不断解放和发展人才生产力,是社会主义发展过程中的重中之重,也

是我们所面临的永恒课题。

中华人民共和国成立以后特别是改革开放以来，我国的教育事业得到了很大发展，人才队伍也得到了空前的壮大，从绝对总量上看甚至超过了美国而居世界第一位。但目前我国许多行业在解放和发展人才生产力方面还存在许多问题，如人才不够用、人才不合用和人才没用好这三种状况依然程度不同地存在，我们的人才质量和效益都低于发达国家，世界级大师十分匮乏。其主要原因之一就是人才生产力还没有得到很好的开发和使用，人才生产力还没有充分地释放出来。

人才的解放主要包括政治解放、经济解放、思想解放和才能解放。人才的发展应该是自由、全面而充分的发展。人才不仅要有知识和才能的持有态，也要有发挥态和转化态，真正将高才能转化为高价值、高生产力。如何解放和发展人才生产力？许多专家学者均进行了多方面深入的研究，比如我国著名人才学家钟祖荣教授认为，可以把人才生产力的维度分为四个维度：创造力和智力的发挥（工作的深度）、用于创新的时间与精力（工作的时间长度）、创新创造的心理力量（工作的情绪、动力、热情）、创造与实际领域问题的结合（应用转化力）。可以概括为工作的深度、长度、热度、效度。人才生产力就是四个维度形成的整体合力，或者说就是人才的内在力量。

人才能否得到很好发挥，取决于内部和外部两方面的因素制约。从内因来看，即人才的创新创造力的水平层次有多高、发挥的积极性又有多高。从外部来看，与经济社会发展需要、人才发展体制机制等有密切关系。

如何进一步解放和发展人才生产力？钟祖荣教授认为：

第一，解放人才的时间，保障人才把时间与精力最大程度地用在创新创造上。人才把时间用在创新创造上，就增加了创造的总时间量。

首先，减少考核评价不当指标的误导；其次，减少人才的事务性工作；最后，加强规划统筹，避免人才劳动、项目资金的重复和浪费现象。

第二，解放人才的动力，保障人才有充足的创新创造热情和动力。

首先，通过社会需要和发展目标的引导，激发人才的创新创造动力；其次，承认人才创新创造的经济价值并有激励措施保障其价值实现；最后，营造创新创造的支持环境。

第三，解放人才的空间，保障智力创造力发挥实际效用。

首先，是任务、项目和需求的引导，使人才与社会经济社会发展的紧迫需要、重要项目和任务结合在一起。其次，更好地发挥市场在配置人才资源方面的决定性作用；最后，促进和激发技术研发、产品研发的积极性。

要进一步解放和发展人才生产力，首先要有人才。要继续不断壮大人才队伍，努力提高人才的综合素质即人才的持有态。

人才的成长、遗传、教育、环境、实践和主观能动性均是重要因素。对于社会来说，要积极营造成才的良好环境，包括不断提高优生水平，千方百计减少遗传病和先天性残疾人等。

第十三章 时代呼唤有更多的大师

教育是人才之源。要继续大力发展各类高质量的教育事业并协调发展，特别是高等教育和职业技术教育的协调发展，精英教育和大众教育的协调发展，家庭教育、学校教育、社会教育和自我教育的协调发展，国内教育和出国教育的协调发展，教育事业与经济社会的协调发展。

要不断提高教育质量，在继承和发扬中华民族悠久文化在教育方面优势的同时，积极吸收美国、德国等发达国家在培养人才方面的长处，特别要重视提高创造能力的培养，从而逐步在国际上形成更具竞争力的教育模式。

人才的成长，内因是根据，自我教育是关键，要让更多的公民从小立志成才甚至立志成为大师级人才。勤奋和好学是成才的最基本条件之一。在成才过程中还要注意做到德智体或德识才学体协调发展，智商和情商协调发展，学习力、实践力（包括就业力）和创造力的协调发展。

社会还要积极营造良好的"尊重人才"的氛围，以大师为榜样，以贡献大为荣。同时，要为各类人才充分发挥作用创造良好的条件，努力提高人才的发挥态和转化态，让人才的潜在价值尽可能转变成现实价值。

解放和发展人才生产力是社会主义的本质要求，也是一个永恒的课题，只要我们坚持不懈地抓紧抓好，并努力构建具有全球竞争力的人才制度体系，中国一定能够成为各类大师级人才特别是世界级大师人才产出和拥有最多的国家和新的世界科技中心。

案例一

对知识的重视和追求成就了任正非

任正非是华为公司的创始人兼总裁。

任正非祖籍浙江浦江县。任正非的爷爷是一个做火腿的大师傅，任正非父亲的兄弟姊妹都没有读过书。由于爷爷的良心发现也由于爸爸的执着要求，爸爸才读了书。任母虽然只有高中文化程度，但是受丈夫影响，通过自修，当上了中学教员。虽然任正非的家在农村却是一个知识分子家庭。家庭背景是任正非一生第一个决定性因素。中国的知识分子对知识的重视和追求，可谓"贫贱不能移"。即使在三年自然灾害时期，任正非的父母仍然坚持从牙缝里挤出粮食来让孩子读书。任正非凭借其才智和能力，完全可以在养猪行业获得成功，也可以成为一个能工巧匠，但是对知识的追求，使他进入了一个技术密集型行业。

19岁时，任正非带着父母的希望考上了重庆建筑工程学院（现并入重庆大学）。还差一年毕业的时候，"文化大革命"开始了。父亲被关进了牛棚，任正非回到老家看望父母，父亲让他快回学校去。临走，父亲叮嘱："记住知识就是力量，别人不学，你要学，不要随大流。"据任正非回忆，回到重庆，已经是"枪林弹雨的环境"。但是，他硬是不为所动，把电子计算机、数字技术、自动控制……自学完，他的家人也开玩笑说，没什么用的东西也这么努力学，真是很佩服、感动。由于结交了一些西安交通大学的老师，这些老师经常给他一些油印的书看。他另外还把樊映川的高等数学习题集从头到尾做了两遍，接着学习了许多逻辑、哲学。他自学了3门外语，当时已达到可以阅读大学课本的程度。任正非知识渊博，见解独到，在他的讲话中体现为旁征博引，一针见血。

他自学了电子计算机、数字技术、自动控制、逻辑、哲学。他自学了3门外语，对知识的追求，在进入部队之后，落实到技术钻研上。当时贵州安顺地区有一间飞机制造厂，是一家军工企业，身为通信兵的他被抽调过去，参与一项代号为011的军事通信系统工程。当时中央军委提出要重视高科技的作用。任正非上进好学，有多项技发明创造，两次填补国家空白。因技术方面的多次突破，他被选为军方代表，到北京参加全国科学大会，时年33岁。

任正非从部队转业后会选择一家电子公司，而在创办华为的时候会选择高科技含量的电信行业。1992年，任正非孤注一掷投入C&C08机的研发，虽然是形势所逼，也可以看出他对技术的重视。当时身处房地产热和股票热的核心地带，任正非不仅不为所动，其实在他内心更多的是对知识、技术和真才实学的尊重。同样，把"保证按销售额的10%拨付研发经费，有必要且可能时还将加大拨付比例"写进《华为基本法》，也体现了他以技术立身的理想。任正非总结华为的资本积累说："华为在创业时期，没有资本，只有知本，华为的资本是靠知本积累起来的。"

案例二

北京：建设世界一流的人才之都

北京在人才建设方面坚持全球视野和首都意识，在许多方面走在了全国的前列。如人才资源高度密集，总量达到651万人，人才密度达到55%。人才高端化、国际化特征明显。北京地区拥有"两院"院士756名，约占全国的二分之一；国家"千人计划"入选者1486名，约占全国的四分之一；国家"万人计划"入选者683名，超过全国的四分之一。人才贡献突出，人才资源对经济增长的贡献率达到51.8%。

北京人才建设的主要特点是：

（1）敢闯敢试。

（2）以制度为本，着力破除体制机制障碍，向用人主体放权，为人才松绑。包括"中国绿卡"不再难拿，职称评审满足一定条件的，可不受学历、职称、任职时间、外语和计算机考试等条件限制，一步到位直接申报高级职称。

（3）以平台为基，努力营造创新创业的好环境。特别是位于中关村的科学城、位于怀柔的科学城和位于昌平区的未来科技城。

（4）以人才为魂，努力聚天下英才而用之。

北京将进一步增强使命感、责任感和紧迫感，加快构建现代化人才发展治理体系，全力打造世界一流的人才之都。

结 束 语

中华民族曾在多方面遥遥领先于西方国家，不仅被誉为世界最富有的国家，而且创造了灿烂的中华文化。涌现出孔子、老子、孙子、墨子、张衡、秦九韶、曹雪芹、吴承恩、李时珍、华佗等著名的思想家、科学家、文学家、医学家等。

1956年，毛泽东在《纪念孙中山先生》一文中就提出了"中国应当对于人类有较大的贡献"的重要思想。中国对人类有较大的贡献应该是多方面的，最主要的贡献之一应该是各类大师的贡献，中国应该涌现出像牛顿、居里夫人、爱因斯坦、麦克斯韦等这类伟大的科学家，涌现出像马克思、恩格斯这类"千年思想家"，涌现出像瓦特、法拉第、爱迪生、比尔·盖茨、史蒂夫·乔布斯等这类推动多次工业革命的"弄潮儿"……

大师的涌现，与本人的价值观和奋斗精神有关，更与社会制度和文化传统有关。如欧洲大师的涌现与文艺复兴运动有关，与资产阶级革命有关，也与大学发展和大学与经济互动密切相关。

人才的成长是一个长期、艰苦、曲折的过程，大师的成长也不例外。然而，在有限的人生内，大师之所以能成为大师，他们有与普通人不同的个性和优秀品质，如宏大的志向、特别勤奋和勇于创新等，大师也是脚踏实地、从小事做起，通过不断积累而成的，而创新则是大师成长的关键。

大师成功的重要原因之一是"心中要有榜样""心中要有一个目标"。如爱因斯坦将牛顿、法拉第和麦克斯韦作为他心中的榜样，巴尔扎克立志要成为"文学上的拿破仑"等。

"世界潮流，浩浩荡荡，顺之者昌，逆之者亡"。向大师进军，是时代的召唤，也是历史的又一攻坚战。只要我们坚定不移地朝着这个方向百折不挠地去努力，中国一定可以早日成为大师云集的人才强国、科技强国和文化强国。

参 考 文 献

[1] 王通讯．人才学新论［M］．北京：蓝天出版社，2005．
[2] 王通讯．人才战略：凝思与瞻望［M］．北京：党建读物出版社，2014．
[3] 叶忠海．人才学基本原理［M］．北京：蓝天出版社，2005．
[4] 叶忠海．新编人才学通论［M］．北京：党建读物出版社，2013．
[5] 叶忠海．人才学与人才资源开发研究［M］．北京：党建读物出版社，2014．
[6] 郑其绪．微观人才学概论［M］．北京：党建读物出版社，2013．
[7] 郑其绪．英才之路［M］．北京：党建读物出版社，2015．
[8] 赵永乐．宏观人才学概论［M］．北京：党建读物出版社，2013．
[9] 赵永乐．求索中国特色人才路［M］．北京：党建读物出版社，2014．
[10] 钟祖荣．走向人才社会［M］．北京：党建读物出版社，2014．
[11] 罗洪铁，等．人才学基本原理［M］．北京：人民出版社，2013．
[12] 罗洪铁．人才学基础理论与实践专题研究［M］．北京：党建读物出版社，2014．
[13] 马抗美．人才纵横谈［M］．北京：党建读物出版社，2014．
[14] 徐颂陶．经典阐释与人才新猷［M］．北京：党建读物出版社，2014．
[15] （法）尼古拉·威特科斯基．感伤的科学史［M］．北京：中国人民大学出版社，2009．
[16] 顾迈男．报国——回忆我所采访的科学大家［M］．北京：中共党史出版社，2011．
[17] 戴永良．成长的足迹——诺贝尔奖之路探秘［M］．北京：中国戏剧出版社，2002．
[18] 吴泽义．近代西方文化巨擘［M］．北京：人民出版社，1993．
[19] 李心灿，等．当代数学精英——菲尔兹得主及其建树与见解［M］．上海：上海科技教育出版社，2002．
[20] （美）G·G·坎农．近代农业名人传［M］．北京：农业出版社，1981．
[21] 徐铁猊．名人与图书馆［M］．北京：国家图书馆出版社，2008．
[22] 杨燕迪．十大音乐家［M］．北京：中国古籍出版社，2001．
[23] 任本命，等．世界农业科学家小传［M］．西安：陕西科学技术出版社，1985．
[24] 韩民青．千年伟大思想家［M］．济南：济南出版社，2005．
[25] 博文．三千年来跌［M］．北京：人心的英雄史与悲剧史［M］．北京：中国华侨出版社，2011．
[26] 檀秀侠，等．伟人与名人［M］．天津：天津社会科学院出版社，2000．

[27] 翁长松．名人和书［M］．上海：汉语大词典出版社，2004．

[28] 吴汝华，等．生死对话录——世界名人墓志铭［M］．北京：求实出版社，1989．

[29] （法）让-贝纳尔·普伊，等．天才的童年——落后生成才记［M］．北京：作家出版社，2010．

[30] 杨汝生，等．天才之路［M］．北京：时事出版社，2006．

[31] 王凌等．名人之死［M］．北京：新华出版社，198．

[32] 郑明武．伟大的犹太人（上下集）［M］．北京：西苑出版社，2010．

[33] 许卫兵．科学家的个性［M］．北京：中国广播电视出版社，2001．

[34] 余世存．常言道——近代以来最重要的话语录［M］．北京：新世界出版社，2007．

[35] 孙枢．世界著名科学家传记（地学家Ⅰ）［M］．北京：科学出版社，1995．

[36] 胡亚东．世界著名科学家传记（化学家Ⅰ）［M］．北京：科学出版社，1995．

[37] 张维．世界著名科学家传记（力学家）［M］．北京：科学出版社，1995．

[38] 卢良恕．世界著名科学家传记（生物学家Ⅱ）［M］．北京：科学出版社，1996．

[39] 钱临照，等．世界著名科学家传记（物理学家Ⅴ）［M］．北京：科学出版社，1999．

[40] 钱临照，等．世界著名科学家传记（物理学家Ⅳ）［M］．北京：科学出版社，1995．

[41] 周嘉华，等．化学家传［M］．长沙：湖南教育出版社，1989．

[42] 吴文俊．世界著名数学家传记（上下卷）［M］．北京：科学出版社，1997．

[43] 刘登阁．影响世界的50位经济学家［M］．北京：中国社会出版社，1997．

[44] 张绍焱．世界著名实业家的命运［M］．南宁：广西人民出版社，2003．

[45] 程翔章，等．世界著名教育家、科学家的命运［M］．南宁：广西人民出版社，2003．

[46] 杨双，等．国父们如何治党治军治国［M］．合肥：安徽人民出版社，1992．

[47] 赵忠心．大师的阶梯［M］．北京：中国文联出版社，2000．

[48] 刘洪一．犹太名人传（文学家卷）［M］．郑州：河南文艺出版社，2002．

[49] 李清川，等．世界知名大学校长访谈录［M］．上海：东方出版中心，2009．

[50] 朱汉国，等．中华民国史（第五册）、（第九册）［M］．成都：四川人民出版社，2006．

[51] 张宪文，等．中华民国史（第二卷）［M］．南京：南京大学出版社，2006．

[52] 沈雨梧．清代科学家［M］．北京：光明日报出版社，2010．

[53] 陈建辉．与院士对话［M］．北京：经济科学出版社，2011．

[54] 马骥．经营大师李一奎［M］．北京：中国发展出版社，1995．

[55] 马骥．经营大师张景荣［M］．北京：中国发展出版社，1996．

[56] 方正怡，等．院士怎样做人与做事［M］．上海：上海教育出版社，2011．

[57] 《科学家传记大辞典》编辑组．中国现代科学家传记（第一集）［M］．北京：科学出版社，1991．

[58] 王宗光．老交大名师［M］．上海：上海交通大学出版社，2008．
[59] 施光．蔡元培只手缔造新北大［M］．北京：中国发展出版社，2008．
[60] 杨振宁，等．联大教授［M］．北京：新星出版社，2011．
[61] 周天度．蔡元培传［M］．北京：人民出版社，1984．
[62] 张先恩．科技创新与强国之路［M］．北京：化学工业出版社，2011．
[63] 冒荣．至平至善　鸿声东南——东南大学校长郭秉文［M］．济南：山东教育出版社，2004．
[64] 穆子月，等．大学校长记——那个年代的大学校长们［M］．济南：济南出版社，2010．
[65] 赵白生．大师难忘的人［M］．北京：中央编译出版社，2008．
[66] 苏同炳．中国近代史上的关键人物（上下册）［M］．天津：百花文艺出版社，2000．
[67] 任治韬，等．中外成才方略［M］．济南：山东人民出版社，2012．
[68] 卞毓方．寻找大师［M］．北京：作家出版社，2013．
[69] 陈锋，王翰．毛泽东瞩目的现代俊杰［M］．武汉：长江文艺出版社，2003．
[70] 李子迟．名家上学记——那时大师如何上大学［M］．济南：济南出版社，2010．
[71] 韩斌．二十世纪歌唱大师［M］．上海：上海音乐出版社，2003．
[72] 谢颖．二十世纪钢琴大师［M］．上海：上海音乐出版社，2003．
[73] 夏宏．二十世纪弦乐大师［M］．上海：上海音乐出版社，2003．
[74] 刘蔚．二十世纪指挥大师［M］．上海：上海音乐出版社，2003．
[75] 项筱波，等．音乐大师画传［M］．南京：译林出版社，2014．
[76] 张大千，等．艺术大师之路丛书［M］．武汉：湖北美术出版社，2003．
[77] 吴志菲，等．中国高端访问（1）［M］．上海：东方出版中心，2006．
[78] 许东黎．寻访中山大学校友的足迹［M］．广州：中山大学出版社，2008．
[79] 司马宽．大学问［M］．北京：民主与建设出版社，2004．
[80] 胡孟祥．我与大师［M］．北京：学苑出版社，2007．
[81] 罗利建．钱学森之问——大师是怎样炼成的［M］．北京：中国经济出版社，2011．
[82] 杨汝生，等．天才之路［M］．北京：时事出版社，2006．
[83] 诸葛梦言．创新与人才［M］．北京：知识产权出版社，2015．
[84] 胡灵敏，等．创新人才培养［M］．郑州：郑州大学出版社，2015．

后　记

　　我出生在中山大学一名教授的家庭里，从小阅读过一些著名科学家的传记书籍，对科学家的奋斗精神和所取得的成就敬佩不已。尽管后来遇到了历史的曲折，但用科学家的精神从事工作，一直是我走上工作岗位后对待工作的指导原则之一。党的教育也使我懂得了一个人的个人理想首先要服从党和国家的需要。

　　由于家庭背景和长期生活在中山大学校园的缘故，我从小就接触了不少在中山大学工作的国家级著名教授，如数学家姜立夫，古文字学家商承祚和容庚，哲学家杨荣国，地理学家曹廷藩，环境科学家唐永銮，化学家徐贤恭、龙康候、林尚安（院士）和曾陇梅，生物学家蒲蛰龙（院士）和江静波，汉语言文学家王季思、高华年、楼栖和吴宏聪，政治行政学家夏书章，法学家端木正，历史学家陈锡祺以及外国语著名教授王多恩、梁宗岱、杨润余等。这些大师们有不少还是我父母家的邻居或同学的父亲。其中，夏书章教授还曾为我的一本专著《高校人才发展战略》题写了书名。

　　改革开放以后，我也通过工作关系多次接触过林浩然、计亮年、陈小明等新一代的院士，也比较熟悉杨崧、唐常源等我国"千人计划"高层次人才。有的还是我的同辈人。

　　从2002年开始，我有幸师从我国著名人才学家王通讯研究员，他是我国人才学的主要创始人和奠基者；2005年我的专著《高校人才发展战略》由中国人事出版社出版，大师人才问题是该书论述的重要内容；2006年，我作为访问学者到世界著名的澳大利亚Maquarie大学从事研究工作近一年，中国如何能早日获得诺贝尔科学奖和早日涌现世界一流大学是我深入钻研的内容之一；从2007年开始，我对中山大学本科生开设了"人才学"公共选修课程，"大师人才"也是讲述的重要内容之一。随着我国现代化建设的深入发展，"高端引领"已成为我国人才强国战略的重要方面，缺乏世界一流人才也是我国进一步发展的突出短板。这些都促使我坚持去深入研究大师问题。

　　在本书写作过程中，我有机会重点考察了美国著名的哈佛大学、麻省理工学院、耶鲁大学、普林斯顿大学、宾夕法尼亚大学和美国国会图书馆，并多次参观了位于华盛顿特区中心区的美国历史博物馆和杰弗逊纪念堂，到华盛顿特区一些图书馆查阅了有关资料。以尽可能深入地了解美国的历史和文化，了解美国历届总统的发展理念特别是第一届总统的建国理念等，力求更深入地弄清美国大师辈出的主要原因。

　　我们这一代人曾被看作"被耽误的一代"，我国也曾出现"人才深谷"的严峻局面。我们与中华人民共和国一起，在曲折中成长，在奋进中成才。令人欣慰的是，通过"工农兵学员"、1977年开始恢复高考、大力发展各类高等教育以及顽强自学等途径，在改革

后 记

开放这个大舞台里，我们这一代人不仅涌现出以习近平、李克强为代表的一大批各级优秀党政领导干部，也涌现出以莫言、陈竺、白春礼、王恩哥、林建华、王迎军、铁凝、叶辛、张艺谋、王健林、董明珠等为代表的一大批学术大师、文学艺术大师和经营大师。尽管我们这一代人总体上离时代要求还有很大差距，但道路已经开通，航向已经指明，实现中华民族伟大复兴的关键是高层次人才，最薄弱的也是大师级人才。我们永远都要有努力成为世界学术大师和各行各业的大师，为人类进步做出更大贡献这个理想，永远都要有"数风流人物，还看今朝"的志向，百折不挠地努力攀登世界科学技术高峰，努力向各行各业大师进军。只要我们子子孙孙朝着这个方向不懈努力，世界级大师就可以不断涌现，因为这是国家走向强大的必然，也是实现"中国梦"的迫切需要。

这本书的问世，首先要感谢我的博士生导师、国家人事部中国人事科学研究院原院长王通讯研究员对我写作本书的热情鼓励，感谢我国著名人才学家、华东师范大学叶忠海教授在百忙之中为本书题写了序言并给予了很多指导。同时，该书在写作过程中，还引用了王通讯、叶忠海、罗洪铁、马抗美、郑其绪、沈荣华、钟祖荣、赵永乐、徐颂陶以及王辉耀等我国著名人才学家的一些学术观点，在此也向他们表示衷心的感谢。

另外，我也感谢广东省人才研究所袁兆亿研究员以及广东省管理创新和发展研究会的有关专家学者的帮助，感谢中山大学图书馆、广东省中山图书馆等单位的大力支持。

我也十分感谢我国著名化学家、中山大学教授计亮年院士对本书给予的积极评价和指导。

广东电视台高级编辑郭际生为我写作本书给予了热情鼓励并提供了很重要的线索；美国宾夕法尼亚大学医学院张君良教授不仅为本书的进一步完善提出了许多宝贵意见，而且为我考察宾夕法尼亚大学和普林斯顿大学等提供了许多方便；毕业于麻省理工学院并长期工作、生活在美国波士顿的曾晨晖博士也为本书提出了一些重要修改意见；毕业于美国纽约大学后在美国硅谷工作的梁左桦博士也为本书提供了有益的帮助。他们均是我中学的同学，在此一并表示感谢。

在本书即将付印之际，举世瞩目的党的十九大胜利召开了。党的十九大比较具体提出的我国到2035年和本世纪中叶所确定的宏伟发展目标，无疑对我国以大师为代表的杰出人才如何更多涌现提出了更高的要求，对本书的写作也是一个很大的鼓舞和鞭策。

对大师人才的研究是一个有相当难度的课题，由于条件所限，本书肯定有许多不足，仅起抛砖引玉之作用。

附录一 部分"世界之父"

第一部分：自然科学

一、数学和计算机科学

数学之父——阿基米德
几何之父——欧几里得
代数之父——韦达
现代几何之父——笛卡尔
现代计算机之父——约翰·冯·诺依曼
计算机科学之父、人工智能之父——阿兰·麦席森·图灵

二、生物

现代微生物之父——路易斯·巴斯德
现代免疫学之父——耶纳（琴纳）
遗传学之父——格里戈尔·约翰·孟德尔
DNA电脑之父、生物电脑之父——雷纳德·阿德勒曼
理论生物老化之父——奥布里·德格雷
绿色革命之父——鲍劳格
胰岛素之父——奥斯卡
透射电子显微镜发明者——M. 诺尔和 E. 普斯卡

三、物理学、力学和工程

近代物理学之父、近代科学之父、实验物理学之父——伽利略
现代物理学之父、相对论之父、近代光子学说之父——爱因斯坦
力学之父——阿基米德
经典力学之父——艾萨克·牛顿
声学之父——欧内斯特·克拉尼
核子科学之父——欧内斯特·卢瑟福
实验电磁学之父——迈克尔·法拉第
经典电动力学之父、电波之父——詹姆斯·麦克斯韦

现代磁学之父——范弗莱克
激光之父——卡斯特勤
量子论之父——马克斯·普朗克
量子力学之父——尼尔斯·玻尔
原子弹之父——约翰·奥本海默
氢弹之父——爱德华·特勒
超音速之父——冯·卡门
俄罗斯航空之父——茹科夫斯基
现代火箭技术之父——罗伯特·戈达德
现代航天之父、导弹之父——韦纳·冯·布劳恩
火箭之父、宇航之父——康斯坦丁·齐奥尔科夫斯基
光纤之父——高锟
光明之父——爱迪生
无线电之父——马可尼
现代航天之父——布劳恩
无线电发明者——波波夫
真空三极管发明者——德·福雷斯特
微信之父——张小龙

四、化学

近代化学之父——约翰·道尔顿
现代化学之父——安托万-洛朗·拉瓦锡
炸药之父——阿尔弗雷德·贝恩哈德·诺贝尔
农业化学之父——李比希
化学反应动力学研究的大师——谢苗诺夫
量子化学大师——鲍林
现代有机合成之父——伍德沃德
发现氢气——卡文迪许
把化学确立为科学——波义耳
氧气的发现者——舍勒
创立分子学说——阿伏伽德罗
人工合成尿素的首创者——维勒
发明光谱分析法——本生
提出化学结构理论——布特列洛夫
发现元素周期律——门捷列夫

电离学说的创立者——阿累尼乌斯
质谱仪的发明者——阿斯顿
生物化学的创始人——费歇尔
创立高分子化学——斯陶丁格
提出化学结构理论——布特列洛夫
煤焦油综合利用的开拓者——霍夫曼

第二部分：社会科学、新兴学科艺术等

一、经济学、管理学

政治经济学之父——威廉·配第
实验经济学之父——弗农·史密斯
科学管理之父——弗雷德里克·温斯洛·泰勒
现代管理学之父——彼得·德鲁克
经济学之父——亚当·斯密
金融学之父——默顿·米勒
投资学之父——格雷厄姆
人事管理之父——欧文
动态管理之父——谢德荪

二、音乐

音乐之父——约翰·塞巴斯蒂安·巴赫
交响曲之父——弗朗兹·约瑟夫·海顿
圆舞曲之父——老约翰·施特劳斯
现代提琴之父——斯确迪威尼斯和扩尔涅里
世界杰出小提琴家——帕格尼尼
蓝调之父——威廉·克里斯多夫·汉迪
民谣之父——鲍勃·迪伦

三、美术

现代艺术之父——保罗·塞尚
纪录电影之父——尤里斯·伊文思
现代戏剧之父——亨里克·约翰·易卜生

四、体育

足球世界杯之父——儒勒斯·雷米特
现代奥林匹克之父——勒巴龙·皮埃尔·德·顾拜旦

第三部分：工业、军事等

矿物之父——格奥尔格乌斯·阿格里科拉
内燃机之父——尼考罗斯·奥古斯特·奥托
工业之父——詹姆斯·瓦特
火车之父——乔治·史蒂芬森
汽车之父——卡尔·弗里德里希·本茨
飞机之父——维尔伯·莱特、奥维尔·莱特
自来水笔发明者——沃特曼
电话发明——贝尔
照相技术——达盖尔
电视之父——贝尔德
手机之父——马丁·库帕
混合物之父——斯密顿
自动步枪发明人——马克沁

第四部分　新兴学科

创造学和创造工程之父——亚历克斯·奥斯本
"TRIZ"理论之父——根里奇·阿奇舒勒
成功学之父——戴尔·卡耐基、拿破仑·希尔
潜能大师——安东尼·罗宾

附录二 部分"中国之父"

中国拓扑学之父——江泽涵
中国火箭之王、中国导弹之父——钱学森
中国物理学之父——吴大猷
中国"两弹"之父——邓稼先
中国光纤之父——赵梓森
微信之父——张小龙
中国电脑之父——范光陵
中国互联网之父——钱天白
中国激光照排之父——王选
中国近代化学之父——徐寿
中国量子化学之父——唐敖庆
电解粉之父——汪跃龙
侯氏制碱法之父——侯德榜
中国杂交水稻之父——袁隆平
中国杨树之父——陈章水
中国苹果之父——李善祥
中国流行音乐之父——黎锦晖
中国交响乐之父——李德伦
中国摇滚之父——崔健
中国铁路之父——詹天佑
中国酒店业之父——卢鸿炳
中国环保之父——曲格平
中国3G之父——李世鹤
中国博客之父——方兴东
中国石油之父——孙健初
中国海带之父——曾呈奎
闪盘之父——邓国顺
中国钻探之父——刘广志
中国营销之父——刘永炬
中国民法之父——佟柔

发展经济学之父——张培刚
中国汽车业之父——饶斌
中国并购之父——王巍
中国幼教之父——陈鹤琴
中国儿科之父——诸福棠
中国人造石油之父——赵宗燠
中国炮兵之父——朱瑞
"优势导向管理法"之父——吴光琛

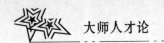

附录三 部分世界著名自然科学大师

一、数学

1. 世界十大数学家

姓名	国籍	生涯	毕业大学	主要成就
欧几里得	古希腊	公元前330—公元前260	—	著有《几何原本》等
刘 微	中国	生于公元250,三国后期	—	著有《九章算术注》等
秦九韶	中国	(1208—1261)	—	南宋数学家
笛卡尔	法国	(1596—1650)	普瓦捷大学	解析几何之父、近代科学始祖
费 马	法国	(1601—1665)	奥尔良大学等	微积分等、业余数学家之王
莱布尼茨	德国	(1646—1716)	莱比锡大学	微积分等、17世纪的亚里士多德
欧 拉	瑞士	(1707—1783)	巴塞尔大学	创立函数符号和欧拉公式等
拉格朗日	法国	(1735—1813)	自学	当时被誉为"欧洲最大之数学家"
高 斯	德国	(1777—1855)	哥廷根大学	证明代数基本定理等
希尔伯特	德国	(1862—1943)	哥尼斯堡大学	20世纪初最伟大的数学家

2. 部分中国著名数学家

姓名	籍贯	生涯	毕业大学	主要成就
刘 微	山东	生于公元250,三国后期	—	著有《九章算术注》等
祖冲之	河北	(429—500)	—	—
秦九韶	四川	(1208—1261)	—	南宋数学家
李 冶	河北	(1192—1279)	—	—
杨 辉	杭州	生活于13世纪	—	—
朱世杰	北京	生活于13、14世纪	—	—

续上表

姓名	籍贯	生涯	毕业大学	主要成就
李善兰	浙江	(1811—1882)	—	中国近代科学的先驱者和传播者
姜立夫	浙江	(1890—1978)	哈佛大学	中国现代数学之父
陈建功	浙江	(1893—1971)	日本东京高等工业学校	我国函数论开拓者
熊庆来	云南	(1893—1969)	巴黎大学、蒙彼利埃大学	我国数学研究和教育的先驱之一
曾炯之	江西	(1898—1940)	格丁根大学	我国最早从事抽象代数研究
苏步青	浙江	(1902—2003)	日本东北帝国大学	被誉为"数学之王"
江泽涵	安徽	(1902—1994)	哈佛大学	中国拓扑学之父
华罗庚	江苏	(1910—1985)	自学、剑桥大学等	中国解析数论创始人等
周炜良	安徽	(1911—1995)	莱比锡大学博士学位	国际著名数学家
陈省身	浙江	(1911—2004)	普林斯顿大学等	国际数学大师
吴文俊	上海	(1919—)	法国斯特拉斯堡大学等	拓扑学、数学机械化等
陈景润	福建	(1933—1996)	厦门大学	国际著名数学家
丘成桐	广东	(1949—)	香港中文大学	荣获菲尔兹奖等国际数学最高奖

二、物理学

姓名	国籍	生涯	毕业大学	主要成就
托勒密	古罗马	(约90—168)	—	主要是天文学,但著有《光学》等
伽利略	意大利	(1564—1642)	帕多瓦大学	近代科学之父
开普勒	德国	(1571—1630)	蒂宾根大学	现代实验光学奠基人等
托里拆利	意大利	(1608—1647)	自学	气压计等
牛顿	英国	(1643—1727)	剑桥大学	万有引力定律、微积分等
约瑟夫·布莱克	法国	(1728—1799)	爱丁堡大学	对瓦特发明新型蒸汽机帮助很大
让·巴蒂斯特·毕奥	法国	(1774—1862)	巴黎综合工科学校	创立毕奥-萨伐尔定律等
安培	法国	(1775—1836)	自学	安培定律等

续上表

姓名	国籍	生涯	毕业大学	主要成就
奥斯特	丹麦	(1777—1851)	哥本哈根大学	发现电流磁效应等
法拉第	英国	(1791—1867)	自学	发现电磁相互转换等
尼古拉·萨迪·卡诺	法国	(1796—1832)	巴黎理工科大学	建立热力学基础
J R Meyer 迈尔	德国	(1814—1878)	—	能量守恒定律提出者
詹姆斯·焦耳	英国	(1818—1889)	曼彻斯特大学	焦耳定律等
开尔文	英国	(1824—1907)	剑桥大学	世界杰出物理学家之一
麦克斯韦	英国	(1831—1879)	剑桥大学等	创立系统的电磁理论等
斯托列托夫	俄国	(1839—1896)	莫斯科大学	电学和磁学等
罗兰	美国	(1848—1901)	伦塞勒工学院	运动电荷产生磁场等
约瑟夫·约翰·汤姆逊	英国	(1856—1940)	剑桥大学等	电子发现者、获1906年诺贝尔物理学奖
赫兹	德国	(1857—1894)	柏林大学	用实验证明了电磁波的存在
普朗克	德国	(1858—1947)	慕尼黑大学	量子力学奠基人之一
玛丽·居里（女）	法国	(1867—1934)	索邦大学	1903年获得诺贝尔物理学奖
欧内斯特·卢瑟福	英国	(1871—1937)	坎特伯雷学院	20世纪最伟大的实验物理学家
朗之万	法国	(1872—1946)	巴黎高等师范学院	磁性理论等
迈特纳（女）	奥地利	(1878—1968)	维也纳大学等	放射性研究
马克思·冯·劳厄	德国	(1879—1960)	柏林大学等	晶体X射线衍射、获1912年诺贝尔物理学奖
爱因斯坦	德国	(1879—1955)	苏黎世大学	相对论等
奥托·哈恩	德国	(1879—1968)	马尔堡大学	人工核裂变、获1944诺贝尔物理学奖
玻恩	德国	(1882—1970)	布雷斯劳大学等	量子力学奠基人、获1954年诺贝尔物理学奖
玻尔	丹麦	(1885—1962)	哥本哈根大学	对原子科学贡献大、获1922年诺贝尔物理学奖

续上表

姓名	国籍	生涯	毕业大学	主要成就
埃尔温·薛定谔	奥地利	（1887—1961）	维也纳大学	量子力学奠基者、获1933年诺贝尔物理学奖
劳伦斯	美国	（1901—1958）	耶鲁大学	回旋加速器、获1939年诺贝尔物理学奖
海森堡	德国	（1901—1976）	慕尼黑大学	创立了量子力学、获1932年诺贝尔物理学奖
菲利克斯·布洛赫	瑞士	（1905—1983）	—	获1952年诺贝尔物理学奖
汉斯·贝特	德国	（1906—2005）	慕尼黑大学	获1967年诺贝尔物理学奖
汤川秀树	日本	（1907—1981）	大阪大学	获1949年诺贝尔物理学奖
理查德·费曼	美国	（1918—1988）	普林斯顿大学	获1965年诺贝尔物理学奖
杨振宁	中国	（1922— ）	芝加哥大学	1957年与李政道一起获诺贝尔物理学奖
默里·盖耳曼	美国	（1929— ）	麻省理工学院	获1969年诺贝尔物理学奖
谢尔登·格拉肖	美国	（1932— ）	哈佛大学	获1979年诺贝尔物理学奖
温伯格	美国	（1933— ）	普林斯顿大学	电弱统一理论、1979年获诺贝尔物理学奖
史蒂芬·霍金	英国	（1942— ）	牛津、剑桥大学	理论物理学家、被誉为"宇宙之王"

三、力学

姓名	国别	生涯	毕业大学	主要成就
潘索	法国	（1777—1859）	巴黎综合工科学校	力学、数学
纳维	法国	（1785—1836）	巴黎综合工科学校	工程学、力学

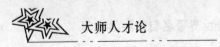

姓名	国别	生涯	毕业大学	主要成就
圣维南	法国	（1797—1886）	巴黎综合工科学校	固体力学、流体力学
兰　金	英国	（1820—1872）	爱丁堡大学	弹性力学、流体动力学等
雷　诺	爱尔兰	（1842—1912）	剑桥大学	力学、工程学、物理学
兰　姆	英国	（1849—1934）	剑桥大学三一学院	流体力学、应用数学等
A. 弗普尔	德国	（1854—1924）	莱比锡大学	工程力学
勒　夫	英国	（1863—1940）	剑桥大学圣约翰学院	力学、应用数学、地球物理学
恰普雷金	俄国	（1869—1942）	莫斯科大学	空气动力学、分析力学
胡贝尔	波兰	（1872—1950）	利沃夫工业大学	力学、弹性理论
普朗特	德国	（1875—1953）	慕尼黑工业大学	力学
铁摩辛柯	俄国	（1878—1972）	圣彼得堡工程学院	力学、工程教育
卡门（数学神童）	匈牙利	（1881—1963）	布达佩斯技术大学	流体力学、固体力学
米泽斯	乌克兰	（1883—1953）	苏黎世工业大学	力学、应用数学
太沙基	捷克	（1883—1963）	格拉茨工业大学	力学、土木工程等
泰　勒	英国	（1886—1975）	剑桥大学	应用数学、力学、工程、气象学
L. 弗普尔	德国	（1887—1976）	格丁根大学	工程力学、电磁学
格拉梅尔	德国	（1889—1964）	慕尼黑高等工业学校	力学、机械工程等
穆斯赫利什维利	俄国	（1891—1976）	彼得堡大学	力学、机械工程等
路利耶	俄国	（1901—1980）	列宁格勒加里宁工学院	力学
安德罗诺夫	俄国	（1901—1952）	莫斯科大学	力学
切塔耶夫	俄国	（1902—1959）	喀山大学	力学
普拉格	德国	（1903—1980）	达姆施塔特工业大学	应用力学、应用数学
钱学森	中国	（1911—2009）	交通大学、加州理工学院	应用力学、空气动力学等

四、化学

姓名	国籍	生涯	毕业大学	主要成就
蔡 伦	中国	(63—121)	—	造纸术
葛 洪	中国	(284—345)	—	炼丹家和医药学家
波义耳	英国	(1627—1691)	自学	把化学确定为科学
卡文迪许	英国	(1731—1810)	剑桥大学未毕业	发现氢气、水构成及电学等多方面
普利斯特利	英国	(1733—1804)	爱丁堡大学	发现氧气及多种气体
舍 勒	瑞典	(1742—1786)	自学	近代有机化学奠基人之一
拉瓦锡	法国	(1743—1794)	巴黎大学等	近代化学之父、开创化学发展新纪元
道尔顿	英国	(1766—1844)	自学	提出科学原子论等
阿伏伽德罗	意大利	(1776—1856)	都灵大学	创立分子学说
戴 维	英国	(1778—1829)	自学	电解离析出金属钾钠钙镁
盖·吕萨克	法国	(1778—1850)	巴黎综合工科学校	发现了多种化学元素等
贝采里乌斯	瑞典	(1779—1848)	乌普萨拉大学	量子化学大师
法拉第	英国	(1791—1867)	自学	电化学的奠基人
维 勒	德国	(1800—1882)	海德堡大学	人工合成尿素的首创者
李比希	德国	(1803—1873)	爱尔兰根大学	创立了有机化学、被誉为"化学之父"
本 生	德国	(1811—1899)	格丁根大学	发明广谱分析法等
霍夫曼	德国	(1818—1892)	吉森大学	煤焦油综合利用的开拓者
徐 寿	中国	(1818—1884)	—	中国近代化学的启蒙者
康尼查罗	意大利	(1826—1910)	比萨大学	为确立原子、分子论立功
贝特罗	法国	(1827—1907)	—	有机合成
布特列洛夫	俄国	(1828—1886)	喀山大学	提出化学结构理论

续上表

姓名	国籍	生涯	毕业大学	主要成就
凯库勒	德国	（1829—1896）	吉森大学	有机结构理论的奠基人
迈尔	德国	（1830—1895）	吉森大学	元素周期律的早期探索者
肖莱马	德国	（1834—1892）	自学、吉森大学辍学	有机化学的奠基人
门捷列夫	俄国	（1834—1907）	圣彼得堡高等师范学校	元素周期律创立者
瑞利	英国	（1842—1919）	剑桥大学	国际著名化学家，以精确著称
范霍夫	荷兰	（1852—1911）	莱顿大学	第一个荣获诺贝尔化学奖
拉姆塞	英国	（1852—1916）	图宾根大学	为周期表增补新家族
费歇尔	德国	（1852—1919）	波恩大学、舒特拉斯大学	生物化学的创始人
穆瓦桑	法国	（1852—1907）	自学	获1906年诺贝尔化学奖
阿累尼乌斯	瑞典	（1859—1927）	乌普拉萨大学	创立电离学说、获1903年诺贝尔化学奖
能斯特	德国	（1864—1941）	维尔茨堡大学	获1920年诺贝尔化学奖
玛丽·居里	法国	（1867—1934）	索邦大学	获1911年诺贝尔化学奖
里查兹	美国	（1868—1928）	哈佛大学	美国第一个诺贝尔化学奖得主
哈伯	德国	（1868—1934）	夏洛滕堡工业大学	哈伯法合成氨发明者、获得1918年诺贝尔化学奖
普雷格尔	奥地利	（1869—1930）	格拉茨大学	获1923年诺贝尔化学奖
卢瑟福	新西兰	（1871—1937）	坎特伯雷学院	揭开原子内幕、获1908年诺贝尔化学奖
维兰德	德国	（1877—1957）	慕尼黑大学	获1927年诺贝尔化学奖
索迪	英国	（1877—1956）	牛津大学	获1921年诺贝尔化学奖
阿斯顿	英国	（1877—1945）	伯明翰大学	质谱仪发明者、获1922年诺贝尔化学奖
斯陶丁格	德国	（1881—1965）	哈雷大学	创立高分子化学
朗缪尔	美国	（1881—1957）	自学	提出"等离子体"等新理论

续上表

姓名	国籍	生涯	毕业大学	主要成就
德拜	荷兰	(1884—1966)	慕尼黑大学	获1936年诺贝尔化学奖
斯韦德贝里	瑞典	(1884—1971)	乌普萨拉大学	获1926年诺贝尔化学奖
莫斯莱	英国	(1887—1915)	牛津大学	发现了原子序数的莫斯莱定律等
鲁齐卡	瑞士	(1887—1976)	卡尔斯鲁厄工业学院	获1939年诺贝尔化学奖
侯德榜	中国	(1890—1974)	哥伦比亚大学	中国著名化学家
哈罗德·尤里	美国	(1893—1981)	加利福尼亚大学	获1934年诺贝尔化学奖
谢苗诺夫	苏联	(1896—1986)	彼得格勒大学	苏联建国后第一个获得诺贝尔奖
欣谢尔伍德	英国	(1897—1967)	牛津大学	化学动力学、获1956年诺贝尔化学奖
鲍林	美国	(1901—1994)	加州理工学院	量子化学大师
纳塔	意大利	(1903—1979)	米兰工学院	获1963年诺贝尔化学奖
普雷洛格	南斯拉夫	(1906—1998)	—	获1975年诺贝尔化学奖
弗洛里	美国	(1910—1985)	俄亥俄州州立大学	高分子基础理论
穆尔·斯坦福	美国	(1913—1982)	威斯康星大学	获1972年诺贝尔化学奖
卢嘉锡	中国	(1915—2001)	厦门大学	中国著名化学家、中国科学院院长
普里高京	比利时	(1917—2003)	布鲁塞尔自由大学	获1977年诺贝尔化学奖
伍德沃德	美国	(1917—1979)	麻省理工学院	获1965诺贝尔化学奖、有机合成之父
桑格	英国	(1918—2013)	剑桥大学博士学位	获1958年和1980年诺贝尔化学奖
李远哲	中国台湾	(1936—)	台湾"清华大学"等	获1986年诺贝尔化学奖

五、生物学

姓名	国别	生涯	毕业大学	主要成就
圣托里奥	威尼斯	(1561—1636)	帕多瓦阿基米德学院	生理学
卡尔·林奈	瑞典	(1707—1778)	乌普萨拉大学等	植物学家、植物分类学奠基人
查尔斯·达尔文	英国	(1809—1882)	剑桥大学	生物学家、进化论奠基人
路易·巴斯德	法国	(1822—1895)	巴黎大学	微生物学家、细菌学之父
孟德尔	奥地利	(1822—1884)	维也纳大学	现代遗传学之父
亨利·法布尔	法国	(1823—1914)	阿维尼翁师范学校	昆虫学家
魏斯曼	德国	(1834—1914)	格丁根大学	生物学
季米里亚捷夫	俄国	(1843—1920)	彼得堡大学	植物生理学、俄国农业之父
季米里亚捷夫	俄国	(1843—1920)	彼得堡大学	植物生理学家
米舍尔	瑞士	(1844—1895)	格丁根大学	生物化学、细胞核化学知识的奠基人
北里柴三郎	日本	(1852—1931)	东京大学	细菌学
科塞尔	德国	(1853—1927)	斯特拉斯堡大学	生物化学、获1910年诺贝尔生理学或医学奖
米丘林	俄国	(1855—1935)	自学	植物育种学家
托·摩尔根	美国	(1866—1945)	约翰霍普金斯大学	美国进化生物学家、获1933年诺贝尔生理学或医学奖
莱文	俄国	(1869—1940)	圣彼得堡军事医学院	生物化学
坎农	美国	(1871—1945)	哈佛大学	生理学、诺贝尔奖提名者
埃弗里	加拿大	(1877—1955)	哥伦比亚大学	分子生物学、免疫学和细菌学
霍沃思	英国	(1883—1950)	格丁根大学	生物化学、获1937年诺贝尔化学奖
斯韦德伯格	瑞典	(1884—1971)	乌普萨拉大学	物理化学、获1926年诺贝尔化学奖

续上表

姓名	国别	生涯	毕业大学	主要成就
萨姆纳	美国	(1887—1955)	哈佛医学院	生物化学、获1946年诺贝尔化学奖
诺思罗普	美国	(1891—1987)	哥伦比亚大学	生物化学、获1946年诺贝尔化学奖
木原均	日本	(1893—1986)	北海道帝国大学	植物细胞遗传学家
科 里	捷克	(1896—1984)	布拉格大学	生物化学、获1947年诺贝尔生理学或医学奖
李普曼	德国	(1899—1986)	柏林大学	生物化学、获1953年诺贝尔生理学或医学奖
维格诺德	美国	(1901—1978)	伊利诺斯大学等	生物化学、获1955年诺贝尔化学奖
蒂塞利乌斯	瑞典	(1902—1971)	乌普萨拉大学	生物化学、获1948年诺贝尔化学奖
德尔布吕克	德国	(1906—1981)	格丁根大学	分子生物学、获1969年诺贝尔生理学或医学奖
莱洛伊尔	法国	(1906—1987)	布宜诺斯艾利斯大学	生物化学、获1970年诺贝尔化学奖
霍奇金（女）	埃及	(1910—1994)	牛津大学	生物物理学、获1964年诺贝尔化学奖
斯佩里	美国	(1913—1994)	奥柏林学院、哈佛大学	脑神经学、获1981年诺贝尔生理学或医学奖
沃 森	美国	(1928—)	芝加哥大学	分子生物学、获1962年诺贝尔生理学或医学奖
谈家桢	中国	(1909—2008)	加州理工学院	中国遗传学泰斗、复旦大学教授
蒲蛰龙	中国	(1912—1997)	明尼苏达大学	南中国生物防治之父、中国科学院院士

六、地学

姓名	国别	生涯	毕业大学	主要成就
马可·波罗	意大利	(1254—1324)	自学	地理学、旅行家
瓦伦纽斯	德国	(1622—1650)	莱登大学医学	自然地理学
赫 顿	英国	(1726—1797)	爱丁堡大学	地质学、农学
居维叶	德国	(1769—1832)	加罗林学院	曾出任巴黎大学校长、提出地质灾变论
亚历山大·洪堡	德国	(1769—1859)	柏林大学	世界第一个大学地理系创办人之一
李特尔	德国	(1779—1859)	柏林大学	近代地理学创建人之一
屠 能	德国	(1783—1850)	格罗斯－霍特贝克农学院	经济地理学等
索 比	英国	(1826—1908)	自学	地质学、显微镜学等，金相学之父
徐 士	英国	(1831—1914)	维也纳工业技术专门学校	地质学
庞培里	美国	(1837—1923)	德国富莱堡矿业学院	地质学、地理学等
沃耶科夫	俄国	(1842—1916)	柏林大学、格丁根大学等	地理学、气候学，是大师和奠基人之一
柯 本	俄国	(1846—1940)	圣彼得堡大学	气象学、气候学
克拉克	美国	(1847—1931)	哈佛大学	世界地球化学奠基人
彭 克	德国	(1858—1945)	莱比锡大学	地貌学、地质学、地图学、古气候学等
皮耶克尼斯	挪威	(1862—1951)	克里斯汀尼亚大学	现代气象学奠基人之一
维尔纳茨基	俄国	(1863—1945)	彼得堡大学	矿物学、地球化学、生物地球化学
奥勃鲁契夫	俄国	(1863—1956)	彼得堡矿业学院	地质学、冻土学
葛利普	美国	(1870—1946)	麻省理工学院	地质学

续上表

姓名	国别	生涯	毕业大学	主要成就
德芒戎	法国	（1872—1940）	巴黎高等师范学校	人文地理学、区域地理学
魏格纳	德国	（1880—1930）	海德堡大学、马尔堡大学	气象学、地球物理学
祖博夫	俄国	（1885—1960）	沙俄海军武备学校	海洋学
戈尔德施密特	瑞士	（1888—1947）	奥斯陆大学	地球化学、矿物学
霍姆斯	英国	（1890—1965）	伦敦帝国学院	地质学、地球物理学和岩石学
竺可桢	中国	（1890—1974）	哈佛大学	被誉为中国气象、地理的"一代宗师"
别洛夫	波兰	（1891—1982）	圣彼得堡理工学院	晶体结构学、矿物学
舒莱金	俄国	（1895—1979）	莫斯科高等技术学校	海洋物理学
叶笃正	中国	（1916—2013）	芝加哥大学	中国现代气象学主要奠基人之一
查尼	美国	（1917—1981）	加利福尼亚大学	获罗斯贝奖、国际气象组织奖等
洛伦兹	美国	（1917—2007）	麻省理工学院	国际著名气象学家、获1969年罗斯贝奖

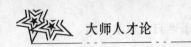

附录四 部分世界信息科学大师

姓名	国别	生涯	毕业大学	主要成就
查尔斯·巴贝奇	英国	(1792—1871)	剑桥大学	信息科学奠基人
约翰·阿塔那索夫	美国	(1903—1995)	佛罗里达大学	现代计算机之父
诺依曼	美国	(1903—1957)	苏黎世大学等	计算机之父
莫奇利	美国	(1907—1980)	霍普金斯大学	计算机先驱之一
图灵	美国	(1912—1954)	剑桥大学、普林斯顿大学	人工智能之父
约翰·埃克特	美国	(1919—1995)	宾夕法尼亚大学	计算机先驱之一
道格拉斯·恩格尔巴特	美国	(1925—2013)	加州大学伯克利分校	鼠标之父
罗伯特·卡恩	美国	(1938—)	纽约城市大学	互联网之父
雷蒙德·汤姆林森	美国	(1941—2016)	麻省理工学院	电子邮件之父
丹尼斯·里奇	美国	(1941—2011)	哈佛大学	C 语言之父
温顿·瑟夫	美国	(1943—)	斯坦福大学	互联网之父
姚期智	中国	(1946—)	台湾大学、哈佛大学等	2000 年图灵奖得主
本贾尼·斯特劳斯特卢普	美国	(1950—)	剑桥大学	C++语言之父
蒂莫西·伯纳斯·李	英国	(1955—)	牛津大学	互联网之父
詹姆斯·高斯林	加拿大	(1955—)	卡内基·梅隆大学	JAVA 语言之父

附录五 部分世界文学艺术大师

一、非音乐大师

姓名	国籍	生涯	毕业大学	主要成就
莎士比亚	英国	(1564—1616)	自学	文艺复兴时期著名作家、戏剧家
鲁丰斯	德国	(1577—1640)	—	画家
伦勃朗	荷兰	(1606—1669)	主要靠自学	欧洲17世纪最伟大画家
莫里哀	法国	(1622—1673)	自学	法国喜剧作家等
伏尔泰（笔名）	法国	(1694—1778)	自学	法国文学家、法兰西思想之王
弗朗西斯科·戈雅	西班牙	(1746—1828)	自学	画家
约翰·歌德	德国	(1749—1832)	自学	德国作家、思想家和科学家
利奥波德·兰克	德国	(1795—1886)	莱比锡大学	19世纪西方最著名的历史学家
奥诺雷·巴尔扎克	法国	(1799—1850)	巴黎法律专科学校	现代法国小说之父
亚历山大·普希金	俄国	(1799—1837)	自学	俄国文学家、我国小说之父等
维克多·雨果	法国	(1802—1885)	法兰西学院	作家
汉斯·安徒生	丹麦	(1805—1875)	哥本哈根大学	著名童话作家
奥诺雷·杜米埃	法国	(1809—1879)	自学	画家、高产艺术家
尼古莱·果戈理	俄国	(1809—1852)	自学	俄罗斯作家、俄国散文之父
维·别林斯基	俄国	(1811—1848)	莫斯科大学	文学批评家
赫尔岑	俄国	(1812—1870)	莫斯科大学	俄国哲学家、作家

续上表

姓名	国籍	生涯	毕业大学	主要成就
查尔斯·狄更斯	英国	(1812—1870)	自学	小说家、高产作家
佛朗索瓦·米勒	法国	(1814—1875)	自学	法国画家、被誉为"农民画家"
居斯塔夫·库尔贝	法国	(1819—1877)	皇家美术学院等	法国画家
车尔尼雪夫斯基	俄国	(1828—1889)	彼得堡大学	作家
亨里克·易卜生	挪威	(1828—1906)	自学	剧作家、现代戏剧之父
列夫·托尔斯泰	俄国	(1828—1910)	喀山大学	世界文学史上最杰出作家之一
马克·吐温	美国	(1835—1910)	自学,但获牛津大学文学博士学位	作家和演说家
爱弥尔·左拉	法国	(1840—1902)	自学	小说家
安东·契诃夫	俄国	(1860—1904)	莫斯科大学	世界级短篇小说巨匠
高尔基	苏联	(1868—1936)	自学	苏联最杰出文学家之一
鲁迅	中国	(1881—1936)	自学	中国现代最杰出文学家之一
老舍	中国	(1899—1966)	北京师范学院	人民艺术家、诺贝尔文学奖提名人
莫言	中国	(1955—)	北京师范大学	获2012年诺贝尔文学奖

二、音乐大师

姓名	国籍	生涯	毕业大学	主要成就
克劳迪奥·蒙特威尔地	意大利	(1567—1643)	—	作曲家
乔治·亨德尔	英国	(1685—1759)	上过大学但学的是法律	英籍德国作曲家
约翰·塞巴斯蒂安·巴赫	德国	(1685—1750)	教堂唱诗班培养	作曲家、西方近代音乐之父

续上表

姓名	国籍	生涯	毕业大学	主要成就
弗朗茨·海顿	奥地利	(1732—1809)	教堂唱诗班培养	交响乐之父、维也纳古典学派代表
沃尔夫冈·莫扎特	奥地利	(1756—1791)	自学	欧洲古典自由主义音乐作曲家
路德维希·贝多芬	德国	(1770—1827)	自学，师从莫扎特	音乐家、交响乐之王
弗朗茨·舒伯特	奥地利	(1797—1828)	教堂唱诗班培养	作曲家、音乐家
老约翰·斯特劳斯	奥地利	(1804—1849)	自学	圆舞曲王朝（家族，共4人）
米哈伊尔·格林卡	俄国	(1804—1857)	自学	俄罗斯作曲家
罗伯特·舒曼	德国	(1810—1856)	莱比锡大学	德国作曲家
弗里德里克·肖邦	波兰	(1810—1849)	华沙国立音乐学院	作曲家
弗朗茨·李斯特	匈牙利	(1811—1886)	自学	作曲家、钢琴之王、指挥家
小约翰·斯特劳斯	奥地利	(1825—1899)	自学	圆舞曲之王
约瑟夫·斯特劳斯	奥地利	(1827—1870)	维也纳综合技术学校	—
爱德华·斯特劳斯	奥地利	(1835—1916)	自学	
彼得·柴可夫斯基	俄国	(1840—1893)	彼得堡法律学校等	作曲家、俄国音乐大师
理查·斯特劳斯	奥地利	(1864—1949)	慕尼黑大学肄业	作曲家、指挥家
阿尔图罗·托斯卡尼尼	意大利	(1867—1957)	帕尔马音乐学院	世界著名指挥家、大提琴演奏
布鲁诺·瓦尔特	德美籍	(1876—1962)	柏林斯特恩音乐学校	指挥家、钢琴家、作曲家
斯托科夫斯基	英美籍	(1882—1977)	伦敦皇家音乐学院	世界十大指挥家之一
富尔特温格勒	德国	(1886—1954)	从开始学音乐	世界十大指挥家之一
尤金·奥曼迪	匈牙利	(1899—1985)	布达佩斯国立音乐学院	世界十大指挥家之一
阿诺索夫	苏联	(1900—1962)	莫斯科音乐学院	苏联著名指挥家

续上表

姓名	国籍	生涯	毕业大学	主要成就
赫伯特·冯·卡拉扬	德国	(1908—1989)	维也纳音乐艺术学院	世界著名合唱指挥家
冼星海	中国	(1905—1945)	上海国立音专	近代著名作曲家、钢琴家
聂耳	中国	(1912—1935)	云南省第一师范学校	中华人民共和国国歌创作者等
马思聪	中国	(1912—1987)	巴黎音乐学院	中国近现代著名音乐家
李德伦	中国	(1917—2001)	莫斯科音乐学院	中国交响乐指挥之父等
严良堃	中国	(1923—)	莫斯科音乐学院	中国合唱指挥之父
吴祖强	中国	(1927—)	中央音乐学院等	作曲家、中国音乐学院院长等
郑小瑛	中国	(1929—)	莫斯科音乐学院等	中华人民共和国第一位女交响乐指挥家
罗日杰斯特文斯基	苏联	(1931—)	莫斯科音乐学院	世界杰出指挥家之一
傅聪	中国	(1934—)	留学波兰	国际著名钢琴演奏家
林耀基	中国	(1937—2009)	莫斯科柴可夫斯基音乐学院	世界杰出音乐教育家等
刘诗昆	中国	(1939—)	中央音乐学院	著名钢琴家，被誉为"中国琴王"
盛中国	中国	(1941—)	莫斯科柴可夫斯基音乐学院	国家著名小提琴演奏家
张国勇	中国	(1958—)	莫斯科音乐学院博士	著名指挥家

附录六 部分世界著名的经营大师

姓名	国籍	生涯	毕业大学	主要成就
爱迪生	美国	(1847—1931)	自学	电气大发明家、促进了第二次工业革命
瓦特	英国	(1736—1819)	自学	改进蒸汽机、促进了第一次工业革命
诺贝尔	瑞典	(1833—1896)	自学	化学家兼企业家
亨利·福特	美国	(1867—1947)	自学	美国汽车大王
约翰·洛克菲勒	美国	(1839—1937)	自学	美国石油大王
安德鲁·卡耐基	美国	(1835—1919)	自学	美国钢铁大王
约翰·摩根	美国	(1837—1913)	自学	近代金融巨头
比尔·盖茨	美国	(1955—)	哈佛大学肄业	微软公司创始人
史蒂夫·乔布斯	美国	(1955—2011)	斯坦福大学	美国苹果公司创始人
卡尔·蔡斯	德国	(1816—1888)	耶拿大学	光学、创立蔡司光学仪器公司
恩斯特·阿贝	德国	(1840-1905)	格丁根大学	显微镜理论等
稻盛和夫	日本	(1932—)	鹿儿岛大学	日本稻盛集团创始人
松下幸之助	日本	(1894—1989)	自学	松下电器公司创始人
盛田昭夫	日本	(1921—1999)	大阪帝国大学	索尼公司创始人
本田宗一郎	日本	(1906—1991)	自学	本田公司创始人
丰田章一郎	日本	(1925—)	名古屋大学	丰田公司创始人
李嘉诚	中国香港	(1928—)	自学	华人首富之一

续上表

姓名	国籍	生涯	毕业大学	主要成就
王永庆	中国台湾	(1917—2008)	自学	台湾的"经营之神"
施振荣	中国台湾	(1944—)	台湾交通大学	台湾宏基集团创始人
张瑞敏	中国	(1949—)	中国科技大学	海尔集团创始人
马 云	中国	(1964—)	杭州师范学院	阿里巴巴集团主要创始人
王健林	中国	(1954—)	辽宁大学	万达集团总裁、华人地产首富